KB144891

4차 산업혁명론의 국제정치학

주요국의 담론과 전략, 제도

편집위원

강윤희(국민대) 김상배(서울대) 민병원(이화여대) 박성우(서울대) 박종희(서울대)
서정건(경희대) 신범식(서울대) 신욱희(서울대, 위원장) 안두환(서울대) 은용수(한양대)
이승주(중앙대) 이왕휘(아주대) 이용욱(고려대) 이정환(국민대) 이태동(연세대)
전재성(서울대) 정영철(서강대) 정주연(고려대) 조동준(서울대)

세계정치 28

4차 산업혁명론의 국제정치학
주요국의 담론과 전략, 제도

발행인 서울대학교 국제문제연구소
주소 서울시 관악구 관악로 1(220동 504호)
전화 02-880-6311
팩스 02-872-4115
전자우편 ciscis@snu.ac.kr

2018년 4월 23일 초판 1쇄 찍음
2018년 4월 30일 초판 1쇄 펴냄

지은이 김상배, 김주희, 유인태, 이승주, 차정미, 윤정현, 우희원
기획 서울대학교 국제문제연구소
책임편집 김상배

편집 김천희
디자인 김진운
마케팅 강상희
펴낸곳 (주)사회평론아카데미
펴낸이 윤철호, 김천희
등록번호 2013-000247(2013년 8월 23일)
전화 02-2191-1182(영업) 02-326-0333(편집) 팩스 02-326-1626
주소 서울시 마포구 월드컵북로 12길 17
이메일 academy@sapyoung.com 홈페이지 www.sapyoung.com

ⓒ 김상배, 김주희, 유인태, 이승주, 차정미, 윤정현, 우희원, 2018
ISBN 979-11-88108-61-9 94340

사전 동의 없는 무단 전재 및 복제를 금합니다.
잘못 만들어진 책은 바꾸어 드립니다.

세계정치 28

4차 산업혁명론의 국제정치학

주요국의 담론과 전략, 제도

서울대학교 국제문제연구소 편
김상배 책임편집

사회평론아카데미

* 이 저서는 2017년도 서울대학교 미래 기초학문 분야 기반조성 사업의 지원을 받아 수행된 연구 결과물임.

* 이 저서는 2016년 대한민국 교육부와 한국연구재단의 지원을 받아 수행된 연구임. (NRF-2016S1A3A2924409)

차례

세부 차례

제1장

4차 산업혁명의 국제정치학
— 주요국의 담론과 전략, 제도

International Politics of the Fourth Industrial Revolution
— Discourses, Strategies and Institutions of Major Countries

김상배 | 서울대학교 정치외교학부 교수

이 글은 비교 국가전략론의 시각에서 독일, 미국, 일본, 중국의 4차 산업혁명 담론과 전략 및 제도가 지니는 차이점을 분석하였으며, 이를 바탕으로 한국의 미래전략에 주는 시사점을 도출하고자 시도하였다. 독일, 미국, 일본, 중국의 4차 산업혁명 담론과 전략은 각기 초점을 두는 부분이 다르다. 예를 들어, 초창기부터 정보화를 주도해온 미국이 민간 주도의 클라우드 컴퓨팅과 빅데이터 분야의 경쟁력을 바탕으로 하여 소프트웨어와 인공지능의 패권을 추구한다면, 이러한 미국의 패권에 대응하는 독일과 일본의 담론과 전략은 정부가 좀 더 적극적인 역할을 담당하여 상대적으로 강점이 있는 제조업 분야 경쟁력의 강화를 꿈꾸고 있다. 최근 정부의 주도로 미래기술 분야에서 급속한 성장세를 보이고 있는 중국은 아직까지 제조업과 정보화를 모두 추진할 잠재력을 보유한 가운데 양면적인 담론과 전략을 모색하고 있다. 최근의 양상은 이들 국가들이 원래 보유한 강점을 살려서 기술과 산업의 미래를 자국에 유리한 방향으로 구성해 가기 위해서 서로 경쟁하는 모습으로 나타나고 있다. 이러한 양상은 각기 이익을 구현하기 위해서 자신에게 유리한 담론을 생성·전파하는, 이른바 '프레임 경쟁'으로 개념화된다. 이렇게 세계 주요국들이 벌이는 프레임 경쟁의 양상을 정확히 파악하는 일은 이른바 '한국형 4차 산업혁명 전략'을 모색하는 한국의 중요한 국가전략적 사안이 아닐 수 없다.

From the perspective of comparative national strategies, this paper examines discourses, strategies and institutions for the Fourth Industrial Revolution, currently implemented by four major countries, such as Germany, the United States, Japan and China. And relying on this comparative analysis, it attempts to draw out the implications for South Korea's future strategies in this sector. These four leading countries highlight different aspects of the Fourth Industrial Revolution. For example, the United States, a front runner in the information age, takes advantage of its competitive edges in the information services of clouding computing, big data, software and artificial intelligence, and further pursues for maintaining its technological hegemony. In contrast, discourses and strategies of such countries as Germany and Japan emphasize the role of government in industrial planning and socio-economic transformation, and they attempt to renovate their national competitiveness in manufacturing sectors to cope with the overreaching technological power of the United States. And China, a country which boasts the government-led rapid growth in the sectors of manufacturing and information services, adopts so far the two-sided discourse and strategy, predicated on its potential that simultaneously commits manufacturing and informatization sectors. These four countries are competing to realize their own visions that reflect their interests to the future direction of the Fourth Industrial Revolution. This mode of competition could be conceptualized as the "frame competition" in the sense that it seeks to generate and diffuse their own discursive frames for their own interests. It must be a very essential part of national strategies for South Korea, which searches for the so-called Korean-style strategies for the Fourth Industrial Revolution, to understand the current status and future direction of the frame competition led by the above major countries.

KEYWORDS 4차 산업혁명 the fourth industrial revolution, 담론 discourse, 전략 strategy, 제도 institution, 국제정치 International Politics

I 머리말

최근 들어 기술발달에 대한 기대감이 부쩍 커지고 있다. 1990년대부터 컴퓨터와 인터넷에서 시작해서 2000년대에 접어들어 모바일 기기와 소셜 미디어에 대한 관심이 커지더니, 2010년대 이후에는 빅데이터, 사물인터넷, 클라우드 컴퓨팅, 가상현실(VR), 증강현실(AR), 3D 프린팅, 인공지능(AI), 로봇, 자율주행차, 드론, 블록체인 등에 이르기까지 매우 다양한 이름으로 기술발달의 성과들이 미래 담론의 화두를 장식하고 있다. 이러한 기술발달을 부르는 말은 시대와 나라에 따라서 다르다. 초창기에는 컴퓨터혁명, 디지털혁명, IT혁명이라는 말이 많이 사용되더니, 한때는 정보혁명, 커뮤니케이션혁명, 네트워크혁명이라는 말이 유행하기도 했다. 그러던 것이 최근에는 4차 산업혁명이라는 말이 붐을 타고 있다. 특히 최근 한국에서는 4차 산업혁명이라는 말이 대세처럼 굳어진 듯이 보인다. 다른 나라에 비해 한국이 유독 4차 산업혁명이라는 말에 열광하는 것을 보면, 그 안에 한국의 DNA에 맞는 무언가가 있는지도 모르겠다.

사실 4차 산업혁명이라는 말은 엄밀한 사회과학적 개념이라기보다는 정치가들과 관료들이 생성하는 수사적 슬로건이나 정책적 담론의 성격이 강하다. 1-2차 산업혁명에 이은 3차 산업혁명의 도래 자체에 대해서도 학술적 검토가 제대로 이루어지지 않은 상황에서 느닷없이 4차 산업혁명이라는 말이 출현한 것 같은 느낌을 주기 때문이다. 지금 우리가 4차 산업혁명이라고 지칭하는 현실의 변화가 발생하고 있는 것은 엄연한 현실이지만, 그러한 변화를 무어라 이름 붙여 부를 것이냐에 대해서는 아직까지 명확한 합의가 없다. 오히려 자신에게 유리한 담론을 생성해서 자기가 원하는 방향으로 현실을 바꾸어 가려는 '담론경쟁'의 양상마저도 나타나고 있다. 사실 한국에서 4차 산업혁명이라는 말이 이토록 유행하는 현상의 이면에는 산업화의 연속선상에서 미래의 기술발달을 해석하고 싶은 한국의 속내가 깔려 있음도 부인할 수는 없을 것 같다(김상배 편 2017).

4차 산업혁명은 단순한 기술공학적 현상이 아니라 전형적인 사회과학적 현상, 그것도 (국제)정치학적 현상이다. 주로 기술과 사람의 대결을 논하지만 사실은 기술을 내세워 사람과 사람, 집단과 집단, 국가와 국가가 다투는 사회적 이익의 갈등이 발생하고 있다. 4차 산업혁명의 시대를 맞아 기술, 정보, 지식 등과 같은 변수들이 새로운 권력자원으로 부상하고 이를 획득하기 위한 경쟁에서 살아남은 행위자들이 새로이 부상하는 가운데, 새로운 변화에 적응하지 못한 기성 행위자들은 도태되며, 그 결과로 권력구조와 사회질서가 재편되는 게임이 벌어지고 있다. 이러한 과정에서 특히 주목해야 할 것은 경쟁의 양식 자체도 변하고 있다는 사실이다. 4차 산업혁명 시대에는 단순히 값싼 제품과 더 좋은 기술을 만드는 경쟁의 차원을 넘어서 '게임의 규칙' 자체를 놓고 벌이는 좀 더 복합적인 경쟁이 벌어지고 있다.

사실 4차 산업혁명의 면면을 살펴보면, 21세기 세계정치에서 권력의 목표와 수단 및 성격의 변화, 그리고 거기서 파생하는 권력구조의 변환을 야기하는 신흥권력의 부상을 엿보게 된다. 무엇보다도 4차 산업혁명의 시대를 맞이하여 국가경쟁력의 내용이 변하고 있다. 다시 말해, 국가경쟁력의 핵심이 물리적 생산요소에서 기술, 정보, 지식, 그리고 사이버네틱 역량(cybernetic capability) 등으로 이동하고 있으며, 기술 중에서도 하드웨어의 연산능력을 높이는 혁신능력을 넘어서 알고리즘과 빅데이터를 생성 및 활용하는 능력의 구비가 경쟁력의 핵심으로 등장하고 있다. 게다가 4차 산업혁명을 이끄는 혁신기술들은 단순히 특정한 제품이나 서비스에 한정되어 적용되는 기술이 아니라 미래 비즈니스에서 핵심적인 역할을 담당하게 되는 범용기술의 성격을 갖는다는 점에 주목해야 한다(최계영 2016).

이러한 변화가 훗날에 4차 산업혁명이라는 용어로 기록될지는 미래의 시점에서만 파악할 수 있는 일이다. 그러나 사회 곳곳에서 유례없이 거대한 변화가 시작되었고 주요국들을 중심으로 이 분야의 우위를 장악하기 위한 경쟁이 벌어지고 있다는 사실은 부정하기 어렵다. 이러한 맥락에서 볼 때, 4차 산업혁명 분야에 대응하는 것은 각국의 입장에서는 미래 국가전략의 중요한 사안일 수밖에 없다. 국제정치학의 입장에서도 이 분야에서 드러나는 변화의 징후들을 이론적·경험적으로 탐구하는 작업은 중요한 연구과제가 아닐 수 없다. 물론 4차 산업혁명으로 대변되는 변화에 대응하는 담론과 전략은 국가 단위가 아니라 산업이나 기업 단위로 벌어지는 게임의 성격이 강하다. 그럼에도 국제정치학의 시각에서 볼 때, 현재와 미래의 기술변화에 대한 경쟁이 이 분야의 선도국가들을 중심으로 한 국가 단위로 이루어지고 있는 현실은 매우 중요한 학술적·실천적 연구주제가 아닐 수 없다.

이러한 맥락에서 이 글은 국제정치학의 시각에서 독일, 미국,

일본, 중국 등 주요국의 4차 산업혁명 담론과 전략 및 제도를 살펴보는 작업을 펼쳤다. 이 분야의 선도국가라고 할 수 있는 이들 국가들은 모두 4차 산업혁명에 대한 담론과 전략을 제시하지만 각국이 초점을 두는 부분은 크게 다르다. 초창기부터 정보화를 주도해온 미국이 민간이 주도하는 클라우드 컴퓨팅과 빅데이터 분야의 경쟁력을 바탕으로 하여 소프트웨어와 인공지능의 패권을 추구한다면, 이러한 미국의 패권에 대응하는 독일과 일본의 담론과 전략은 정부가 좀 더 적극적인 역할을 담당하여 상대적으로 강점이 있는 제조업 분야 경쟁력의 강화를 꿈꾸고 있다. 최근 정부의 주도로 미래기술 분야에서 급속한 성장세를 보이고 있는 중국은 아직까지 제조업과 정보화를 모두 추진할 잠재력을 보유한 가운데 복합적인 담론과 전략을 모색하고 있다. 요컨대, 최근의 양상은 이들 국가들이 원래 보유한 강점을 살려서 기술과 산업의 미래를 자국에 유리한 방향으로 구성해 가려는 '4차 산업혁명론의 국제정치학'이 펼쳐지고 있는 모습이다.

이러한 시각에서 볼 때, 각국의 4차 산업혁명 담론은 서로 다른 이해관계를 그 바탕에 깔고 있을 뿐만 아니라 이를 현실화시키기 위해 서로 경합하는 모습을 보여주고 있다. 이러한 과정에서 이글이 특히 주목하는 것은 서로 상이하게 주장되는 담론의 기저에 깔린 이익과 이를 구현하기 위한 담론의 경쟁, 즉 '프레임경쟁'이다. 이는 4차 산업혁명 분야의 현재와 미래를 규정하는 '비전경쟁'이나 '표준경쟁' 또는 '플랫폼경쟁'으로 이해할 수도 있다. 사실 4차 산업혁명론과 관련하여 제시되는 프레임은 단순히 중립적인 것이 아니라 이를 통해서 미래 현실을 자신에게 유리한 방향으로 재

구성하려는 담론과 이익이 반영된 것이다. 실제로 4차 산업혁명의 담론 형성과정의 이면에는 각국이 각기 자신들의 이익을 반영한 프레임을 관철시키기 위한 경쟁을 벌이고 있다. 이렇게 강대국들이 벌이는 프레임경쟁의 양상을 정확히 파악하는 일은 한국과 같은 중견국의 국가전략에 있어 매우 중요한 사안이 아닐 수 없다.

이 글은 크게 네 부분으로 구성되었다. 제2절은 4차 산업혁명론이 제기된 배경을 검토하고 그 담론의 핵심 내용을 살펴보았으며, 아울러 4차 산업혁명론을 사회과학적 개념으로 이해할 경우 제기되는 비판들을 소개하였다. 제3절은 독일, 미국, 일본, 중국 등 주요국의 4차 산업혁명 담론과 전략 및 제도를 개괄적으로 살펴보았는데, 이를 바탕으로 비교 국가전략론의 시각에서 이들 국가들이 모색하는 담론과 전략을 분석할 필요성을 제기하였다. 제4절은 4차 산업혁명에 대응하는 한국의 담론과 전략 및 제도를 살펴보았는데, 이른바 '한국형 4차 산업혁명론'의 가능성과 이러한 담론 구성을 가능케 한 한국의 경쟁력, 그리고 이를 뒷받침하는 제도 도입과 시스템 개혁의 필요성을 검토하였다. 끝으로 제5절에서는 이 책에서 독일, 미국, 일본, 중국, 한국의 사례를 구체적으로 다룬, 다섯 편의 글을 소개하고 그 내용을 간략히 요약했다.

II 4차 산업혁명론의 개념적 이해[1]

최근 세간의 관심을 끌고 있는 4차 산업혁명론은 2016년 스위스 다보스에서 열린 세계경제포럼(WEF)이 던진 화두이다. 현재 논의되고 있는 4차 산업혁명의 개념은, 증기기관과 기계화로 대변되는 1차 산업혁명, 전기 에너지를 이용한 대량생산으로 드러난 2차 산업혁명, 전자공학을 바탕으로 컴퓨터와 인터넷이 이끈 3차 산업혁명을 넘어서는 새로운 변화가 발생하고 있다는 인식에 바탕으로 두고 있다. 그렇지만 기존의 1-2-3차 산업혁명에 대한 논의만큼 4차 산업혁명론은 아직까지 체계적이고 명확한 학술 개념의 형태로 제시되지 못하고 있다. 사실 최근 수십 년간 새로운 기술이 등장할 때마다 이른바 '혁명'의 시기가 도래했다는 수사적 슬로건이 회자되었으며, 4차 산업혁명론도 그러한 수사적 슬로건 중의 하나라는 의구심을 아직 털어내지 못하고 있다. 현재 거론되고 있는 내용을 보면, 4차 산업혁명은 정보기술이 제조업 등 다양한 산업들과 결합하며 지금까지는 볼 수 없던 새로운 형태의 제품과 서비스, 비즈니스를 만들어내는 변화로서 인공지능, 빅데이터, 사물인터넷, 바이오 기술 등 다양한 부문의 신기술들이 융합되는 현상 및 여기서 비롯되는 사회적 파급효과를 아우르는 개념이라고 보면 된다.

그럼에도 최근 국내외 미디어들은 4차 산업혁명은 기존의 3차 산업혁명의 연장선이 아니라, 그와는 현저히 구별되는 특징이 있다고 주장하여 세일즈하고 있는 중이다. 특히 4차 산업혁명의 차

---

1   이 절에서 소개한 4차 산업혁명의 개념에 대한 논의는 김상배 편(2017), pp.23-28을 바탕으로 했다.

별성과 관련하여 제시되는 근거는 크게 세 가지를 들 수 있다. 첫째, 속도(Velocity)이다. 1-2-3차 산업혁명과 달리 4차 산업혁명은 선형적 속도가 아닌 기하급수적 속도로 전개 중이다. 이는 우리가 살고 있는 세계가 다면적이고 서로 깊게 연결되어 있으며, 신기술이 그보다 더 새롭고 뛰어난 역량을 갖춘 기술을 만들어냄으로써 생긴 결과라는 것이다. 둘째, 범위와 깊이(Breadth and Depth)이다. 4차 산업혁명은 디지털혁명을 기반으로 다양한 과학기술을 융합해 개개인뿐만 아니라 경제, 기업, 사회를 유례없는 패러다임 전환으로 유도한다는 것이다. '무엇을 어떻게' 하는 것의 문제뿐 아니라 우리가 '누구인가'에 대해서도 변화를 일으키고 있다고 한다. 끝으로, 시스템 충격(Systems Impact)이다. 4차 산업혁명은 국가 간, 기업 간, 산업 간, 그리고 사회 전체 시스템의 변화를 수반한다는 것이다(Schwab 2016).

실제로 4차 산업혁명으로 불리는 기술 발달이 우리 삶에 다양한 변화를 가져오고 있는 것은 부인할 수 없는 엄연한 사실이다. 다보스 포럼이 말하는 4차 산업혁명론의 핵심적인 주장은 인간과 기계의 잠재력을 획기적으로 향상시키는 '사이버-물리 시스템(Cyber-Physical System, CPS)'의 부상으로 요약할 수 있다. 사이버-물리 시스템은 실재와 가상이 초연결 환경에서 통합되어 사물도 자동적, 지능적으로 제어할 수 있는 시스템이다. 사실 4차 산업혁명을 리드할 핵심 원천기술은 대부분 이미 개발이 완료되었으며, 따라서 관건은 이를 다양하게 융합하거나 제조업과 서비스업 등에 광범위하게 응용 또는 적용하는 것, 그리고 이를 가능케 하는 사회시스템과 의식의 변화를 유도하는 것이다. 이러한 점에서 4차 산업혁명에서는 기존의 산업혁명과는 달리 '생산성 고도화'가 더 이상 결정적인 숙제가 아니라는 주장이다. 이러한 맥락에서 4차 산업혁명론은 기술의 발전으로 인해 자연스럽게 진행됐던 기존 산업혁명에 비해서 사회구조 개편과 의식개혁을 강조하고 있다. 이와 같은 상황에 대해 "엔진만 잘 만든다고 자동차가 빨리 달리는 시대는 이미 지나갔다."며 "도로 개선 및 신호 시스템 정비 등 모든 요소가 동시에 변해야 한다."는 비유적 설명이 제시되기도 한다(『지디넷코리아』, 2016.7.13).

그런데 여기서 생각해 보아야 할 문제는 4차 산업혁명이라고 논할 경우, 그 이전의 1-2-3차 산업혁명과는 얼마나 다른지, 그리고 그 변화가 '혁명(革命, revolution)이라고 부를 정도로 대단한 것인지를 묻는 것이다. 3차 산업혁명과 질적으로 구분되는 새로운 산업혁명이 실제로 발생하고 있는 것이냐, 그리고 그러한 변화가 '4차'라고 새로운 차수를 붙일 정도로 새로운 것이냐의 문제라고 할 수 있다. 4차 산업혁명에 대한 논의를 다소 회의적으로 보는 측에서는, 독일이 2011년경부터 사물인터넷, 사이버-물리 시스템, 인공지능, 센서 등 기술을 바탕으로 생산, 관리, 물류, 서비스를 통합 관리하는 스마트 팩토리의 구현을 목표로 하는 '인더스트리 4.0'의 비전을 제시한 것까지는 인정할 수 있지만, 이러한 변화를 다보스 포럼에서 굳이 '산업혁명'이라는 용어로 대체해서 부르는 의도가 무엇이냐고 묻는다. 또는 '혁명'이라고 강조하는 건 좋은데 그게 '산업혁명'이라고 하는 게 적절하냐를 묻기도 한다. 예를 들어, OECD에서 '차세대 생산혁명(Next Production Revolution)'이라 칭한 것에 빗대어, 오늘날의 변화를 '생산혁명'이라고 부를 수는 있겠지만, 단순히 생산 영역을 넘어서는 사회 전반의 혁명까지도 연상케 하는 '산업혁명'이라는 말을 쓰는 게 맞느냐는 회의론을 제기하기도 한다.

이전에는 정보혁명이나 디지털혁명, 네트워크혁명 등으로 불렀던 변화를 산업혁명의 새로운 버전으로 부는 것의 의미를 묻기도 한다. 특히 기존의 물리 시스템에 사이버 시스템의 결합을 강조하고 있는데, 이는 '산업'이 초점이 아니라 '정보'가 초점인 것 아닌가라는 의문을 제기한다. 따라서 이러한 시각에서 보면 지금 벌어지고 있는 변화는 전신(1차), 매스 미디어(2차), 인터넷(3차) 등에 이은 '4차 정보혁명'이라고 부를 수도 있다는 문제제기이다. 또한 '산업혁명'의 주장에 대한 좀 더 근본적인 문제제기는 새로운 에너지 패러다임의 등장 여부와 관련된다. 기존의 1-2-3차 산업혁명을 구분하는 큰 기준 중의 하나가 에너지 패러다임의 변환이었는데, 현재 4차 산업혁명에서 기존의 화석 에너지와 전기·전자 에너지를 넘어서는 새로운 대체 에너지 패러다임이 출현했냐는 것이다. 사실 이 문제는 3차 산업혁명론에 대해서도 제기되던 문제였다. 이러한 점에서 보면 4차 산업혁명을 독립적인 혁명으로 간주하기보다는 정보기술을 바탕으로 한 3차 산업혁명의 연장선에 위치한다고 보는 것이 적절할 수도 있다. 제러미 리프킨의 주장처럼, 기술적인 측면에서는 3차 산업혁명과의 단절적인 차원의 진보를 보인 것은 아니기 때문에 별개의 산업혁명으로 칭하기에는 이른 감이 없지 않다는 주장이 설득력을 얻는다(Rifkin 2013).

사실 지금 우리가 4차 산업혁명이라고 부르는 변화의 소용돌이 속에서 이 변화의 성격이 무엇인지를 개념적으로 엄밀하게 정의한다는 것은 쉽지 않은 일이다. 관건은 거대한 변화를 이끄는 기술·산업 변화의 징후들을 제대로 읽어내고 이에 대응하거나 혹은 좀 더 앞서 나가 이러한 변화를 주도하는 데 있다. 또한 국제정치학의 시각에서 볼 때 오히려 중요한 문제는 각 행위자들이 이러한 변화를 어떻게 인식하고 개념화하여 전파하고 있는지를 제대로 파악하는 문제일 수도 있다. 실제로 선진국들(또는 선도기업들) 간에는 4차 산업혁명 담론을 선점하기 위한 경쟁이 벌어지고 있다. 이러한 담론에 대한 국제정치학적 각성이 중요한 이유는, 우리의 현실에 맞지 않는 담론의 수용으로 인해서 제한된 자원을 엉뚱한 곳에 투자하는 잘못을 피해 갈 수 있을 것이기 때문이다. 이는 새로운 기술 변화를 우리의 현실에 맞게 개념화하려는 담론적 실천의 문제와도 연결된다(김상배 2016).

III 주요국의 4차 산업혁명 담론과 전략, 제도

이른바 4차 산업혁명의 시대를 맞이하여 세계 주요국들은 제조업의 중요성을 다시금 강조하고 있으며, 이 분야의 주도권을 장악하기 위한 경쟁을 벌이고 있다. 이러한 과정에서 주목할 것은, 주요국들의 4차 산업혁명 담론과 전략이 자국 산업의 장단점을 반영하여 각기 집중 육성해야 하는 특정 부문을 강조하는 양상으로 나타나고 있다는 사실이다. 다시 말해, 각국의 4차 산업혁명 담론 안에는 기존에 장점을 바탕으로 앞으로 더 잘 할 수 있고 타국과 차별화여 자국의 경쟁력을 극대화하려는 의도가 담겨 있다. 그야말로 4

표 1-1. 주요국의 4차 산업혁명 담론과 전략

구분	독일	미국	일본	중국
의제	인더스트리 4.0 (2011년 11월)	산업인터넷 (2012년 11월)	로봇 신전략 (2015년 1월)	중국 제조 2025 (2015년 5월)
플랫폼	설비·단말 중심의 플랫폼 (제조 시스템의 표준화를 통한 세계로의 수출)	클라우드 중심의 플랫폼 (클라우드 서비스의 수비 영역을 확정)	로봇·IoT·AI를 연계한 지능 로봇화 플랫폼 (로봇 플랫폼과 AI와 CPS 연계 플랫폼 추진)	인터넷 플러스 전략과 거대규모의 내수시장 연계 플랫폼 (제조대국에서 제조강국으로 전환과정에서 파생되는 플랫폼의 사실상 표준전략)
추진 체계	플랫폼 인더스트리 4.0 (2013년 4월) 독일공학아카데미, 독일연방정보기술·통신·뉴미디어협회 (BITKOM) 독일기계공업협회(VDMA), 독일전기전자 제조업협회(ZVEI) 등 관련 기업과 산업단체	IIC(Industry Internet Consortium, 2014년 3월 발족) GE, 시스코, IBM, 인텔, AT&T 등 163개 관련 기업과 단체	로봇혁명 실현회의 (2016년 1월) 로봇혁명이니셔티브 협의회(148개국 내외 관련 기업과 단체) IoT 추진 컨소시엄 (2016년 10월)	국무원 국가제조강국 건설지도소조 클라우드 컴퓨팅과 빅데이터 전략을 추진하는 인터넷 기업들과 연합
기본 전략	공장의 고성능 설비와 기기를 연결하여 데이터 공유 제조업 강국의 생태계를 살려서 Real에서 Cyber 전략	공장 및 기계 설비 등은 클라우드에서 지령으로 처리 AI 처리와 빅데이터 해석을 중시하는 Cyber에서 Real 전략	로봇 기반 산업 생태계 혁신 및 사회적 과제 해결 선도 IoT, CPS, AI 기반 4차 산업혁명 선도	5대 기본 방침, 4대 기본 원칙, 3단계 전략에 의한 강력한 국가 주도 제조혁신전략 방대한 내수 기반의 지혜 도시(스마트 시티)와 제13차 5개년 계획과 연계
주요 기업	지멘스, SAP	GE, 아마존	도요타, 화낙	바이두, 알라바바

출처: 하원규·최남희(2015), p.280을 보완.

차 산업혁명의 담론을 둘러싼 '프레임 경쟁'이 벌어지고 있다. 이러한 문제의식을 가지고 보면, 〈표 1-1〉에서 요약한, 독일, 미국, 일본, 중국 등의 주요국들이 내세우고 있는 4차 산업혁명 담론과

전략은 단순히 중립적으로 그려지는 미래의 모습이 아니라 고도의 전략적인 고려가 담겨 있는 실천적 고민의 산물이라고 할 수 있다 (하원규·최남희 2015).

1. 독일의 사례

4차 산업혁명의 담론과 전략에서 가장 앞서 가고 있는 나라는 독일이다. 독일은 2000년대 초부터 제조업 경쟁력의 고도화를 위한 정책을 지속적으로 추진해 왔는데, 이러한 행보는 2011년 하노버 무역박람회에서 제시된 '인더스트리 4.0(Industrie 4.0)' 구상으로 구체화되었다. 인더스트리 4.0 구상은 소프트웨어 절대강자인 미국과 맞서고, 제조업에서 치고 들어오는 중국에 대응하려는 독일의 고민을 담고 있다. 독일은 전통적 제조강국으로서 이미 보유한 고성능 생산·물류 설비에 사물인터넷 등 첨단기술을 접목하겠다는 구상을 펼쳤다. 공장 안에서뿐만 아니라 공장 간의 시스템 통합을 통해 시장의 수요에 즉각적으로 대응하는 스마트 팩토리(Smart Factory)의 구축을 목표로 하였다.

　독일 정부는 2006년부터 5년 주기로 '하이테크 전략'이라는 이름하에 기술혁신을 지원하는 범정부적 차원의 산업기술 전략을 추진해 왔는데, 2012년 10월에는 인더스트리 4.0의 구상을 반영한 '하이테크 전략 2020'을 내놓기도 했다. 독일의 인더스트리 4.0 정책에는 정부기관이나 독일의 산업계와 학계 대표뿐만 아니라 미국 산업계의 컨소시엄까지도 참여하였다. 이러한 협업 메커니즘을 통해서 인공지능, 빅데이터, 사물인터넷, 사이버-물리 시스템(CPS),

디지털화, M2M(Machine To Machine), 로봇공학 등의 다양한 기술을 융합한 스마트 팩토리를 구축하겠다는 것이 인더스트리 4.0의 골자였다. 이를 위해서 독일 정부는 2억 유로(2천 500억 원)의 예산을 투입하여 기반기술을 개발하고 이른바 '지능 제조 생태계'의 구축 및 확산을 지원한다는 것이었다.

독일 ICT기업인 지멘스, SAP 등을 중심으로 한 제조업 혁신쪽에 초점을 맞추어 전통적인 제조강국의 기반을 견고히 하는 한편, 자국의 제조 시스템을 표준화하여 세계로 확장하고자 노력하고 있다. 독일의 인더스트리 4.0은 원래 일본의 미쯔비시 전기가 10년 이상 전부터 'e팩토리'라는 이름으로 추구하여 온 것이었다. 그러나 일본 기업의 이러한 방식은 자사 내에 국한되든가 특정의 기업과 연대하는 정도가 고작이었으나, 독일의 인더스트리 4.0은 외부 개방이 전제로 된 '오픈 플랫폼(open platform)'이라는 특징을 지닌다. 부품이나 생산 장치 등 모든 사물을 네트워크화하여 데이터를 수집함으로써 생산효율을 대폭적으로 높이겠다는 것이다(『프리미엄조선』, 2015.5.15). 게다가 독일의 인더스트리 4.0이 지니는 특징은 기술과 산업 재편의 논의를 넘어서 '아르바이트 4.0(Arbeit 4.0)'이라는 이름으로 노동여건의 개선을 통한 미래 노동에 대한 비전도 담고 있다는 사실이다.

2. 미국의 사례

미국도 지난 시절의 '제조업 공동화' 악몽을 썻고 해외로 진출했던 제조업 기지들을 회귀 시키는 이른바 '리쇼어링(reshoring)' 전략과 병행하여 4차 산업혁명을 선도하기 위한 노력을 펼치고 있다. 2011년 6월 오바마 대통령은 대통령 과학기술 자문위원회(PCAST)의 보고서를 기반으로 '선진 제조 파트너십(Advanced Manufacturing Partnership, AMP)'이라는 민간기업·학계·정부 합동 프로젝트를 발표했다. 미국 연방정부가 연구기금을 제공하는 네트워킹 및 정보기술연구개발(NITRD) 프로그램에서도 4차 산업혁명의 기반인 사이버–물리 시스템(CPS) 분야가 강조되었으며, 2013년 백악관의 제안으로 개시된 '스마트 아메리카 챌린지'도 동일한 문제의식을 담고 있다. 이러한 국가적인 노력은 모두 질 높은 제조업 일자리와 글로벌 경쟁력을 증강시키기 위한 기술 개발에 투자하는 것을 목적으로 하였다.

그런데 미국의 4차 산업혁명 담론과 전략은 단순히 제조업 자체의 발전만이 아니라, 막강한 클라우드와 컴퓨팅 파워를 적극적으로 활용해 클라우드와 빅데이터 생태계를 선점하여 글로벌 플랫폼을 추구하는 데 초점이 맞춰져 있다. 이는 네트워크 플랫폼 모델로서 검색, 광고, 상거래 등 온라인 서비스를 지렛대로 로봇이나 자율주행 자동차 등과 같은 오프라인 공간의 사업 분야로 확장해가는 담론과 전략을 주요 내용으로 한다. 클라우드 환경에서 전세계의 공장이나 제품에 대한 데이터를 수집하고 클라우드 서버에 데이터를 축적하며 인공지능으로 처리하여 비즈니스에 활용하는 모델이다. 인터넷이나 전자상거래만으로는 시장이 확대되지 않으니 사물인터넷, 인공지능 등과 결합하여 데이터를 수집함으로써 비즈니스와 결합하여 가치를 창출하자는 인식을 반영한다.

이러한 전략의 추진과정에서 미 연방 정부가 생태계를 조성하고 지원하는 촉진자(facilitator)로서의 역할을 한다면, 애플, 구글, 마이크로소프트, 페이스북, 아마존, IBM 등과 같은 민간 기업들은 독자 비즈니스 또는 컨소시엄 구축 등으로 통해서 산업용 사물인터넷, 빅데이터, 인공지능, 3D프린팅 등과 같은 분야의 첨단 기술 주도권을 확보하기 위한 노력을 경주하고 있다. 특히 AT&T, 시스코, GE, IBM, 인텔 등은 2014년 3월 4차 산업혁명 컨소시엄이라고 할 수 있는 '산업 인터넷 컨소시엄(Industrial Internet Consortium, IIC)'을 출범시켰다. 여기서 흥미로운 사례는 GE의 행보인데, 100여 년의 역사를 자랑하는 제조업체인 GE는 2012년 산업인터넷(Industrial Internet)이라는 개념을 제시하며, 4차 산업혁명의 선두로 나서는 소프트웨어 기업으로의 변신을 꾀하고 있다.

3. 일본의 사례

미국이나 독일과는 달리 일본은 신기술 개발이나 산업 자체의 육성 이외에도 사회적으로 당면한 문제의 해결과 장기적인 경기 침체의 극복을 위한 수단으로서 4차 산업혁명의 전략을 펼치고 있다. 2016년 4월 일본 정부는 '4차 산업혁명 선도전략'을 발표했는데, 기술개발 가속화, 교육·고용체계 개선, 금융기능 강화, 산업구조 전환, 중소기업의 ICT 도입·활용 기반 구축 등이 주요 골자였다. 또한 2016년 5월에는 신성장 전략을 채택하여 4차 산업혁명을 아베노믹스 2.0을 달성하는 데 필요한 새로운 성장 동력으로 활용할 것임을 명확히 했다. 이 전략에서는 사물인터넷, 빅데이터, 인공지능이 가져올 충격에 대한 종합적인 로드맵과 민간이 공유하는 나

침반이 될 비전을 제시하였다. 이러한 과정에서 일본 정부는 민간의 참여를 독려할 수 있는 제도개혁과 다양한 경제 주체가 자유롭게 참여할 수 있는 환경의 조성에 노력하였다.

특히 일본은 '아날로그 모노즈쿠리'에서 '디지털 모노즈쿠리'로의 변신을 시도한다는 모토 하에 기술만 중시하는 전통 제조강국이라는 이미지에서 탈피하는 데 초점을 두고 있다. 이를 위해서 일본은 인공지능, 빅데이터, 로보틱스를 활용한 보건, 무인자동차를 활용한 교통, 규제 개혁을 통한 핀테크 분야에 우선순위를 부여하였다. 이를 위해서 일본이 강점을 갖고 있는 분야를 중심으로 '일본형 4차 산업혁명 모델'을 만들어가겠다는 것이었다. 특히 일본이 4차 산업혁명 담론과 전략에서 강조하는 것은 로봇이다. 이렇게 로봇을 강조하는 이유를 살펴보면 흥미로운데, '국제로봇연맹' 보고서에 따르면, 일본은 근로자 1천 명당 로봇 사용 건수를 의미하는 로봇밀도 면에서 세계 최고를 자랑하고 있다(『지디넷코리아』, 2016.7.14).

일본은 대기업뿐만 아니라 중소기업에도 로봇을 도입하고, 물류, 도소매업, 숙박업 등에 로봇을 확대 보급해 초고령화에 따른 노동력 부족을 해결하고 생산성을 높이며, 간호·의료·재해대응·건설·농림수산업·식품산업에도 적용하기 위한 실천 구상을 세웠다. 이러한 일본의 구상에서 로봇과 사물인터넷은 새로운 사업 기회를 창출하고, 특히 공급체인이 사물인터넷으로 연결됨으로써 상품을 적시에 공급하고 불필요한 재고를 최소한의 수준으로 유지하는 등 일본 산업 전반을 혁신하는 데 중요한 계기를 제공할 것으로 기대되고 있다. 이와 관련하여 일본이 강점을 지닌 로봇공학과 각종 산업의 연계를 목적으로 한 경제산업성의 '로봇 신전략'과 150여 개 기업과 단체가 구성한 '로봇혁명 이니셔티브 협의회'에 주목할 필요가 있다.

4. 중국의 사례

중국은 거대한 자본과 시장을 활용하는 4차 산업혁명 전략을 모색하고 있는데, '중국제조 2025 전략'과 '인터넷 플러스 전략'이 대표적인 사례이다. 중국은 2015년 발표한 '중국 제조 2025' 정책으로 제조대국에서 제조강국으로의 위상 변화를 시도 중이다. 만년 하청공장의 이미지에서 벗어나 제조강국인 독일이나 일본을 따라잡겠다는 목표를 설정하고 있다. 아울러 인터넷 플러스 전략을 통해 인터넷 경제와 실물 경제의 융합, ICT 기술을 활용한 경제·사회 문제의 해결에 나서기로 했는데, 이는 강력한 내수시장 연계를 통해서 사실상의 플랫폼을 장악하려는 전략적 의도를 보여주는 것이다. 이러 점에서 볼 때, 중국에 있어서 4차 산업혁명은 하드웨어 산업의 고도화와 소프트 인프라(인터넷 플랫폼, 유통물류 등)의 구축을 통한 혁신의 계기를 마련하는 의미를 지닌다고 볼 수 있다.

중국의 4차 산업혁명 담론과 전략은 중국공산당이 2007년 17차 당대회에서 제시했던, 정보화와 공업화의 심층적 융합이라는 '양화융합(兩化融合) 전략'에서 발견할 수 있다. 양화융합은 정보화와 산업화(중국의 용어로는 공업화) 간 융합의 지속성과 발전을 제고하면서 두 분야가 더 크고 깊은 차원에서, 그리고 인공지능 등과 같은 실질적인 응용분야에서 긴밀하게 교류하며 협력함을 의미한다. 인공지능, 데이터 산업 등은 현재 제조업 시스템에서 가장 필수적인 기술이고, ICT 분야의 정보화 역량이 제조업 경쟁력을 좌우하는 전략자산이 될 것이라고 인식한다. 이러한 양화융합 전략에는 4차 산업혁명이 중국에게 역사적인 도전인 동시에 기회를 제공하는 요인이 될 것이라는 인식의 공존이 담겨 있다.

이렇게 양화융합 전략을 추진하기 위해 중국은 국무원에 '국가제조강국건설지도소조'를 설치하여 클라우드 컴퓨팅과 빅데이터 전략을 추진하는 인터넷 기업들과의 연합을 주도하고 있다. 이러한 정책의 내용은 5대 기본 방침, 4대 기본 원칙, 3단계 전략에 의한 강력한 국가 주도 제조혁신전략 등에 담겨 있다. 방대한 내수 기반의 지혜 도시(스마트 시티)와 제13차 5개년 계획과 연계를 시도하고 있는 것이 주목할 만하다. 한편, 중국 최대 포털업체 바이두는 음성인식 등 인공지능 관련 연구의 일부 분야에서 미국 기업들과 어깨를 나란히 하고 있으며, 5년 안에 자율주행차를 대량 생산한다는 목표도 세우고 있다. 게임업체 텐센트와 전자상거래업체 알리바바 등도 사물인터넷, 빅데이터, 인공지능, 클라우드 등의 분야에서 매진하고 있다.

5. 비교분석의 모색

이상에서 살펴본 주요국들의 4차 산업혁명 담론과 전략은 두 가지 기준을 원용하여 구분해 볼 수 있다. 첫 번째 기준은 4차 산업혁명론이 지향하는 담론인데, 클라우드 컴퓨팅과 빅데이터 플랫폼의 조성에 초점을 두는 '사이버시스템(cyber system, CS)담론'과

제조업의 기술 경쟁력 강화에 초점을 두는 '물리시스템(physical system, PS) 담론'으로 나누어 볼 수 있다. 전자가 정보혁명 담론의 연장선상에서 기술과 산업을 보조적으로 본다면, 후자는 산업과 경제의 관점에서 정보와 데이터 환경을 보조적으로 보는 차이를 갖고 있다. 두 번째 기준은 4차 산업혁명론을 실천하는 주체의 구성방식이데, 국가-기업-사회 간에 나타나는 주도권 배열의 프레임에 착안한다. 이러한 주체 간 주도권의 복합정도에 따라서 볼 때, 4차 산업혁명 전략의 주체는 기업이나 사회 영역의 행위자들이 적극적 참여하는 '거버넌스(Governance) 프레임'과 정부가 주도하는 '거버먼트(Government) 프레임'으로 나누어 볼 수 있다.

이러한 4차 산업혁명의 담론과 전략의 유형 구분이 다소 도식적이라는 점은 부인할 수 없다. 이들 국가들의 담론과 전략을 서너 개의 유형으로 구분하는 데는 무리가 없지 않기 때문이다. 게다가 각국의 전략유형은 고정적인 것이 아니라 시간이 지남에 따라 진화를 거듭하기 때문에 더욱 그러하다. 더구나 부문 간 융합을 핵심으로 하는 4차 산업혁명의 속성상, 사이버시스템 담론에 입각한 플랫폼 지향형과 물리시스템 담론에 기반을 둔 제조업 강화형은 서로 복합되는 경향을 보이고 있다. 또한 4차 산업혁명이 진행됨에 따라 그 추진의 주체나 진행의 방향이 정부가 혼자서 주도하는 거버먼트 프레임으로부터 다양한 민간 행위자들이 함께 참여하는 거버넌스 프레임으로 수렴해 갈 가능성이 크다. 이러한 유보에도 불구하고 이 글에서 시도한 유형 구분은 주요국들의 담론과 전략을 이해하는 데 있어 일정한 정도의 유용성이 있다.

이상의 두 가지 분석기준에 의거해서 볼 때, 이 글에서 선정한

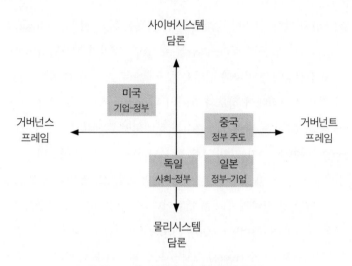

그림 1-1. 4차 산업혁명 담론과 전략의 유형화

네 나라의 4차 산업혁명 담론과 전략 모델은 대략 〈그림 1-1〉과 같이 좌표점을 설정하여 위치시켜 볼 수 있다. 첫째, 독일 모델은 기본적으로 물리시스템 담론을 추구하는 사회-정부 공동 주도의 거버넌스-거버먼트 프레임의 복합형이다. 둘째, 미국 모델은 사이버시스템 담론을 기반으로 민간이 주도하고 정부가 지원하는 거버넌스 프레임 모델이다. 셋째, 일본 모델은 독일과 같이 물리시스템 담론을 바탕으로 하며 정부가 주도적 역할을 하는 가운데 기업이 참여하는 거버먼트 프레임 모델로 볼 수 있다. 끝으로, 중국 모델은 기본적으로 아직까지는 제조업 경쟁력을 중시하는 물리시스템 담론 추구의 거버먼트 프레임 모델로 이해할 수 있으나, 사이버시스템 담론을 기반으로 하는 정보와 데이터의 플랫폼도 지향하는 잠재력을 복합적으로 보유하고 있다.

엄밀하게 보면, 이들 국가들의 4차 산업혁명 담론과 전략 간에는 좀 더 세부적인 차이들을 발견할 수 있을 것이다. 이들 국가의 담론과 전략에는 모두 데이터 활용을 활성화하여 제품·서비스 혁신을 도모하여, 최종적으로 제조와 서비스를 융합한 비즈니스 모델을 추구한다는 공통점이 있다. 그렇지만 미국의 초점이 첨단 제조기술의 응용·개발연구에 있다면, 독일은 제조공정 혁신에 집중하고 있고, 일본은 로봇, 자율주행차, 생활 관련 서비스 등 최종 제품 구현에 관심이 있다. 또한 미국과 독일 전략은 기술확보와 혁신정책 중심인 데 비해, 일본의 전략은 산업구조 혁신까지도 포함하는 것으로 이해된다. 이러한 차이로 인해 일본은 미국이나 독일과 달리 사회경제 인프라의 개혁도 강조하는 특징이 있다. 일본은 산업 경쟁력 창출뿐만 아니라 세계 최고 수준의 초고령화와 인구 감소로 나타난 사회적 과제를 해소하여 사회경제 시스템을 고도화하는 동기로 4차 산업혁명론에 접근하고 있다.

이들 국가의 담론과 전략의 차이는 ICT 환경 전반의 네트워크 담론경쟁에서 나타나는 각국의 차이와도 연관해서 이해할 필요가 있다. 넓은 의미에서 볼 때 4차 산업혁명론은 미래 네트워크의 아키텍처를 설계하는 담론표준경쟁의 의미를 가지기 때문이다. 예를 들어, 미국과 일본은 유선 및 무선 인터넷 시대, 그리고 유비쿼터스 담론 등에서 각기 상이한 담론과 비전을 추구했으며, 결과적으로는 미국 담론이 득세했던 바 있었다(김상배 2016). 이러한 양상은 빅데이터와 클라우드 컴퓨팅, 인공지능 등이 연동된 사물인터넷 담론의 경우에도 나타나고 있다. 미국이 중심이 되어 생성하는 사물인터넷 담론은 중앙 서버를 둔 클라우딩 시스템과 빅데이터 활용 기반의 중앙제어적인 단(單)허브형 네트워크 모델을 취한다면,

독일이나 일본 등이 강조하는 이른바 M2M(Machine To Machine) 담론은 근접센서를 탑재한 기기들이 동일한 플랫폼을 기반으로 하여 통신하는 다(多)허브형 네트워크 모델의 모습을 하고 있다.

이러한 구도에서 최근 부상하는 중국이 향후 4차 산업혁명이나 인공지능, 사물인터넷, 빅데이터, 클라우드 컴퓨팅, 바이오 기술 등과 관련하여 어떠한 비전 또는 네트워크 아키텍처의 담론을 제시할 것인가의 문제는 향후 큰 관건이 될 것이다. 독일의 인더스트리 4.0이 인공지능제조가 주도하는 4차 산업혁명을 규정하는 데 반해, '중국제조 2025'는 정보화와 산업화의 심층적인 '양화융합'을 내걸고 중국산업 대변혁의 가속화를 강조한다. 게다가 최근 중국 기업들의 행보는 제조업 부활만을 노리는 것이 아니라, 미국과의 경쟁을 염두에 두고 클라우드 컴퓨팅과 빅데이터 환경을 염두에 둔 중국형 인터넷 플랫폼의 구축에도 관심이 크다. 이러한 중국의 행보는 최근 미래전략의 차원에서 중국이 지향하는 세계질서의 비전과도 연결된다는 점에서 중요한 의미를 갖는다.

IV 한국의 4차 산업혁명 담론과 전략, 제도

1. 한국형 4차 산업혁명 담론?

4차 산업혁명론은 제조업을 중심으로 하는 한국의 산업 DNA와의 궁합이 나쁘지 않다는 것이 대체적인 인식이다. 4차 산업혁명은 한국에게 큰 도전이지만 강점을 충분히 살리고, 경험을 충분히 활용하면 승산이 없는 게임은 아니라는 것이다. 제6장에서 살펴보고 있는 바와 같이, 4차 산업혁명 붐이 일기 전인 2014년 6월 정부는 '제조업 혁신 3.0'이라는 이름으로 2020년까지 중소기업 1만 개, 스마트 공장 시스템의 보급을 목표로 하는 구상을 밝힌 바 있다. 또한 그 연속선상에서 2016년 12월에는 인공지능 알파고와 바둑기사 이세돌의 바둑대결 이후 높아진 인공지능 붐을 타고 '지능정보사회 중장기 종합대책'이 발표되기도 했다. 그러던 것이 최근 들어 4차 산업혁명 담론의 자극을 받아 제조업 분야의 새로운 전략에 대한 논의들이 늘어났다. 정부가 2017년 예산안에 미래 성장동력 창출 분야의 예산을 대폭 반영하고 스마트 자동차, 사물인터넷(IoT), 무인기(드론), 가상현실(VR), 증강현실(AR) 등 분야를 집중적으로 지원키로 한 데는 이런 인식이 깔려 있었다(『연합뉴스』, 2016.10.18.).

2017년 11월 정부는 '혁신성장을 위한 사람 중심의 4차 산업혁명 대응계획'을 확정·발표했는데, 이를 통해 '사람중심 지능화경제'를 만들겠다는 '큰그림 1.0'을 만들고 2022년까지 달성할 분야별 목표를 제시했다. 지능화 혁신을 기반으로 산업 생산성과 글로벌 경쟁력을 높이고, 고질적 사회문제 해결을 통해 삶의 질을 높여 성장동력으로 연결하겠다는 내용이다. 여기에는 2019년 3월 세계 최초로 5G를 상용화하고 2020년 준자율주행차가 고속도로를 달리도록 한다는 계획도 포함돼 있다. 정부는 이런 비전을 표현하기 위해 'I-코리아 4.0'이라는 정책 브랜드를 만들었다. 지능(intelligence), 혁신(innovation), 포용·통합(inclusiveness), 소통(interaction)의 머리글자를 딴 것이다. 이러한 계획에 포함된 분야별 과제들은 대부분 수년 또는 수개월 전에 이미 부처별로 발표된 것이지만, 그간 나온 총론 위주의 접근 대신 향후 5년간의 구체적 청사진을 정부 각 부처와 '4차산업혁명위원회'의 협업으로 제시했다는 데 의미가 있다(『연합뉴스』, 2017.11.30).

이러한 모색의 과정에서 선진국들의 4차 산업혁명 담론을 한때 유행처럼 그대로 따라갈 것이 아니라 한국의 실정에 맞는 '한국형 4차 산업혁명 담론'이 필요하다는 문제의식이 생성되고 있다. 4차 산업혁명이라는 변화를 맞이하며 이에 대응하기 위한 체질 개선을 명목으로 선진국과 같은 모양만을 따라하는 것은 의미 없는 노력이 될 것이라는 우려가 제기된다. 오히려 최근 한국의 상황은 단순한 모방전략과 추격전략을 탈피해서 자기만의 전략모델을 창출해야 한다는 인식이다. 4차 산업혁명이 야기하는 구조변동의 상황과 이에 대응하는 한국의 역량에 대한 면밀한 검토가 선행돼야 한다는 것이다. 독일, 미국, 일본, 중국 등 4차 산업혁명 담론과 전략을 제시하는 국가들의 맥락과 이익을 고려하고 이것이 한국의 맥락과 이익에 닿는지를 고민해야 할 것이다. 궁극적으로 '남이 하니까 우리도 하자는 식'의 접근을 넘어서 한국이 처한 위치에서 새로운 변화가 필요할 수밖에 없는 절실한 존재적 기반에 대한 인식에서 시작해야 한다는 지적이다(장필성 2016).

그렇다면 4차 산업혁명에 대응하는 한국형 전략 모델의 내용은 무엇일까? 2016년 6월 국회 차원에서도 '4차 산업혁명 포럼'을 통해서 6대 전략 과제를 제시하여 '한국형 모델'의 문제의식을 담아낸 바 있다(『지디넷코리아』, 2016.6.28). 전통산업과 ICT 융합구도, 신산업과 신기술 활성화, 대기업과 중소기업 상생을 통한 스타트업 육성, 융합형 인재양성, 국가 기초과학 및 R&D 혁신을 위한 거버넌스 체제 등의 내용이다. 2016년 정부가 내놓은 미래 신성장동력 사업 9개 프로젝트도 기존 제조업과 IT를 고도로 융합한 4차 산업혁명을 통해 산업 생태계를 근본적으로 혁신하고 경쟁력을 높여 창조경제를 구현하는 목표를 내세웠다(『MK경제』, 2016.9.9). 인공지능, 가상·증강현실, 자율주행차, 경량 소재, 스마트시티와 정밀의료, 탄소 자원화, 미세먼지 저감·대응 기술, 바이오 신약 등을 프로젝트 후보 사업으로 꼽는다. 정부는 프로젝트 추진을 위해 향후 10년간 약 1조 6,000억 원을 투입할 계획이라고 밝혔다. 정부 투자와는 별도로 6,152억 원의 민간투자도 진행한다고 한다. 이러한 논의의 이면에는 독일, 일본에 기원을 두는 4차 산업혁명 담론이 자리 잡고 있다.

그런데 이러한 한국형 전략의 추진 과정에서 신산업과 전통산업의 융합이나 제조업을 스마트화하는 하드웨어 고도화 사업의 범위를 넘어서, 인공지능, 클라우드 컴퓨팅, 빅데이터 등과 같은 소프트웨어와 정보 분야에 대해 얼마나 투자할 것이냐가 관건이다. 인공지능과 머신러닝, 빅데이터 등은 차세대 유망 기술이어서 당연히 국가적 차원에서 육성하고 지원해야 할 것이며, 글로벌 트렌드에 뒤쳐지지 않기 위해선 반드시 키워야 할 분야인 것은 분명하다. 그리고 실제로 한국 정부는 '알파고 충격' 직후인 2016년 3월, 인공지능과 사물인터넷 분야를 포함하는 지능정보 산업에 5년간 1조 원가량을 투자할 계획이라고 밝힌 바 있다. 그러나 이는 고작해야 선진국의 5분의 1에서 10분의 1 수준밖에 안 된다. 또한 삼성전자, LG전자, SK텔레콤, KT, 네이버, 현대자동차 등 6개 기업이 참여하는 지능정보기술연구소도 설립하기로 했으며, 삼성전자는 이미 인공지능 관련 스타트업에 480억 원 정도를 투자한 상태이다.

사실 이러한 문제제기는 단순 기술경쟁이나 제품경쟁이 아니라 플랫폼경쟁의 형태로 진행되는 4차 산업혁명 시대의 여타 분야에서 한국이 취할 미래전략의 방향과도 관련된다. 이는 페이스북과 같은 플랫폼이 세계를 지배한다고 '한국형 플랫폼'을 만들겠다고 나서는 게 현실적이냐는 지적과도 통한다. 한때 유망했던 싸이월드의 교훈을 떠올릴 필요가 있다. 이는 궁극적으로 한국 시장이 지닌 '규모'의 문제와 연관된다. 마찬가지로 사물인터넷에 투자해서 돈을 버는 구조와 규모가 한국에서는 형성되지 않는다는 지적에도 귀를 기울여야 한다. 기껏해야 한국은 '아래아한글'과 같은 응용SW를 개발하는 정도였지 않느냐는 것이다. 이러한 시각에서 보면 한국이 4차 산업혁명의 주도국이 되는 목표를 설정하거나 초일류 기술에 투자하는 것이 얼마나 의미가 있을까? 4차 산업혁명은 세계경제를 강타한 이슈이지만, 그에 대한 대비책은 처한 상황에 따라 다를 수밖에 없고, 어쩔 수 없이 여기에 맞는 해결책을 내놓을 수밖에 없다. 4차 산업혁명 담론이 방향을 잡기 위해선 현실에 대한 진단이 선행돼야 할 것이며, 이를 바탕으로 한국의 역량에 맞는 경쟁전략을 고민해야 할 것이다(김상배 편 2017, 46-47).

2. 한국의 4차 산업혁명 전략과 제도

이러한 경쟁전략의 방향을 고민함에 있어서 4차 산업혁명 분야에서 한국이 처한 경쟁력의 현주소를 파악하는 것이 무엇보다도 중요하다. 한국은 상대적으로 IT제조업의 경쟁력과 인터넷 인프라의 확산이라는 성과를 거두었다고 평가된다. 삼성의 고선명TV나 스마트폰의 성과, 세계 1위의 인터넷·모바일 속도 등이 거론된다. 그러나 최근 삼성 스마트폰은 고부가 가치 제품과 저부가 가치 제품 사이에서 샌드위치가 되어 가는 어려움에 봉착하고 있다. IT인프라와 관련해서도 한국은 사이버 보안의 문제가 취약한 것으로 지적받고 있다. 향후 기술혁신, 인력양성 등을 지속적으로 창출하고 기존 인터넷 인프라의 안전성을 보장하는 사이버 안보의 과제를 안고 있다. 종합컨대 IT제조업과 인프라의 차원에서 보면, 한국은 상대적으로 미국발 클라우드 컴퓨팅과 빅데이터 담론보다는 유럽발 4차 산업혁명 담론에 친화적인 조건을 지니고 있는 것으로 파악된다.

그런데 최근 관심을 끌고 있는 4차 산업혁명 관련 인프라 지수에서 한국의 순위는 높지 않음에 주목할 필요가 있다(『한국경제』, 2016.02.02). 컨설팅 전문기업 액센츄어가 '산업 사물인터넷(IoT)으로 승리하는 법'이라는 보고서에서 사물인터넷(IoT)을 산업 제반 요인에 반영시킨 정도를 55가지 지표로 측정한 결과 한국은 52.2점으로 주요 20개국 중 12위에 그쳤다. 미국이 64점으로 가장 높았고 스위스(63.9), 핀란드(63.2), 스웨덴(62.4), 노르웨이(61.8점) 등의 순이었는데, 이는 한국 사물인터넷이 시작부터 선진국들에 뒤처지고 있음을 보여준다. 클라우드 컴퓨팅 분야에서도 한국의 순위는 높지 않다. 소프트웨어연합(BSA)이 2013년 세계 ICT 시장의 80% 이상을 점유한 24개국을 대상으로 클라우드 컴퓨팅 관련 7개 정책 환경을 조사한 결과 한국은 8위에 그쳤다. 일본이 1

위였고, 호주(2위), 미국(3위)이 뒤를 이었다.

빅데이터도 순위를 따질 것도 없이 국내 데이터 분석 시장규모가 작은 데다 기술적 발전도 더디다는 게 냉정한 평가이다(『세계일보』, 2014.08.29). 국내 기업 500곳 가운데 빅데이터를 활용하는 곳은 40곳이 안 될 정도이다. 현재 대기업의 빅데이터 기술조차 임시 테스트 수준에 머물 정도로 발전이 더디다. 일부 기업들이 방대한 데이터를 수집·저장해 활용하고는 있지만, 빅데이터 투자에 대한 수익성을 확신하지 못하면서 분석과 활용 면에서 뒤처지고 있다는 분석이다. 정부3.0 추진 등 정부의 빅데이터 활용도 증가 추세지만 시장이 너무 작고, 수익으로 연결되는 모델 개발에 본격적으로 투자되지 않고 있는 실정이며, 해당 산업을 지원할 정책안이나 법·제도적 근거도 미흡하다.

소프트웨어 분야에서 한국의 경쟁력은 얼마나 있는가? 소프트웨어/알고리즘 기술이 갈수록 TV, 스마트폰, 자동차, 조선 등 한국이 강점을 가진 제조업의 경쟁력을 가르는 핵심 요소가 되고 있는 상황에서 한국이 취할 전략은 무엇인가? 또한 개별 소프트웨어 경쟁력을 넘어서 컴퓨팅과 인터넷 분야의 플랫폼경쟁에서 한국이 지닌 경쟁력의 현주소는 어디인가? 워드프로세서SW나 인터넷 검색 분야에서 한국은 국내 시장에서 나름대로의 독자적 영역을 구축하고 있으며 해외 다국적 기업들이 쉽게 침투해 들어오지 못하게 막는 효과가 있다. 그러나 역으로 밖으로 나가지 못하는 한계가 있을 뿐만 아니라 소프트웨어나 인터넷 분야의 경쟁력도 특정 분야에만 국한되며 민족주의 정서를 활용한다.

컴퓨팅 플랫폼은 일찌감치 미국을 수용하고 그 위에 응용 프로그램을 세우는 전략을 택했다. 아래아한글 워드프로세서의 수성이 대표적인 사례이다. 인터넷 검색 분야에서 네이버의 국내시장 점유도 사례이다. 글로벌 인터넷 플랫폼과의 경쟁에서 독자적 영역을 구축하는 효과가 있다. 그러나 규모의 한계가 있다. 인터넷 전자상거래, 온라인 쇼핑몰, 오픈 마켓 등의 시장규모가 급증하고 있는 현실에서 4차 산업혁명의 성과와 관련하여 특히 주목해야 할 부문은 간편결제 시스템 시장이다. 간편결제 시스템이 중요한 이유는 클라우드 컴퓨팅 환경에서 개인정보와 빅데이터의 활용을 통한 인터넷 서비스의 플랫폼이 될 것이기 때문이다. 미국의 이베이, 아마존, 중국의 알리바바 등이 약진하고 있는 상황에서 한국은 기본적으로 규모의 게임에서 불리한 상황이다.

소프트웨어의 부진과 국내시장에 국한된 인터넷 서비스 생태계를 넘어서는 과제와 함께 향후 어느 쪽과 호환성을 유지할 것이냐는 큰 과제가 아닐 수 없다. 이는 신흥 선도부문의 IT경쟁에서는 '규모'의 변수가 점점 더 중요해지는 현상과 밀접히 연관된다. 한국의 IT시장의 규모는 효과적인 규모의 경쟁을 벌이는 데 제약요인으로 작용하는 상황에서 한국 IT전략의 과제는 미국과 중국으로 대변되는 글로벌 네트워크와 어떠한 방식으로 호환성을 유지할 것이냐의 문제가 될 것이다. 이러한 양상은 IT분야의 거의 모든 분야에서 발생하고 있다. 예를 들어, 유무선 인터넷과 유비쿼터스 담론의 수용 과정이 그랬듯이 최근 사물인터넷과 4차 산업혁명, 빅데이터, 클라우드 컴퓨팅 담론의 수용 과정에서도 발생할 가능성이 있다. 인터넷 플랫폼경쟁에서 만약에 미국 이베이의 페이팔과 중국 알리바바의 알리페이 사이에서 선택할 일이 생긴다면 어떠할까?

이러한 미중 아키텍처 담론 경쟁의 양상은 한미동맹과 한중협력 사이에서 국가전략을 고민하는 한국에 또 다른 숙제를 안겨줄 가능성이 있다. 이러한 시각에서 볼 때, 향후 한국이 주목해야 할 중요한 문제 중의 하나는 미국과 중국의 4차 산업혁명 담론과 전략이 장차 지향하는 미래 산업생태계의 모습은 무엇인지를 읽어내는 작업일 것이다.

4차 산업혁명 경쟁에 적응하여 살아남는 데 있어서 정책과 제도는 매우 중요한 변수이다. 최근 부쩍 4차 산업혁명의 새로운 패러다임에 적합한 시스템 개혁의 필요성이 강조되는 것은 바로 이러한 이유 때문이다. 그러나 기존의 기술과 산업의 패러다임에 기반을 둔 정책과 제도로는 안 된다. 한국의 정보화와 IT산업의 성공을 이끈 대기업 모델의 문제점에 대한 인식이 확산되고 있음에도 기업의 조직관성으로 인해서 시의적절한 구조조정을 하지 못하고 있다. 또한 IT산업과 인프라를 육성하고 지원한 정부의 산업정책이나 기술정책 모델을 보더라도 빠르게 변화하고 있는 4차 산업혁명 시대의 추세에 민첩하게 대응하지 못하고 있다. 4차 산업혁명 게임에서의 성공 여부는 기술공학적 차원에서 본 혁신만큼이나 이미 개발된 기술을 다양하게 융합하고 적절하게 응용하며, 더 나아가 이를 가능케 하는 사회시스템과 의식의 변화를 유도하는 데 달려 있다. 결국 4차 산업혁명의 시대를 맞이하여 한국이 새로운 도약의 계기를 마련하기 위해서는 그나마 이룩한 오늘날의 성과를 가능케 한 국가 시스템을 전면적으로 바꿀 수도 있다는 자세로 성찰과 혁신을 추구해야 할 것이다.

V 이 책의 구성

이 책은 독일, 미국, 일본, 중국, 한국 등 다섯 나라의 4차 산업혁명 국가전략을 담론과 전략 및 제도의 세 가지 차원에서 살펴보았다. 4차 산업혁명 분야의 산업과 서비스를 주도하고 있는 세계 주요국의 사례를 비교·분석하여 향후 한국이 모색할 4차 산업혁명의 미래 국가전략의 방향을 새로이 설정하고 구체적인 실천방안들을 도출하려는 의도를 바탕에 깔고 다섯 개 장이 기획되었다.

   제2장 "4차 산업혁명과 독일의 담론, 전략 그리고 제도(김주희)"는 인더스트리 4.0(Industrie 4.0) 개념의 제시를 통해서 4차 산업혁명 담론과 전략을 선도하고 있는 독일의 사례를 다루었다. 독일 정부는 4차 산업혁명 담론을 국가전략으로 채택하고 이를 정책으로 실현하고 있다는 점에서 실용적인 접근법을 취한다. 인더스트리 4.0의 초기 개념은 인간이 거의 존재하지 않는 공장을 꿈꾸는 새로운 제조기술 옵션, 즉 기술담론으로부터 사실상 독일경제의 담론으로, 그리고 신흥 선도부문의 경쟁력의 확보를 위한 협력의 담론으로서 표준화 담론으로 이동하고 있다. 독일 정부는 4년마다 수립, 시행하고 있는 하이테크 전략에 근거하여 인더스트리 4.0을 독일 기계공학 분야의 기술 리더십을 공고화하는 중요한 미래 프로젝트로 규정하며 전통적인 독일 제조업의 디지털화를 추진하여 스마트 서비스로의 확대를 통해 그 활동을 강화하고 있다. 이러한 논의하에 경제성장 및 일자리 창출을 위한 산업화 구조혁신을 추진하기 위한 아르바이트 4.0(Arbeit 4.0)을 제시하며 다가올 4차 산업혁명 시기의 노동은 네트워크화, 디지털화, 유연화 되는 특징을

갖게 될 것으로 전망하고, 산업뿐 아니라 전반적인 노동형태 및 근로조건도 포괄하여 다루고 있다. 또한 새로운 기술의 광범위한 적용, 즉 인더스트리 4.0의 상호 작동성을 위해 표준화된 신호와 인터페이스의 필요성을 인식하고 독일은 라미 4.0(RAMI 4.0)이라는 중립적인 레퍼런스 모델을 통해 표준을 선점하고 적응비용을 감소시키기 위한 조정과 협력을 목적으로 G20과 같은 국제무대를 적극적으로 활용하고 있다. 자본주의의 다양성 논의에 근거해 볼 때, 독일 4차 산업혁명의 담론, 전략 그리고 제도는 독일식 자본주의, 조정시장경제(CME)의 특성을 반영하고 있으며, 독일경제의 성공 요인으로 주목되는 경쟁력과 고용의 안정성, 혁신, 그리고 기술직 노동력의 안정적 수급이라는 조건을 꾸준히 충족시키며 정부-산학연-노동자 간의 지속적인 대화와 협상을 통해 구체화되고 있다.

제3장 "미국의 4차 산업혁명 담론과 전략, 제도(유인태)"는 정보화 시대의 초창기부터 정보산업과 인터넷 서비스를 주도해온 정보화 주도국으로서 미국의 사례를 '4차 산업혁명론'의 시각에서 살펴보았다. 우선 제3장은 4차 산업혁명이 새로운 혁명인가 아닌가, 4차 산업혁명을 위한 기술혁신에 있어서 정부의 역할은 어느 정도여야 하는가, 4차 산업혁명이 경제개발과 빈부격차에 어떠한 영향을 미치는가, 4차 산업혁명이 정치적 권리와 민주적 권리에 어떤 영향을 미치는 것인가 등과 같은 네 가지 논점을 중심으로 미국의 담론을 소개하였다. 또한 제3장은 민간 주도로 전개된 전략과 제도들을 살펴보았다. 여기서 민간은 주로 대기업들인데, 이들을 다시 제조업 중심의 기업과 미국 서부의 실리콘 밸리 중심의 IT 대기업으로 대별하여, 각각의 전략과 제도 전개를 위한 이니셔티브

를 소개하였다. 제조업 중심의 대표적 이니셔티브로는 GE 주도의 '산업 인터넷(Industrial Internet)' 개념을 들 수 있다. 아마존이나 마이크로소프트, 애플 등과 같은 서부의 IT 대기업들도 새로운 디지털 시대에 적응하기 위해 디지털 변환(digital transformation)을 추구하고 있으며, 이를 위한 핵심 인프라로 클라우드에 역점을 두고 있다. 한편 제3장은 정부 주도의 4차 산업혁명 전략과 제도, 그리고 정부와 기업 간의 관계를 다루었다. 정부의 주목할 만한 움직임으로는 2011년 오바마 대통령 대통령에 의한 '선진 제조업 파트너십(Advanced Manufacturing Partnership, AMP)' 형성을 들 수 있다. AMP 이니셔티브 이외에도 미국 정부는 여러 전략과 정책 도구들을 사용했는데, 경쟁력 정책 추진, 연구개발자금 지원, 교육훈련 인프라 설립, 산업박람회 개최, 그리고 통상정책 등을 들 수 있다. 트럼프 정부가 들어오면서, 미국 정부와 IT 대기업들은 정부의 주요 정책들과 충돌하는 모습을 보이고 있어 향후 행보가 주목된다.

제4장 "4차 산업혁명과 일본의 국가전략(이승주)"은 전통적인 제조업 강국으로 인식되어온 일본이 안고 있는 4차 산업혁명 시대의 국가전략적 고민의 사례를 다루었다. 일본은 비록 독일에 비해 늦기는 하였으나 4차 산업혁명에 대하여 국가 차원의 전략적 대응책을 수립하기 위해 다각적인 노력을 하고 있다. 일본 정부가 '신산업 구조 비전(新産業構造ビジョン)'이나 '일본재흥전략(日本再興戦略)'에서 4차 산업혁명을 공식적으로 언급하고 있을 뿐 아니라 그 활용 방안을 모색하고 있다는 점에서 4차 산업혁명에 대한 일본의 대응이 개별 부처 차원이 아니라 범정부 차원에서 이루어지고 있다는 점을 알 수 있다. 제4장은 일본 정부가 4차 산업혁명을 위한

국가전략을 추구하는 동기를 네 가지 차원에서 이해하였다. 첫째, 일본이 4차 산업혁명을 위한 국가전략에 적극성을 보이는 이유는 일차적으로 4차 산업혁명으로 인해 초래될 기술적·산업적 파급효과가 광범위하게 확산될 것이라는 시대적 추세에 대한 대응이라고 할 수 있다. 둘째, 일본 정부는 아베노믹스에서 나타나듯이 장기간 침체에 빠진 일본 경제의 구조 개혁을 추진하고 새로운 성장동력을 발굴해야 하는 난제를 해결하기 위한 수단으로서 4차 산업혁명을 긴밀하게 활용하는 모습을 보이고 있다. 셋째, 일본 정부는 일본재흥전략을 추진하는 과정에서 산업 구조의 변화를 추진해왔는데, 4차 산업혁명은 일본 정부의 이러한 노력을 촉진하는 새로운 계기를 제공한다. 끝으로, 일본의 경제 회복을 위해서는 인구 구조의 변화 및 사회 환경의 변화에 대한 정확한 이해와 인식에 기반을 둔 정책의 수립이 요구되는데, 사물인터넷, 로봇, 빅데이터 등을 활용한 기술혁신의 활용은 이러한 목표에 부합한다는 것이 일본 정부의 판단이다.

　제5장 "중국의 4차 산업혁명 담론과 전략, 제도(차정미)"는 최근 급속한 성장을 구가하며 제조업뿐만 아니라 정보서비스 분야에서 부상하고 있는 중국의 사례를 '4차 산업혁명론'의 시각에서 다루었다. 4차 산업혁명에 대한 중국의 담론과 전략은 '중국제조 2025'와 '인터넷플러스' 정책에서 드러난다. '중국제조 2025'는 독일의 '인더스트리 4.0'을 벤치마킹한 것으로 4차 산업혁명의 화두는 중국이 필요로 했던 국가전략의 전환과 정책적 대안을 구체화하는 데 중요한 자원이 되었다. 중국에서 한국과 같은 '4차 산업혁명' 담론 자체에 대한 관심과 열풍을 찾아보기는 어려우나, 독

일 인더스트리 4.0, 중국제조 2025, 산업인터넷, 인공지능 등 구체적이고 실질적인 정책을 중심으로 4차 산업혁명이 주목받고 있다. 이러한 맥락에서 볼 때, 미국의 산업인터넷, 독일의 인더스트리 4.0에 대응되는 중국의 4차 산업혁명 담론의 출발은 '양화심층융합(兩化深度融合)'이라 할 수 있다. 중국이 제시하는 '양화융합'이란 '정보화'와 '공업화'의 결합, 연계발전을 의미한다. 중국 공산당은 2007년 17차 당대회를 통해 정보화와 공업화의 융합에 주력한다는 방침을 제시하면서 처음으로 '양화융합전략'을 내세웠다. 이러한 중국의 양화융합 담론은 2015년 중국제조 2025, 인터넷플러스 등이 공표되면서 실천적 정책으로 구체화되었다. 이러한 정책을 추진하는 과정에서 주목할 것은 4차 산업혁명과 관련된 중국의 주요정책들은 모두 일관되게 기본원칙으로 '시장주도, 정부인도' 원칙을 내세우고 있다는 점이다. 중국은 4차 산업혁명 시대에도 여전히 당과 정부가 기획하고, 지시하고 통솔하는 국가주도형 경제발전을 추진해 가고 있으며, 자국기업을 중심으로 4차 산업육성 전략을 전개하는 보호주의적 산업정책을 추진해 가고 있다.

제6장 "4차 산업혁명의 한국적 담론과 대응전략 진단(윤정현)"은 한국사회의 4차 산업혁명 수용 과정과 정부의 대응방식에 대해 면밀히 살펴보았다. '4차 산업혁명'이라는 단어가 한국사회의 화두가 된 지 벌써 2년이 지났지만, 정부는 여전히 모호한 개념적 논쟁을 넘어 구체적인 전략을 마련하는 데 어려움을 겪고 있다. '지능정보사회 종합대책' 및 '4차 산업혁명위원회' 의제를 통해 나타난 바와 같이, 한국 정부는 고착화된 저성장의 위기를 타개하기 위한 실천 수단으로서 4차 산업혁명 담론을 수용하고 주도해왔다.

그러나 이러한 범정부 차원의 시도가 얼마나 효과적일지에 대해서는 많은 의구심이 제기되고 있다. 제6장은 그 이유로 4차 산업혁명의 한국적 수용 과정에서 사회 구성원들의 다양한 참여가 부재한 협소한 담론 환경과 지능정보기술 우선주의적 접근에 따른 한계점에 대해 지적한다. 그 동안 한국 정부의 4차 산업혁명 대응 전략에는 암묵적으로 산업진흥, 기술개발 중심적 담론이 자리하고 있었으며 기술개발과 산업화의 부작용을 완화하기 위한 윤리적·사회적 논의는 상대적으로 지체되어 있었다. 특히, 정책의 추진과정에서 시민과 사회의 소통과 참여가 부재한 환경은 4차 산업혁명이라는 급격한 변화에 대한 사회적 거부감으로 이어질 수 있으며 이는 결국 사회전반의 수용성 제고와 적극적인 대응에 커다란 난제로 작용할 가능성이 높다. 이는 결국 글로벌 차원에서 벌어지고 있는 4차 산업혁명의 담론을 비판적으로 재해석하고, 우리의 현실에 맞게 구체화하는 시도가 부족하였음을 시사한다. 4차 산업혁명 전략이 어느 한 정권 차원의 수사를 넘어 지속가능한 '한국형 4차 산업혁명 전략'으로 자리매김하기 위해서는 기술과 제도, 사회적 문제에 대한 균형 있는 접근이 요구된다. 무엇보다도 정부는 사회 구성원들의 참여를 높이고 소통을 강화할 수 있는 방안에 대해 시급히 고민해야 할 것이다.

참고문헌

강하연. 2013. "ICT교역의 글로벌 거버넌스." 서울대학교 국제문제연구소 편.
　　『커뮤니케이션 세계정치』 기획특집 〈세계정치〉 33(2). 사회평론. 73-109.
김상배. 2015. "빅데이터의 국가전략: 21세기 신흥권력 경쟁의 개념적 성찰."
　　『국가전략』 21(3), 5-35.
_____. 2016. "한국 정보화의 미래개념사: (국제)정치학적 연구를 위한 시론."
　　『한국정치연구』 25(2), 229-254.
_____. 2017. "정보·문화 산업과 미중 신흥권력 경쟁: 할리우드의 변환과 중국영화의
　　도전."『한국정치학회보』 51(1), 99-127.
김상배 편. 2017.『4차 산업혁명과 한국의 미래전략』. 사회평론아카데미.
장필성. 2016. "4차 산업혁명시대 산업트렌드와 제조업의 대응 전략."『산업입지』 62,
　　여름호, 6-12.
최계영. 2016. "4차 산업혁명 시대의 변화상과 정책 시사점." KISDI Premium Report.
　　16-04. 정보통신정책연구원
하영선·김상배 편. 2006.『네트워크 지식국가: 21세기 세계정치의 변환』. 을유문화사.
하원규·최남희. 2015.『제4차 산업혁명』. 콘텐츠하다.

Rifkin, Jeremy. 2013. *The Third Industrial Revolution: How Lateral Power Is
　　Transforming Energy, the Economy, and the World*. St. Martin's Griffin.
Schwab, Klaus. 2016. *The Fourth Industrial Revolution*. World Economic Forum.

필자 소개

김상배 Kim, Sangbae

서울대학교 정치외교학부 (Department of Political Science and International Relations, Seoul National University) 교수
서울대학교 외교학과 졸업, 인디애나 대학교 정치학 박사

논저 『버추얼 창과 그물망 방패: 사이버 안보의 세계정치와 한국』, 『아라크네의 국제정치학: 네트워크 세계정치이론의 도전』, 『정보혁명과 권력변환: 네트워크 정치학의 시각』, 『정보화시대의 표준경쟁: 윈텔리즘과 일본의 컴퓨터 산업』

이메일 sangkim@snu.ac.kr

제2장

4차 산업혁명과 독일의 담론, 전략 그리고 제도

The Fourth Industrial Revolution in Germany
— Its Discourse, Strategy, and Institution

김주희 | 경희대학교 국제개발협력연구센터 학술연구교수

독일의 4차 산업혁명 담론은 인더스트리 4.0(Industrie 4.0) 이라는 개념에서 출발한다. 4차 산업혁명이 새로운 혁명 인가 혹은 수사적 슬로건인가 하는 질문을 넘어, 독일 정부는 이러한 아이디어를 국가전략으로 채택하고 이를 정책으로 실현하고 있다는 점에서 독일의 일련의 실용적인 접근법에 관심을 가질 필요가 있다. 인더스트리 4.0의 초기 개념은 인간이 거의 존재하지 않는 공장을 꿈꾸는 새로운 제조 기술 옵션, 즉 기술담론으로부터 사실상 독일 경제의 담론으로 그리고 신흥 선도부문의 경쟁력의 확보를 위한 협력의 담론인 표준화담론으로 이동하고 있다.

독일 정부는 4년마다 수립, 시행하고 있는 하이테크 전략에 근거하여 인더스트리 4.0을 독일의 기계 공학 분야의 기술 리더십을 공고히 하기 위한 중요한 미래 프로젝트로 규정하며 전통적인 독일 제조업의 디지털화를 추진하여 스마트 서비스로의 확대를 통해 그 활동을 강화하고 있다. 이러한 논의하에 경제성장 및 일자리 창출을 위한 산업화 구조 혁신을 추진하기 위한 노동 4.0(Arbeiten 4.0) 을 제시하며 다가올 4차 산업혁명 시기의 노동은 네트워크화, 디지털화, 유연화 되는 특징을 갖게 될 것으로 전망하고, 산업뿐 아니라 전반적인 노동형태 및 근로조건도 포괄하여 다루고 있다. 또한 새로운 기술의 광범위한 적용, 즉 인터스트리 4.0의 상호 작동성을 위해 표준화된 신호와 인터페이스의 필요성을 인식하고 독일은 RAMI 4.0이라는 중립적인 레퍼런스 모델을 통해 표준의 선점을 통한 적응 비용을 감소시키기 위한 조정을 위한 협력을 위해 G20과 같은 국제무대를 적극적으로 활용하고 있다.

자본주의의 다양성 논의에 근거해볼 때, 독일 4차 산업혁명의 담론, 전략 그리고 제도는 독일식 자본주의, 조정시장경제(CME)의 특성을 반영하고 있으며, 독일 경제의 성공 요인으로 주목되는 경쟁력과 고용의 안정성, 혁신, 그리고 기술직 노동력의 안정적 수급이라는 조건을 꾸준히 충족시키며 정부-산학연-노동자 간의 지속적인 대화와 협상을 통해 구체화되고 있다.

The fourth industrial revolution discourse in Germany is departing from the concept of Industry 4.0 (Industrie 4.0). Beyond the question of whether the Fourth Industrial Revolution is a new revolution or a rhetorical slogan, we should be interested in a series of pragmatic approaches in Germany in that the German government adopts this idea as a national strategy and realizes it as a policy. The initial concept of Industry 4.0 is moving from a new manufacturing technology option that dreams of a factory with few human beings to a discourse of the German economy to a discourse of standardization for the competitiveness of emerging leading sectors.

Based on the high-tech strategy that has been established and implemented every four years, the German government defines Industry 4.0 as an important future project for promoting German technology leadership in mechanical engineering and promotes the digitization of traditional German manufacturing industries. Under these discussions, Work 4.0 (Arbeiten 4.0) is proposed to promote industrial structure innovation for economic growth and job creation. The labor in the fourth industrial revolution will be characterized by networking, digitization, and flexibility, and it covers not only the industry but also the overall working pattern and working conditions. Recognizing the need for standardized signals and interfaces for a wide range of applications of new technologies, namely interoperability of Industry 4.0, Germany has adopted a reference architectural model Industry 4.0 called RAMI 4.0. Germany is actively using the international stage such as the G20 to cooperate in coordination to reduce adaptation costs through the establishment of standards.

With regard to the discussion of the varieties of capitalism, the discourse, strategies and institutions of the German industrial revolution reflect the characteristics of German capitalism and the coordinated market economy (CME). It constantly meets the conditions of competitiveness, employment stability, innovation, and stable supply of skilled labor, which are attracting attention as a success factor of the German economy. It is being shaped through continuous dialogue and negotiation between government, industry, academia and labor.

KEYWORDS 인더스트리 4.0 Industrie 4.0, 노동 4.0 Arbeiten 4.0, 레퍼런스 아키텍처 모델 인더스트리 4.0 RAMI 4.0, 독일 제조업 German manufacturing industry, 하이테크-전략 Hightech-Strategy, 4차 산업혁명 The Fourth Industrial Revolution

I 머리말

2011년 하노버 무역박람회에서 처음 소개된 "인더스트리 4.0(Industrie 4.0)", 즉 제조 4.0이라는 용어는 새로운 산업혁명이라는 비전을 제시하며 독일의 대중 들 속에서 미래의 노동과 사회에 대한 주요한 담론으로 자리 잡고 있다. 2016년 "Mastering the Fourth Industrial Revolution"이라는 모토하에 열린 다보스 포럼에서 이 아이디어는 전 세계의 대중 속으로 파고들어 이제는 전 지구적인 담론으로 자리매김하고 있다(클라우스 슈밥 2016).

유럽 경제위기 이후, 독일의 빠른 경제 회복 능력이 주목을 받았고, 주요 원인으로 높은 제조업 비중을 꼽았다. 이후 독일의 제조업과 관련된 정책이 주목을 받았고, 특히 독일의 인더스트리 4.0이 관심을 받으면서 세계적으로 제조업 혁명의 바람을 일으켰다. 국내에서도 제조업 혁명 3.0 또는 4차 산업혁명 등으로 이러한 분위기가 조성되고 있다. 독일의 3명의 엔지니어에 의해 발전된 논의가 어떻게 전 세계적인 파급효과를 만들어낼 수 있었을까?

4차 산업혁명은 논의의 시작부터 담론의 실체에 대한 뜨거운 논쟁이 존재한다. 따라서 이러한 담론에 대한 성찰적 고찰은 필수적이라고 할 수 있다. 즉 이러한 담론이 정말 3차 산업혁명을 넘어서는 진정한 4차 산업혁명인지 아닌지에 대한 논의는 물론 중요하다. 그러나 새로운 혁명인가 혹은 수사적 슬로건인가 하는 질문을 넘어서 어찌되었든 4차 산업혁명의 논의를 주도하고 있는 독일은 이러한 아이디어를 국가전략으로 채택하고 이를 정책으로 실현하고 있다. 미래의 실체가 오늘의 실체일 필요는 없으며 이러한 실체를 형성하는 것은 결국 이러한 논의를 주도하고 이끌어가는 행위자의 행태와 그 결과를 통해 유추해볼 수 있다는 점에서 본 연구는 독일의 4차 산업혁명에 관한 일련의 실용적인 접근법에 관심을 가질 필요가 있음을 주장한다.

그렇다면 독일이 적극적으로 전개하고 있는 4차 산업혁명의 담론과 그것이 실행되는 방식은 어떻게 설명할 수 있을까? 본 연구가 구체적인 경험적 연구를 수행하는 것을 목적으로 하지는 않지만 자본주의의 다양성에 주목한 제도적 관점은 그 해답의 실마리를 제공해 줄 수 있다. 자본주의의 다양성(Hall and Soskice 2001 ; Mayntz and Scharpf 1995 ; Streeck 1997)에 주목하여 독일의 4차 산업혁명의 담론, 전략 그리고 제도에서 드러나는 독일 경제의 제도적 특성은 독일 4차 산업혁명의 담론, 전략 그리고 제도 속에 내재되어 있음을 유추할 수 있다.

독일의 시장은 정치적으로 제도화되어 있으며 사회적으로 규제되며 공공의 목적을 위한 공공정책의 산물로 간주된다. 따라서 기업 또한 사적 계약자의 혹은 소유자의 네트워크라기보다는 그 내적 질서가 공공의 이익을 위해 광범위하게 사회적으로 규제된다. 국가는 자유방임(laissez-faire)도 그렇다고 국가주의(etatiste)도 아닌 조성적 국가(enabling state)로 묘사된다. 연방과 주정부의 수직적 권한의 분절화와 독립적인 중앙은행과 연방경쟁규제국(Bundeskartelamt)과의 수평적 권한의 분절화는 경제에 직접적으로 간섭할 수 있는 국가의 역량을 축소하며 정부의 자유재량에 대한 강력한 헌법적 제한이 존재한다. 독일 정치경제의 가장 주요한 특징으로 간주되는 조정시장경제(coordinated market economy),

즉 이해관계자들(즉 경쟁자와 협상당사자들) 간의 조직된 협력은 기본적으로 노-사-정의 협력을 기반으로 독일의 4차 산업혁명의 제도화 과정 속에서는 정부-산학연-노조의 협력을 통해 구체화되고 있다.

또한 독일 경제의 성공 요인으로 첫째, 경쟁력 있는 시장과 고용의 안정성, 둘째, 기술혁신, 세 번째는 전문적 기술교육을 통해 양성된 기술직 노동력의 수급, 그리고 마지막으로 경쟁력 있는 독일의 중소기업인 미텔슈탄트(Mittelstand)를 들 수 있는데, 구체화되고 있는 독일의 4차 산업혁명 담론인 인더스트리 4.0, 노동 4.0, 그리고 레퍼런스 아키텍처모델 인더스트리 4.0 모두 독일의 경쟁력 기반을 근거로 논의를 전개하고 있음을 확인할 수 있다.

따라서 본 연구는 다음과 같이 구성된다. II절에서 독일은 4차 산업혁명담론의 결과물인 인더스트리 4.0을 어떻게 이해하고 있으며 이러한 담론이 내포하고 있는 의미는 무엇인지 먼저 파악하고자 한다. 독일이 주도하는 인더스트리 4.0 담론이 확대되는 과정을 통해 담론 속에서 독일의 의도를 어느 정도 유추해 볼 수 있다. III절에서는 이러한 담론이 어떤 전략을 바탕으로 실행되며 어떻게 구체적으로 제도화되며 이러한 제도화 과정에 어떠한 행위자들이 참여하게 되는지 그리고 그 정책결정의 결과물은 어떻게 구체화되는지 살펴보게 될 것이다. 독일의 기술자들이 주도한 4차 산업혁명의 아이디어는 정부의 정책 전략으로 구체화되어 독일자본주의 속에 내재된 정부-산학연-노조 합의방식으로 실현되었다. 인더스트리 4.0은 독일의 제조업 경쟁력을 위한 목표로, 노동 4.0(Arbeiten 4.0)은 독일 경쟁력의 원천과 노동의 관계를 규명하여 좋은 노동에 대한 상을 제시하고 미래의 정책적 제안을 마련하고 있다. 또한 인더스트리 4.0 담론이 독일 제조업의 글로벌 경쟁력 유지와 연계된다는 점에서 레퍼런스아키텍처모델 인더스트리 4.0(Referenzarchitekturmodell Industrie 4.0, RAMI 4.0)에 대한 논의로 이동하게 된다. 표준의 선점을 위해 미중과의 경쟁과 표준의 조화를 위한 협력을 모색하고 있다. 마지막으로 IV절에서는 독일 4차 산업혁명 논의의 현주소를 파악하고 담론의 의미와 방향성 그리고 한국적 함의를 도출하고자 한다.

II 독일 4차 산업혁명의 담론

1. 독일 "인더스트리 4.0"의 개념과 전개

18세기 말 촉발된 1차 산업혁명은 증기기관 기반의 기계화혁명이며, 2차 산업혁명은 전기에너지를 통한 기계화와 분업을 통한 대량생산혁명이다(그림 2-1 참조). 3차 산업혁명의 시기를 지나 실질적으로 4차 산업혁명의 단계로 진입했는가 아닌가에 대한 근본적인 논의에 앞서 독일은 4차 산업혁명을 어떻게 이해하고 있는지 먼저 파악할 필요가 있다. 독일 공학한림원의 아카텍 카거만 회장에 따르면, 독일에서는 3차 산업혁명을 전자제품과 IT의 사용을 통한 제조업의 자동화로 이해하고 있다. 4차 산업혁명과의 차이는 좀 더 큰 변화로 사이버–물리 시스템(CPS), 자동화 시스템, IoT가 서로 융합되어 생겨나게 되는데 그 변화의 차이가 너무 커서 4차 산

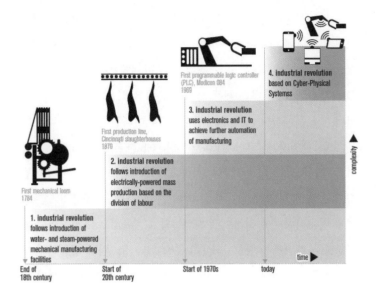

그림 2-1. 산업혁명의 네 단계

자료: DFKI(2011).

업혁명이라고 부르게 되었다고 한다(김은 외 2017, 44-45).

　　제조업에 경쟁력을 가진 독일의 4차 산업혁명 관련 논의는 어쩌면 당연히 제조업에 대한 집중으로 귀결되는데 4차 산업혁명이라는 용어 대신에 "인더스트리 4.0", 즉 한국말로 번역하자면 "제조 4.0"을 사용하고 있다는 점이 이를 반영하고 있다. 독일의 4차 산업혁명 논의는 지속적인 이해관계자들의 논의를 통해 발전해왔다. 현재 독일의 "인더스트리 4.0"을 주도하고 있는 대표적 조직인 플랫폼 인더스트리 4.0은 인더스트리 4.0에 대해 다음과 같이 이해하고 있다. 인더스트리 4.0은 4차 산업혁명을 위한 개념이며 제품의 생애주기 전반에 걸친 총체적인 가치창출사슬조직과 관리의 새로운 단계로 이해할 수 있다. 이러한 제품의 생애주기는 개인화된 고객의 요구에 맞추어 아이디어, 개발과 제품의 주문과 생산, 최종 적으로 고객에게 전달, 사용, 점검 그리고 재활용까지의 모든 과정을 포괄한다. 초기에는 제품 생산 부문에만 적용되었으나 현재는 서비스 부문에까지 확대 적용된다. 결국 이러한 가치창출의 기반은 모든 관계자들의 네트워킹을 통한 중요한 정보의 실시간 가용성 및 데이터로부터 언제든지 최적화된 가치창출 흐름을 이끌어낼수 있는 능력의 확보이며 이를 위해 인간, 사물, 시스템의 연계를 통해 역동적이며 실시간으로 최적화되고 자율적으로 조직되는 가치창출 네트워크가 형성된다(BITKOM 2015, 8). 결국 전통적인 제조업과 인더스트리 4.0을 구분하는 차이점은 개인화된 고객이 주도하는 시장과 CPS와 같은 새로운 기술의 상호작용이라고 할 수있다(김은 외 2017, 48).

2. 독일 인더스트리 4.0과 스마트 팩토리

독일의 인더스트리 4.0은 한국에서의 4차 산업혁명에 대한 열풍으로 인해 다양한 방식으로 소개되었다. 그러나 언어적 접근의 어려움, 혹은 독일적 특성에 대한 잘못된 이해, 기업들의 상업적 의도로 인한 의도적 오도 등의 이유로 인해 적지 않은 오해가 존재한다. 그러나 무엇보다 독일 인더스트리 4.0은 지속적인 논의를 통해 점차적으로 진화 발전하고 있다는 점에서 그 빠른 변화를 포착하는 데 어려움이 따른다. 김은(2017, 22-35)은 이러한 오해들을 인더스트리 4.0의 실행을 위한 전략문서를 기반으로 설명하고 있다

(Kagermann, Wahlster, and Helbig 2013).

첫째, 일반적으로 인더스트리 4.0과 스마트 팩토리를 동일하게 보며, 생산성 및 자원효율성 향상을 위한 도구로 본다. 그러나 스마트 팩토리는 인더스트리 4.0을 구현하기 위한 하나의 수단이며 인더스트리 4.0은 다양한 요소를 포함한다. 또한 앞서 언급했듯 자동화는 3차 산업혁명의 특징이며 따라서 이를 구분하는 인더스트리 4.0은 자동화를 통한 대량 생산 방식의 수준에서 제조의 유연성을 확대하여 개인적 요구에 맞춘 제품의 생산 가격을 맞추는 것이다. 이를 위해 필요한 생산체계는 분권화, 자율화되어야 하며 제품과 설비의 직접적인 소통을 위한 네트워크와 연결되는 기계 설비 중 하나가 바로 스마트 팩토리이다.

둘째, 스마트 팩토리는 인력 절감만을 위한 자동화의 확대가 아니라는 점이다. 가장 많이 소개된 아디다스 사례는 자동화를 통한 인력 절감만을 강조하고 있지만 빠른 생산과 빠른 배송의 스마트 팩토리의 목표는 고객맞춤형 제품을 고객과 가까운 곳에서 빠른 시간 내에 제공하는 것이다. 결국 독일에서 일자리가 줄어들기 보다는 인건비가 싼 지역에서 생산하던 제품을 독일 내에서 생산할 수 있게 된다는 점에서 off-shoring에서 re-shoring으로 이동하여 오히려 일자리가 확대되는 효과를 누리게 된다는 점이다. 이것은 인더스트리 4.0의 양면전략으로 스마트 팩토리 수요 기업의 경쟁력 향상뿐만 아니라 스마트 팩토리 공급 기업의 경쟁력 확보에 있다는 점이다.

셋째, 스마트 팩토리는 보다 스마트한 팩토리, 즉 비즈니스 프로세스의 개선을 위한 정보화를 통한 업무처리 절차의 개선을 넘어서는 기계들이 제품과 직접 의사소통하여 제품과 기계가 스스로 제어되며 데이터가 완전히 자동으로 확보되어 활용되고 제조 프로세스 관련 모든 시스템이 IT에 의해 지원되는 것을 말한다(DIN et al. 2015).

넷째, 스마트 팩토리는 현재 보급화될 정도로 구축되어 있지 않으며 독일에서도 실험 중이다. 독일 인더스트리 4.0의 구현은 2035년을 목표로 추진 중이다. 관련 투자가 늘어나고 있는 추세이므로 계획의 실현이 조금은 빨라질 것으로 예상된다. 스마트 팩토리 프로젝트는 독일인공지능연구소 주도하에 지멘스, 보쉬, Festo, SAP 등 산업계, 시스코 등 해외기업, 스웨덴·스페인을 포함한 다국적 대학 등이 참여하고 있다(BMBF 2017).

다섯째, 인더스트리 4.0 구현 및 스마트 팩토리 구축은 개별 기업의 전략이 아니라 범 기업적 생태계 전략이라고 할 수 있다. 수요 기업의 차원에서 스마트 팩토리는 제품 제조와 관련된 모든 가치사슬 전반에 걸친 디지털 통합과 기업 내부에서의 수직적 통합과 네트워크화된 생산체계, 그리고 기업 간 협력 시 가치창출 네트워크의 수평적 통합이 요구된다. 수평적 통합은 부품을 납품 받는 대기업과 부품을 공급하는 중소기업 간의 협력관계의 측면에서 이해 가능한데 대기업의 계열화되지 않은 중소기업은 상호호환성의 문제로 많은 비용을 감당해야 하는 상황에 놓이게 된다. 인더스트리 4.0은 결국 참여자가 많을수록 모든 참여자가 이익을 얻는 네트워크 효과를 지향하고 있기 때문에 단순 개별 기업의 전략이 아니라 관련 기업들의 긴밀한 협력을 통해 달성 가능한 생태계 전략이다. 중소기업의 경쟁력을 국가 경쟁력으로 이해하고 있는 독일의 당연한 전략으로 이해할 수 있다.

여섯째, 인더스트리 4.0의 실현은 정보화 차원의 IT전략이나 생산전략과 같은 기능전략이 아니라 새로운 영역으로의 확장을 추구하는 전략이자 새로운 형태의 기업 간 협력을 추구하는 전사전략(corporate strategy)이라고 할 수 있다.

마지막으로 일곱 번째, 인더스트리 4.0은 전 세계 모든 국가, 모든 산업, 모든 기업에 적용 가능한 것이 아니기 때문에 적합한 조건에 대한 고려가 필수적이다.

3. 인더스트리 4.0의 담론

독일의 인더스트리 4.0 담론에 대한 탐색은 어떻게 이러한 아이디어가 독일의 일련의 관련 정책의 발전과 선택에 영향을 주었는지에 대한 함의를 제공할 수 있다.

인더스트리 4.0이라는 개념은 독일사회 속에서 생생한 논쟁거리가 되고 있으며 대중 속에서 자리 잡을 수 있었다는 점에서 성공한 홍보 사례로 간주된다. 2011년 하노버 무역박람회의 3인 중 1인인 헤닝 카거만은 현재 지속적으로 "4.0 비전"을 이끌고 있으며 이 분야의 유수한 국가연구기관 중 하나인 독일공학한림원(acatech)을 이끌고 있다는 점에서 초기에는 새로운 제조 기술의 옵션으로 여겨졌다. 인더스트리 4.0의 담론은 시작부터 비전으로 자리 잡으며 이러한 미래는 기술을 통해 다양한 사회적 문제를 해결할 것 같은 청사진을 제시하고 있다. 하지만 그 목적이 구체적이지 않으며 그러한 목적들 또한 상충되며 어떻게 도달할 수 있는지에 대해서도 모호했다. 어떠한 미래도 결국 강력한 경제 혹은 정치 행위자에 의해 변할 수 있다는 점에서 이 개념은 사실상 새로운 기술발전에 대한 대응이라기보다는 독일 제조업의 경쟁력 강화에 기반을 둔 경제 담론이라고 할 수 있다.

초기 인더스트리 4.0이 독일 경제를 엄청난 수준으로 촉진시킬 것이라는 예상은 독일 기계공구, 공장 설비, 그리고 제조업의 강한 수출과 혁신에 근거한다. 이러한 관련 기업들이 우연히 인더스트리 4.0이라는 기반을 지지하지는 않았다는 것이다. 결국 독일의 제조산업에 대한 경쟁우위와 상대적으로 높은 부가가치 창출은 경제적 이익을 통한 국익(national interest)이라는 정당성을 가지며 인더스트리 4.0이라는 관점을 성공적으로 자리 잡게 할 수 있었다.

최근 지속적인 정부–산학연–노동자 간의 지속적인 대화와 협상을 통해 독일 제조업 경쟁력을 위한 인더스트리 4.0의 담론을 구체화하고 있다. 또한 최근의 노동 4.0의 담론은 독일 경쟁력의 바탕으로 간주되는 전문 인력의 양성과 노동에 대한 논의들을 통해 독일식 자본주의의 작동방식에 따라 모든 미래의 과제들에 접근하고 있다. 주요 행위자들은 제조업의 글로벌 네트워킹을 통해 독일 경제에 긍정적 효과를 예상했다. 글로벌 경쟁의 관점에서 특히 미국과 중국과의 관계 속에서, 인더스트리 4.0은 독일 산업의 운명에 결정적인 역할을 하게 될 중요한 목표가 되었다(Pfeiffer 2017). 이러한 모습들은 최근 미국, 중국과 경쟁과 동시에 협력을 추구하고 있는 레퍼런스아키텍처모델 인더스트리 4.0의 글로벌 표준화를 위한 노력들로 구체화되고 있다.

III 독일 인더스트리 4.0: 전략과 제도

1. 인더스트리 4.0과 정부의 실용적 발전 전략

1) 정책 프레임워크와 프로그램

인더스트리 4.0은 독일이 제조업 주도권을 이어가기 위해 구상한 차세대 산업혁명을 지칭하며, ICT와 제조업의 융합을 통한 독일 제조업의 경쟁력 유지를 위한 전략적 이니셔티브를 의미한다(GTAI 2014). 앙겔라 메르켈 정부 출범 후, 독일 정부는 지속가능한 경제성장, 일자리 창출, 기후변화 및 고령화 등에 대응하기 위해 2006년 하이테크-전략(Hightech-Strategie)을 수립하게 된다. 이 전략은 모든 정부부처의 자원을 총동원하고 매년 주요 기술의 개발에 수천만 유로를 지원하는 것을 포함한다(GTAI 2014). 독일 경쟁력의 기반인 연구개발 및 혁신의 전반적인 개혁이 주요 목적이며, 이를 위해 기존에 분화되어 있던 연구개발 및 산업화 체계를 사회문제 해결을 위한 협력체계로 전환하는 프레임워크를 제시하였다. 이는 성공적으로 시행되었다고 평가받는 독일의 대표적인 정책 중 하나이다.

2010년 7월 국가경쟁력 유지를 위한 하이테크-전략 2020(Hightech-Strategie 2020)의 주요 목적은 선도시장 창출, 산학연 협력강화, 혁신 생태계 개선 등이었으며, 에너지, 환경, 통신 등 핵심 미래기술 5개 분야 11개 우선 추진 과제를 선정하는 등 보다 구체적인 정책을 시행하게 된다. 이후 2012년에는 하이테크 전략 2020 액션플랜(Hightech-Strategie 2020 Action Plan)을 수립하였으며, 기존 과제들을 재편하여 선정된 10대 과제 중 하나가 인더스트리 4.0이며, 이 항목을 추가해 국가로드맵을 작성했다. 새롭게 편입된 이 계획하에서만 2.5억 유로 규모의 국가 프로그램을 운영했다. 2013년 12월 구성된 CDU-CSU-SPD 연정은 인더스트리 4.0을 독일의 기계공학 분야의 기술 리더십을 공고히 하기 위해 중요한 미래 프로젝트로 규정했다. 또한 연정은 전통적인 독일 제조업의 디지털화를 추진하여 "스마트 서비스"로의 확대를 꾀하였을 뿐만 아니라 "그린 IT" 영역의 프로젝트와 활동의 강화를 계획했다(GTAI 2014).

새로운 하이테크 전략인 독일연방정부의 "뉴 하이테크 전략 독일을 위한 혁신(Die Neue Hightech Strategie Innivationen für Deutschland)"으로 2014년 다시 추진되었다. 4년마다 수립, 시행하고 있는 하이테크 전략 역시 경제성장 및 일자리 창출을 위한 산업화 구조 혁신을 추진하고 있으며, 이러한 배경하에서 독일연방노동사회부(BMAS)는 노동 4.0을 제시하게 된다. 다가올 4차 산업혁명 시기의 노동은 네트워크화, 디지털화, 유연화되는 특징을 갖게 될 것으로 전망하고 있다. 위와 같은 특징들을 구체화하여 수립한 노동 4.0 개념은 인더스트리 4.0의 일환으로 추진되고 있지만, 산업뿐 아니라 전반적인 노동형태 및 근로조건도 포괄하여 다루고 있다(BMAS 2015).

2) 인더스트리 4.0의 실행을 위한 "플랫폼 인더스트리 4.0": 정부-산학연-
   노조의 협력적 접근

플랫폼 인더스트리 4.0은 약 108개 이상의 조직, 즉 기계, 전기, IT
산업, 기업연합, 노조, 학계, 정치조직으로부터 250명 이상의 행위
자들이 참여하고 있다. 이 플랫폼의 수장은 연방경제부와 연방교
육부 장관으로 경제, 학계, 그리고 노조의 대표들과 함께 운영하게
된다.

　운영조직은 경제부와 교육부 장관의 참여하에 기업 대표들이
의장직을 맡게 되며 워킹그룹의 의장들과 초대되는 인사들로 구성
된다. 워킹그룹은 총 5개로 (1) 레퍼런스 아키텍처와 표준화; (2)
연구와 혁신; (3) 네트워크 시스템의 보안; (4) 법적 프레임워크;
(5) 노동과 교육의 주제를 다룬다. 각 워킹그룹은 25-30명의 전문
가들로 구성되며 대부분 기업과 학계에서 필요에 따라 보충되며,
관련 정부 부처가 참여하며 기업연합들이 상설객원 지위로 참여하
게 된다.

　전략그룹은 주도 정부 부처인 경제부와 교육부 장관을 포함
연방수상청과 내무부의 대표 그리고 주정부의 대표로 구성된 정부
와, 기업연합, 노조와 학계로 구성되며 의제를 설정하고 정책지침
을 마련한다. 카거만 회장은 독일에서 인더스트리 4.0이 순조롭게
정착할 수 있었던 이유를 처음부터 노조와 함께 했기 때문이라고
밝혔으며(롤란드 버거 2017, 61), 정부-기업-노조의 조합주의적 합
의에 기반을 둔 독일자본주의의 전통의 반영으로 이해할 수 있다.

　이 플랫폼은 디지털 구조의 변화 속에서 산업들과 노동자들을

위한 안전한 환경을 위한 조정 노력과 질서를 형성하여 산업정책을 수요와 요구사항에 맞추어 집행하고 독일 미래의 경쟁력을 확보하기 업무를 수행한다(BMBF 2017).

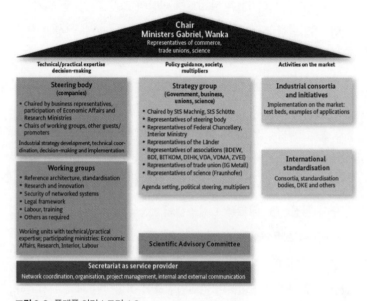

그림 2-2. 플랫폼 인더스트리 4.0
자료: BMWF(2017).

2015년 4월부터 플랫폼 인더스트리 4.0은 새로운 행위자들을 포함시키고 주제의 확장을 시도하게 된다(표 2-1 참조). BITKOM, VDMA 그리고 ZVEI는 2013년 협력협약을 체결하고 각각의 지식을 연결하고 각 산업협회의 경계를 넘어 협력을 시도하고 있다. 기업들 및 산업협회들과 함께 인더스트리 4.0의 실행전략을 형성하며 활발하게 활동하고 있다(BMBF 2017, 159-160).

글로벌 리더십 역할에 대한 정부의 의지의 반영뿐 아니라 독

표 2-1. 독일의 주요 "인더스트리 4.0" 이니셔티브

이니셔티브	분야/목적	주요행위자
Platform Industrie 4.0	정부의 조정을 통한 일반적인 제안의 제공	정부
BDEW	에너지 분야	산업협회
BDI	제조업 분야/교차분야	산업협회
BITKOM	ICT 산업	산업협회
VDA	자동차 산업	산업협회
VDMA	기계와 설비 엔지니어링	산업협회
ZVEI	전기와 전기 엔지니어링 산업	산업협회

출처: Kagermann 외(2016).

일의 기업과 조직의 다수는 인더스트리 4.0 실행과 관련하여 직접적인 기업 파트너십의 형성을 통한 실행을 가장 적합한 전략으로 이해하고 있다. 인터뷰에 참여한 기업의 절반 이상이(54%) 앞으로 적극적으로 인더스트리 4.0을 이끌어가고 싶다는 의견을 표했으며, 33%는 기업에 인더스트리 4.0을 먼저 적용하고 싶다고 밝혔다. 나머지 13% 정도만 관망하는 태도를 보여줬다는 점에서 전반적으로 적극적으로 인더스트리 4.0을 지지하고 있는 것으로 보인다(그림 2-3 참조).

이미 독일에서는 251개 사업장이 인더스트리 4.0 플랫폼에 소속되어 변화하는 시대를 대비하고 있을 뿐만 아니라 다양한 연구와 논의를 통해 사회적 전환을 추진하고 있으며, 많은 기업들, 그중에서도 대기업이 주도적으로 전환을 이끌고 있다(BMWi 2018). 설문 결과에 따르면, 디지털 사회로의 전환이 본인의 사업에 영향을 미칠 것인가에 대해 84%가 그렇다고 답했다. 또한 40% 이상

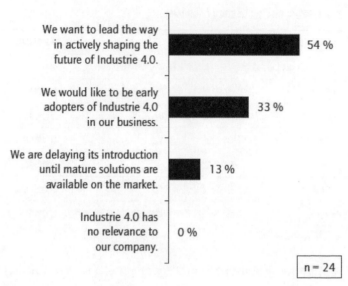

We want to lead the way in actively shaping the future of Industrie 4.0.	54 %
We would like to be early adopters of Industrie 4.0 in our business.	33 %
We are delaying its introduction until mature solutions are available on the market.	13 %
Industrie 4.0 has no relevance to our company.	0 %

n = 24

그림 2-3. "Industrie 4.0"의 중요성: 기업의 관점
자료: Kagermann 외(2016).

이 이미 본인의 기업은 디지털 사회의 선구자라고 생각하고 있으며, 이러한 경향은 대기업일수록 강하게 나타났다. 선구자라고 답한 기업 중 절반 이상이 연간 매출 10억 유로(약 1조 2050억 원) 이상의 기업이었다(DIN e.V 2015). 그러나 인더스트리 4.0 플랫폼에서 2017년 이후 출판되는 정책문서들을 살펴보면 독일 중소기업의 경쟁력을 독일의 강점으로 보고 이들이 직면한 도전에 새로운 사업모델의 개발과 지원을 위해 인더스트리 4.0에 편입시키려는 많은 노력이 이루어지고 있다. 또한 독일의 미텔슈탄트가 적극적으로 참여하는 것을 인더스트리 4.0의 성공을 위한 조건으로 규정하고 있다(BMBF 2017, 159).

2. 인더스트리 4.0과 모두의 미래 과제: 노동 4.0

인더스트리 4.0의 초기 논의가 시작되었을 당시에는 엔지니어들에 의해서 논의가 주도되었고, 인간의 노동을 거의 찾아볼 수 없는 공장을 상상했다. 그러나 이러한 기술발전 비전이 실현 가능한가에 대해서는 이견이 많다. 아직까지 상호 호환성이 있는 네트워크가 작동하기 위한 생산방식이 기술적으로 정교하지 못해, 수시로 전문성을 갖춘 인간의 노동을 완벽하게 대체할 수는 없다. 그렇기 때문에 기술의 발전이 인간의 노동을 대체되지 못하고 있으며, 오히려 인간이 개입해야 하는 범위가 기술과의 상호작용을 통해 더욱 확대되고 있다고 판단한다(BMAS 2015).

결과적으로 높은 비용을 초래하던 노동집약적 서비스 부문의 경우, 기술지원을 통해 보다 적은 비용으로 일자리가 제공될 수 있기 때문에 기존의 일자리가 줄어들게 되지만 새로운 일자리가 창출된다. 보스톤 컨설팅이 독일 23개 대표 기업의 스마트 팩토리 기술 활용률과 이익성장률을 이용한 미래 일자리 시뮬레이션 결과 단순노동과 관련된 일자리는 사라지고 전문직 일자리는 새롭게 생겨나 전체적으로 일자리가 증가한다고 전망했다(Lorenz et al. 2015).[1] 노동은 기술의 발전에 부정적인 영향을 받기도 하지만, 혁신적이고 효율적이며 고객지향적인 생산과 서비스의 주요 원천이

---

1 독일 기업 50%가 매년 1%의 이익성장을 목표로 스마트 팩토리 도입을 가정하면, 조립과 생산직 일자리 61만 개가 소멸되지만 정보통신 분야에 21만 개, 분석과 연구개발에 75만 개 등 약 96만 개의 일자리가 생겨나 결과적으로 35만 개의 일자리가 증가한다고 예상했다.

될 수도 있다고 인식하는 것이다. 즉, 지금까지 독일 경제의 성공은 노동집약적인 대량생산에 의존한 것이 아니라 유연성, 우수한 제품의 품질, 고객지향성 등의 요인으로 가능했다는 점을 강조한다. 우수한 전문 인력이 없었다면 독일 산업의 성공은 불가능했을 것이며, 전문 인력과 그들의 유연성은 독일 경제의 경쟁력의 원천이다(BMAS 2017; 게하르트 보쉬 2017).

독일에서는 인더스트리 4.0에 관한 논의에 노동에 대한 논의를 더하는 것은 필연적으로 보충되어야 하는 사안으로 이해한다. 독일연방노동사회부에서 발간한 노동 4.0(Arbeit 4.0)이라는 녹서(BMAS 2015)에서 다음과 같은 질문을 던졌다. "미래의 노동시장은 오늘날과 상당히 달라질 것이 분명한데, 과연 오늘날의 상황보다 더 나을 것인가? 우리는 더욱 자율적으로 우리의 노동을 결정하고 몸과 마음 모두 건강한 노동 환경을 누릴 수 있게 될 것인가? 50대에 다시 한 번 대학을 다니거나 새로운 직업을 갖기 위한 교육을 받게 될 것인가? 기계들은 우리의 직장을 앗아갈 것인가, 아니면 기계가 다양한 개선을 가능케 하고 생산력을 높이게 되어 새로운 직군을 창출하게 될 것인가?" 독일 사회에 산업 4.0과 관련된 노동에 대한 광범위한 토론을 이끌어냈다.

이러한 일련의 질문들에 대한 고민을 위해 이미 정치권뿐 아니라 노사 당사자들이 노동 4.0 논의에 적극적으로 참여하고 있다. 연방노동사회부는 노사 대표들과 전문가로 구성된 전문자문단과 2년의 논의 과정을 거쳐 노동(Arbeiten) 4.0이라는 백서(BMAS 2017)를 발표했다. 그간 이루어진 논의와 백서의 내용은 단지 기술 발전에 관한 예측에만 국한되지 않는다.

노동 4.0 백서의 내용을 살펴보면, 우선 4차 산업혁명 시기의 노동은 디지털화, 글로벌화, 미래의 인구동향과 노동력의 수요변화로 인해 노동이 유연화되는 일련의 변화들은 생활방식과 가치관의 변화를 가져오게 될 것으로 전망한다. 따라서 노동 4.0 개념은 인더스트리 4.0의 일환으로 추진되고는 있지만, 독일 제조산업뿐 아니라 전반적인 노동형태 및 근로조건도 포괄하여 다루고 있다. 따라서 노동 4.0이라는 백서는 미래의 전반적인 변화를 추적하고 그러한 변화와 함께 수반될 노동시장의 갈등영역을 구체화하고 있다. 미래의 디지털화된 직업세계에서 좋은 노동(Gute Arbeit)란 무엇인가에 대해 고민하는데 독일 경제의 장점을 구별하여 전략적으로 강점을 잘 살릴 수 있는 좋은 노동에 대해 논의한다. 이러한 논의를 바탕으로 미래과제에 대한 구체적인 방향성을 설정하고 있다 (BMAS 2017).

백서는 좋은 노동을 다섯 가지 측면에서 기술하고 있다. 첫째, 독일은 높은 수준의 경제력을 유지하면서 노동자의 임금수준 또한 높은 수준으로 유지하고 있다. 역량 있는 전문 인력이 경쟁력의 핵심으로 인정하고 있다는 점에서 임금체계와 사회적 안정망의 구축의 필요성을 강조한다. 영미권 기업들은 주로 전문교육을 받지 않은 숙련공과 실무 경험이 적은 대학졸업자들로 인력을 충원하고 있지만 독일 기업들의 경우 독일식 직업교육을 통해 전문 인력을 양성 확보하고 있다. 같은 기술로 제품을 생산하는 경우 독일 기업들이 다른 나라 기업보다 더 많은 전문 인력을 투입하고 있다는 것이다(게하르트 보쉬 2017). 예를 들어 독일은 에어버스(Airbus)를 전문 인력이 조립하는 반면, 영국, 스페인, 프랑스의 경우는 전문교육을 받지 않은 숙련공이 에어버스를 생산한다(Bremer 2008). 또 다른 예로는 다른 나라의 경우 일반적인 대학졸업자가 투입되는 일자리에 독일의 경우 이원제 직업교육을 통해 양성된 IT 전문 인력들이 그 자리를 대신한다(Steedman, Wagner & Foreman 2003).

둘째, 백서는 모든 국민들을 좋은 노동으로 통합하는 것을 기본 목표로 제시한다. 독일의 독특한 전문인력 양성제도는 고부가가치 상품에 대한 전문화를 가능하게 하는 기반이 되었을 뿐만 아니라 설비의 효율성을 높이고 노동의 최적화를 달성하여 다른 나라에 비해 높은 생산성에 도달할 수 있었다. 이는 기업 내 권한의 분산을 통해 위계단계를 줄일 수 있었다는 점에 기인한다. 제조업의 경우 독일은 전체 근로자 중 전문 인력이 84%에 달하는 반면, 영국은 52%를 차지한다. 많은 전문 인력으로 인해 독일은 기업의 위계구조 중 가장 상위단계에 속하는 관리자(마이스터/기술자/감독관)를 4%로 유지하는 반면 영국은 11%가 필요하다(Ryan et al. 2010). 독일 기업의 중간관리자들은 전통적으로 기술직에서 선정되기 때문에 이들은 근무현장을 정확하게 파악하고 있으며 대학교육을 통해 자리 잡은 최고위 관리자들과 원활한 소통이 가능하다(게하르트 보쉬 2017). 독일의 직업교육제도가 원활한 기업 내 소통을 돕고 있다. 따라서 비숙련 노동자들을 위한 적극적인 지원, 즉 생계보장과 재교육을 통한 복지시스템의 구축에 대해 논의한다. 미래지향적인 직업들의 창출에 대비하여 연방직업교육연구소(Bundesinstitut für berufliche Bildung)는 현재 직업교육 대상 직업 중 10개를 선정하여 현재 독일의 직업교육이 기술 선도적인 기업의 업무에 얼마나 잘 부합하는지 파악하고 있다. 또한 4차 산업혁명이 근로자에게 공통적으로 요구하는 역량에 대한 표준의 필요성 연구가 이루어지고 있다. 독일은 다양한 파일럿 프로젝트를 통해 직업교육제도의 발전을 위한 제안들을 도출하고 있다(게하르트 보쉬 2017).

셋째, 다양화되고 있는 노동의 유형들에 대한 인정과 노동자 개인의 자율적 결정에 대한 보장이 중요한 주제로 변화에 적응하는 "정상"에 대한 재정의의 필요성을 전개한다. 이미 1990년대에 실업률이 높아지면서 노동시간의 유연화가 이루어졌다. 이때 대부분의 독일 산업들은 일자리 보호를 위해 일시적인 근로시간 단축에 대한 합의를 이루었다. 예를 들어 금속산업의 경우 경제위기 시에 혹은 기업이 고용문제를 겪는 경우 일시적으로 임금보전 없이 근로시간을 단축하여 일자리를 보존하도록 단체협약으로 규정하고 있다. 독일은 다양한 근로시간 조정조치들(초과근로시간과 근로시간계좌, 국가지원 근로시간 단축, 일시적 표준근로시간의 단축)을 통해 해고를 방지하고 동시에 54만 명의 실습생을 고용하여 청년실업의 증가를 예방하고 있다(Bosch 2011). 이러한 노동시간 조항에 대해 백서는 근로시간법이 정하는 기준에서 벗어나는 일시적 예외는 단체협약을 통해 합의되어야 함을 명시하고 있다. 또한 이러한 예외 조항의 적용은 산업안전과 업무만족도의 측면에서 학술적인 평가와 예외 적용 대상자들의 동의를 전제로 한다(BMAS 2017).

넷째, 백서는 기술의 발전이 노동의 질을 더 나은 방향으로 개선할 수 있는 가능성을 탐색한다. 디지털화된 노동환경에서 노동의 질을 결정하는 네 가지 요인인 유동성, 인간과 기계의 새로운 관계 설정, 새로운 조직 구조, 그리고 생산 과정에서 빅데이터의 활용은 직업세계를 크게 개선할 가능성임과 동시에 압박요인이 될 수 있다. 따라서 생산과정과 사업모델을 새롭게 구축하고 노동보호 4.0(Arbeitsschutz 4.0)의 필요성을 제기한다(BMAS 2017).

마지막으로 정부 차원의 합의가 노동자들의 요구와 대척점을 이루지 않고 상호 보완할 수 있도록 공동결정에 노동자가 참여하는 긴밀한 협업이 이루어질 수 있도록 보장하며, 노동자의 적극적 참여와 기업 리더들의 경영문화가 수평적인 방식으로 이루어질 수 있도록 기업문화에 대한 고민과 개선이 필요함을 강조하고 있다(BMAS 2017).

인더스트리 4.0은 연방정부의 하이테크 전략과 인더스트리 4.0과 노동 4.0은 4차 산업혁명이라는 전 세계적인 열풍과 함께 추진되었다기보다는 이미 오래 전부터 독일 내에서 생산 및 프로세스의 혁신을 통해 생산성 향상을 위한 작업들이 준비되고 있었다고 볼 수 있다(게하르트 보쉬 2017). 이러한 일련의 작업들은 경제적 유연성과 사회보장에 대한 사회적 합의를 특징으로 하는 독일의 경제 및 사회 모델의 강점들을 살리는 방향으로 이루어지고 있다. 이러한 사회적 합의는 기술발전으로 인해 맞이하게 될 새로운 과제들에 대한 것으로 대표적으로 노동시간에 대한 선택권, 세계화로 인한 노동시간의 유연한 분배와 변화로 인한 구조조정의 과정 속에서 실업방지를 위한 계속교육의 실시 등 노동자의 다양한 요구에 대한 합의라 할 수 있다. 결국 사회국가인 독일의 사회복지 안전망의 미래에 대한 지속적인 고민이 반영되고 있다. 디지털 시대가 되면서 사회국가 독일이 어떻게 안정적으로 미래에도 지속가능한 국제경쟁력을 갖추고 동시에 충분한 사회보장을 제공할 것인가에 대한 해결책이 필요하다. 결국 사회복지의 유지가 재정적 지원에 의존한다면 중요한 점은 제조 산업의 전면적인 디지털화로 발생하게 될 자원들이 적절하게 사회복지차원에서 활용할 수 있는 세금제도의 재정비와 재정적 수단의 마련을 필수조건으로 강조하고 있다.

3. 신흥 선도부문의 경쟁 혹은 조정을 위한 표준화: 레퍼런스 아키텍처 모델 인더스트리 4.0

새로운 기술의 광범위한 적용은 주요한 기술과 인터페이스 포맷이 명확하게 표준화되어 있을 때 가능하기 때문에 디지털화와 표준화는 동시에 이루어져야 한다. 서로 다른 시스템이 소통하고 상호작용하기 위해서는 사물 간의 통신과 상호작용이 가능하기 위한 국제적으로 동의로 표준화된 신호와 인터페이스의 필요하다. 제조사, 로지스틱 회사 등 다른 영역의 기업들이 동일한 표준을 사용하여 부가가치 서비스 네트워크를 형성할 수 있게 된다.

중립적인 레퍼런스 모델이 앞으로의 표준화 작업을 위한 필수적인 작업임을 인정하고 그러한 시도로 독일은 레퍼런스 아키텍처 모델 인더스트리 4.0(Referenzarchitekturmodell Industrie 4.0, RAMI 4.0)을 형성했다. RAMI 4.0은 플랫폼 인더스트리 4.0이 발전시킨 모델이다. RAMI 4.0은 인더스트리 4.0 요소를 정의하기 위해 가로축 1개와 세로축 2개로 구성된 3차원 모델로 인더스트리 4.0의 복잡한 과정을 보여준다. RAMI 4.0을 통해 모든 참여자들이 인더스트리 4.0을 조망할 수 있으며 정보보호와 IT보안의 측면 또한 포함하고 있다(BMWi 2018; ZVEI 2015).

가운데 가로축은 시간 축으로 라이프 사이클과 가치흐름을 종류(type)와 예(instance)로 구분하고 전체에서 발생하는 업무와 기술 데이터를 종합적으로 수집하고 관리하는 것을 보여준다. 공간축은 정보통신관점층(Layers)과 제조사업계층레벨(Hierarchy Levels)로 구성되며 왼쪽의 정보통신의 세로축 6개 층은 비즈니스, 기능, 정보, 통신, 통합, 자산으로 나누어지며, 오른쪽 세로축은 제조과정에서의 기능적 위치와 역할을 나타내는데 7레벨로 최하위 제품을 시작으로, 필드장비, 제어기기, 스테이션, 작업센터, 엔터프라이즈, 그리고 외부 기업과의 연결을 말하는 커넥티드 월드로 구성되어 있다(그림 2-4 참조).

RAMI 4.0 모델링 작업에는 BitKom, VDMA와 ZVEI 등과 같은 정보통신기술, 자동화 제어, 관련 협회들과 ISO/IEC, 독일 국

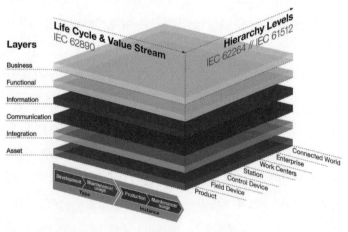

그림 2-4. 레퍼런스 아키텍처 모델 인더스트리 4.0(RAMI 4.0)

자료: Platform Industrie 4.0(2017).

내표준기관인 DKE와 DIN과 같은 표준기관들을 포함하여 프로세스 산업부터 공장 자동화 산업까지 다양한 행위자들이 참여하고 있다(it's OWL 2015).[2]

독일의 표준화 노력은 2가지 측면에서 중요성을 갖는다. 첫 번째는 여러 기준의 난립으로 인한 비용발생의 문제, 특히 어려움에 처할 중소기업을 더욱 적극적으로 표준화 과정에 참여를 지원할 필요가 있다. 이러한 문제의 해결을 통해 독일의 강점인 중소기업이 인더스트리 4.0으로 통합되는 것을 뒷받침하게 될 것이다. 두 번째는 표준화로부터 혜택을 보기 위해서는 초기단계에서부터 국가적, 국제적 표준을 설정해야 한다. 즉 표준의 선점을 통해 적응비용의 감소와 조정을 위한 협력을 도모할 수 있다.

인더스트리 4.0의 표준화를 위한 주요한 노력은 국제적인 활동, 즉 ISO/IEC 혹은 다양한 포럼과 컨소시엄에서 이루어지고 있으나 이러한 노력은 모든 국가들의 관심사는 아니며 G20 국가들도 소수만이 표준화 활동을 조정하고자 시도하고 있다. 독일의 적극적인 노력은 2017년 독일에서 열린 G-20을 계기로 표준화 컨퍼런스 개최를 통해 반영되었다. 산업국가들 간 국제적 협력, 개도국 그리고 신흥국들은 명확하게 글로벌 기준을 향해 개방적인 자세를 취할 것을 요구하고 있다.

플랫폼 인더스트리 4.0의 "레퍼런스아키텍처, 표준화와 규범화"워킹그룹은 인더스트리 4.0을 위한 표준화를 성공적으로 이끌기 위해 인더스트리 4.0을 위한 레퍼런스 아키텍처 모델을 국제적

2   독일에서는 DIN 913452016-04로 발표되었다(김은 외 2017).

표 2-2. 독일 인더스트리 4.0과 미국 IIC 비교

	Industrie 4.0	IIC
작업 주체	독일연방정부	대형 다국적기업
주요 이해관계자	정부, 학계, 기업	기업, 학계, 정부
혁명의 분류	4차 혁명	3차 혁명
지원 플랫폼	정부 산업 정책	오픈 비영리 컨소시엄 멤버십
영역별 초점	인더스트리(제조)	제조, 에너지, 교통, 헬스케어, 유틸리티, 시티, 농업
기술적 초점	SCM, 임베디드 시스템, 자동화, 로봇	디바이스 통신, 데이터 흐름, 기기 제어 및 통합, 예지적 분석(Predicative Analytics), 산업 자동화
전체론적 초점	하드웨어	소프트웨어, 하드웨어, 통합
지역적 초점	독일 및 독일기업	글로벌 시장
중점 기업	SME	전체 기업
최적화 영역	생산 최적화	자산 최적화
표준화	포함	표준화 기업에 대한 권고 제시
비즈니스 접근방식	사후적(Reactive)	사전적(Proactive)

출처: MAPI Foundation[3]

인 lingua franca(공통어)로 자리 잡을 수 있도록 하는 목적을 가지고 있음을 명확히 하고 있다(BMWi 2018).

표준화와 관련된 중심은 미국을 중심으로 한 산업인터넷 컨소시엄(Industrial Internet Consortium, IIC)과 독일을 중심으로 한 인더스트리 4.0을 들 수 있는데 따라서 산업인터넷 레퍼런스 아키텍

---

3   MAPI(Manufacturers Alliance for Productivity and Innovation) https://mapifoundation.org/economic/2015/7/23/the-internet-of-things-industrie-40-vs-the-industrial-internet (검색일: 2017.12.25.)

처(IIRA)와 레퍼런스아키텍처모델 인더스트리 4.0(RAMI 4.0)이 국제적 표준으로 자리 잡기 시작했다(표 2-2 참조). 표준화 관점에서 두 모델의 차이점은 독일의 경우 RAMI 4.0을 통해 표준을 직접 만드는 것이고 미국의 경우 미래의 표준이 될 수 있는 플랫폼에 대한 연구를 통해 표준 제정기관에 권고하는 것이다(이은 외 2017, 384-385).

또한 독일은 최근 국제적인 표준화를 위해 중국과의 협력을 강화하고 있다. 2017년 12월 중국 항저우에서 열린 양국의 회의를 통해 양국의 레퍼런스 모델인 독일의 RAMI 4.0과 중국의 IMSA의 조화추구가 최종 보고서에 거론되었으며 이 보고서는 국제규범화를 위한 협력을 핵심적인 과제로 인정한 것이며 이후 ISO/IEC에서의 독-중 공조를 약속했다(BMWi 2018).

IV 맺음말

인더스트리 4.0의 주요 목적은 자동화된 제품의 생산과정에 디지털 기술과 인터넷의 광범위한 사용을 통한 새로운 부가가치 네트워크를 창출하는 것이다. 또한 인구구조의 변화로 인한 노동의 문제와 기술의 발전으로 인한 노동의 소외 현상을 디지털화와 인더스트리 4.0의 잠재력을 통해 에너지와 자원의 효율성을 향상시키는 것이다.

독일의 4차 산업혁명의 구체적 결과물인 인더스트리 4.0은 독일연방정부 주도로 학계, 기업 그리고 노조가 함께 참여하여 정책을 형성하고 실행하는 정부의 산업정책을 플랫폼으로 지원하고 있다. 주로 제조업에 그 관심이 집중하고 있으며 독일 경쟁력의 핵심 중 하나인 독일의 중소기업인 미텔슈탄트의 인더스트리 4.0으로의 통합을 위해 노력을 기울이고 있다.

인더스트리 4.0은 독일의 강력한 제조업에 ICT 기술을 접목시키는 것이 주요 내용으로 기술적인 측면에만 초점을 맞추어 시작되었으나 새로운 청사진을 통한 시대 전환의 성공을 위해서는 사회적 여건들, 특히 노동자의 인식 개선과 여건 등이 함께 전환되어야 하며 이를 위해 독일은 노동 4.0(Arbeiten 4.0) 개념으로 확대되었고, 다가올 인더스트리 4.0 시대에 부합하는 바람직한 미래 노동상을 제시하고 있다. 또한 글로벌 경쟁력의 유지를 위해 새로운 기술의 상호호환성을 위한 표준화 작업에 국제적 무대를 통해 적극적인 활동을 전개하고 있으며 표준화 작업에 있어 경쟁관계에 있는 미국과 중국과의 협력과 조화를 위한 적극적인 제스처를 취하고 있다.

결국 4차 산업혁명이 제시하고 있는 새로운 기술의 개발로 인한 실체인지 아닌지의 중요성을 떠나 독일 4차 산업혁명의 담론은 독일이 처한 문제점에 대한 인식을 기반으로 정책적 선택을 가능하게 했다. 구체적인 정책을 결정 실행하는 데 있어 4차 산업혁명이라는 아이디어는 독일이 국가의 경제적 부의 확대를 통한 독일 경제적 이익을 최대화하기 위한 전략을 설정하고 그것을 제도화하기 위한 인과성을 제시했다. 또한 전 국민적 공감대를 형성하며 이러한 노력에 정당성을 부여하고 있다. 이러한 분석 결과를 통해 차후 아이디어-이익-제도의 3-i 분석틀(Hall 1997)을 통한 심화된 제도적 분석이 이후의 과제로 남아 있다고 할 수 있다.

국내적 조건의 상이함은 독일 사례의 한국적 적용에 그다지 적합하지 않다는 의견이 많다. 그러나 어떠한 사례든 그대로 복제할 수는 없다는 점에서 독일이 4차 산업혁명이라는 아이디어를 독일적 강점을 살리며 국민적 공감대를 형성하며 독일적인 방식을 통해 전략을 설정, 제도화, 그리고 실행하는 방식에 대한 한국적인 고민이 필요하다. 즉 한국적 맥락에서 4차 산업혁명에 대한 아이디어는 한국적 강점과 연결하여 어떠한 측면에서 고민되어야 하며, 그렇게 설정된 전략은 어떻게 제도화되고 실행될 수 있는지 그리고 성공적인 실행은 국민적 공감대를 형성할 때 가능하다는 점에서 어떠한 선진 사례가 한국적 맥락에 맞을 것인가에 대한 고민보다는 한국적 맥락에 맞는 근원적이고 구체적인 고민이 필요하다고 본다.

참고문헌

게하르트 보쉬. 2017. "독일의 인더스트리 4.0과 노동 4.0에 관한 논의."
『국제노동브리프』 3월호, 22-33.
김은 외. 2017. 『4차 산업혁명과 제조업의 귀환』. 서울: 클라우드나인.
롤렌드 버거. 2017. 『4차 산업혁명 이미 와 있는 미래』. 서울: 다산북스.
클라우스 슈밥. 2016. "4차 산업혁명의 도전과 기회." 포린 에페어스 엮음. 『4차
산업혁명과 제조업의 귀환』. 서울: 흐름 출판.
한석희 외. 2016. 『4차 산업혁명 어떻게 시작할 것인가』. 서울: 페이퍼로드.

BITKOM (Bundesverband Informationswirtschaft, Telekommunikation und neue
Medien e.V.), VDMA (Verband Deutscher Maschinen- und Anlagenbau e.V.),
ZVEI (Zentralverband Elektrotechnik- und Elektronikindustrie e.V.) (Hrsg.)
2015. Umsetzungsstrategie Industrie 4.0 – Ergebnisbericht der Plattform
Industrie 4.0. Plattform Industrie 4.0.
BMAS(Bundesministerium für Arbeit und Soziales). 2015. Grünbuch Arbeiten 4.0,
https://www.bmas.de/SharedDocs/Downloads/DE/PDF-Publikationen-
DinA4/gruenbuch-arbeiten-vier-null.pdf?__blob=publicationFile (검색일:
2017.01.03.)
BMAS(Bundesministerium für Arbeit und Soziales). 2017. Weissbuch Arbeiten 4.0,
https://www.bmas.de/SharedDocs/Downloads/DE/PDF-Publikationen/
a883-weissbuch.pdf?__blob=publicationFile&v=9 (검색일: 2017. 01.03.)
BMBF(Bundesministerium für Bildung und Forschung). 2006. Die Hightech-
Strategie für Deutschland, Bonn/Berlin: BMBF.
BMBF(Bundesministerium für Bildung und Forschung). 2010. Ideen. Innivation.
Wachstum. Hightech-Strategie 2020 für Deutschland, Bonn/Berlin: BMBF.
BMBF(Bundesministerium für Bildung und Forschung). 2014. Die Neue
Hightech-Strategie Innovationen für Deutschland, Berlin: BMBF.
BMBF(Bundesministerium für Bildung und Forschung). 2017. Industrie 4.0:
Innivationen für die Produktion von morgen, Berlin: BMBF.
BMWi(Bundesministerium für Wirtschaft und Energie). 2018. Platform Industrie
4.0. Newsletter der Plattform Industrie 4.0. Ausgabe 1/18 Standardisierung.
Bosch, Gerhard. 2011. The German labour market after the financial crisis:
miracle or just a good policy mix? In Vaughan-Whitehead, Daniel (ed.).
Work inequalities in the crisis? Evidence from Europe. Cheltenham [u.a.]:
Elgar, pp.243-277.
Coates, David. 2000. *Models of Capitalism: Growth and Stagnation in the
Modern Era*. Cambridge: Polity Press.

DIN e.V.; DKE Deutsche Kommission Elektrotechnik Elektronik Informationstechnik im DIN und VDE (Hrsg.) 2015. Deutsche Normungs-Roadmap Industrie 4.0. Version 2.0.

GTAI(Germany Trade & Invest). 2014. Industrie 4.0 Smart Manufacturing for the Future. https://www.gtai.de/GTAI/Content/EN/Invest/_SharedDocs/Downloads/GTAI/Brochures/Industries/industrie4.0-smart-manufacturing-for-the-future-en.pdf (검색일: 2017.03.04.)

Hall, Peter. 1997. The role of interests, institutions, and ideas in comparative political economy of the industrialized nations. in M. Lichbach and A. Zuckerman (eds.), *Comparative Politics: Rationality, culture, and structure*. Cambridge: Cambridge University Press.

Hall, Peter and David Soskice, (eds.). 2001. *Varieties of Capitalism: The insitutional Foundations of Comparative Advantage*. Oxford: Oxford University Press.

Industrial Internet Consortium: The Industrial Internet Consortium: A global Nonprofit Partnership for Industry, Government and Academia. Unter: http://www.iiconsortium.org/about-us.htm (30.06.2015)

it's owl(Das Technologie-Netzwerk: Intelligente Techinische Systeme OstWestfalenLippe). 2015. Industrie 4.0. Auf dem Weg zu Industrie 4.0: ErfolgsfaktorReferenzarchiktur. https://www.its-owl.de/fileadmin/PDF/Informationsmaterialien/2015-Auf_dem_Weg_zu_Industrie_4.0_Erfolgsfaktor_Referenzarchitektur.pdf (검색일: 2017.02.10.)

Kagermann, Henning, Wolfgang Wahlster, and Johannes Helbig 2013. Deutschland als Produktionsstandort sichern, Umsetzungsempfehlungen für das Zukunftsprojekt Industrie 4.0. Abschlussbericht des Arbeitskreises Industrie 4.0.

Krzywdzinski, Martin 2016. Technologie, Qualifikationen undinternationale Arbeitsteilung: Anmerkungen zu der Diskussion über Industrie 4.0, WZBDiscussion Paper, No. SP III 2016-301.

Lorenz, Markus, Michael Ruessmann, Rainer Strack, Knud Lasse Lueth, and Moritz Bolle. 2015. Man and Machine in Industry 4.0. Boston Consulting Group.

Mayntz, R and F. Scharpf. 1995. "Steuerung und Selbstorganisation in staatsnahen Sektoren." in Mayntz, R and F. Scharpf (eds.) Gesellschaftliche Selbstregulierug und politische Steuerung, Frankfurt and New York: Campus, pp.9-28.

Pfeiffer, S. 2017. The Vision of "Industrie 4.0" in the Making-a Case of Future Told, Tamed, and Traded. *NanoEthics*, 11(1), 107-121.

Platform Industrie 4.0. der Arbeitsgruppe "Referenzarchitekturen, Standards und

Normung", Referenzarchitekturmodell Industire 4.0 (RAMI 4.0). 2017. Eine
Einführung. https://www.plattform-i40.de/I40/Redaktion/DE/Downloads/
Publikation/rami40-eine-einfuehrung.pdf?__blob=publicationFile&v=9
(검색일: 2017.02.10.)

Ryan, Paul, Karin Wagner, Silvia Teuber, and Uschi Backes-Gellner. 2011.
*Financial Aspects of Apprenticeship Training in Germany, Great Britain
and Switzerland*. Arbeitspapier 241. Düsseldorf: Hans Böckler Stiftung.

Streeck, Wolfgang. 1997. German Capitalism: Does it exist? Can it survive?, *New
Political Economy* 2(2): 237-256.

Steedman, Hilary, Karin Wagner, and Jim Foreman. 2003. *The impact on firms of
ICT skill-supply strategies: an Anglo-German comparison*. London: Center
for Economic Performance.

Wegener, D. 2014. Industrie 4.0 – Schritt für Schritt auf dem Weg zu neuen
Produktionsumgebungen. Vortrag, Forum Industrial IT, Hannover,
07.04.2014

ZVEI(Zentralverband Elektrotechnik- und Elektronikindustrie e.V.). 2015.
Industrie 4.0: Das Referenzarchitekturmodell Industrie 4.0 (RAMI 4.0).
https://www.plattform-i40.de/I40/Redaktion/DE/Downloads/Publikation/
zvei-faktenblatt-rami.pdf?__blob=publicationFile&v=3 (검색일: 2018.01.02.)

필자 소개

김주희 Kim, Joo Hee

경희대학교 국제개발협력연구센터(Center for International Development
Cooperation) 학술연구교수
중앙대학교 국제관계학과 졸업, 베를린 자유대학교 정치학 박사

논저 "A Critical Analysis of Multilateral Aid of Middle Power States." "Die
Einwirkung der Europäschen Integration: Europäsierung in der Umweltpolitik in
Deutschland."
"과학기술혁신과 국제개발협력: 독일의 기후변화관련 기술이전협력체계분석을 중심으
로."

이메일 Kim.joohee@khu.ac.kr

제3장

미국의 4차 산업혁명 담론과 전략, 제도

The Fourth Industrial Revolution in the United States
— Its Discourse, Strategy, and Institution

유인태 | 전북대학교 국제인문사회학부 조교수

* 이 연구는 스미토모 재단(The Sumitomo Foundation)의 지원을 부분적으로 받아 수행된
연구임.

이 장의

구성은 첫째, 4차 산업혁명론 담론을 개괄한다. 미국의 4차 산업혁명과 관련한 담론을 급격히 변화하는 사회에 어떻게 대응할 것인가에 대한 전망과 규범적 주장들로 정리하고 네 가지 주요 논점들에 대한 담론을 소개한다. 이러한 논점들로는 4차 산업혁명이 새로운 혁명인가 아닌가, 4차 산업혁명을 위한 기술 혁신에 있어서 정부의 역할은 어느 정도여야 하는가, 4차 산업혁명이 경제개발과 빈부격차에 어떠한 영향을 미치는가, 마지막으로 4차 산업혁명이 정치적 권리와 민주적 권리에 어떤 영향을 미치는가 등이다. 둘째, 민간 주도로 전개된 전략과 제도들을 살펴본다. 여기서 민간은 주로 대기업들을 지시하며, 이들을 다시 제조업 중심의 기업과 미국 서부의 실리콘 밸리 중심의 IT 대기업으로 대별하여, 각각의 전략과 제도 전개를 위한 이니셔티브를 소개한다. 제조업 중심의 대표적 이니셔티브로는 GE 주도의 '산업 인터넷(Industrial Internet)' 개념 설립을 들 수 있다. GE는 2014년 3월에는 인텔(Integrated Electronics, Intel)과 시스코(Cisco Systems, Inc., Cisco)와 같은 미국의 대표적인 IT대기업들과 산업 인터넷 컨소시엄(Industrial Internet Consortium, IIC)을 구성하였다. 서부의 IT 대기업들도 새로운 디지털 시대에 적응하기 위해 디지털트랜스포메이션(digital transformation)을 추구하고 있으며, 이를 위한 핵심 인프라로 클라우드에 역점을 두고 있다.

셋째로 이 장은 정부 주도의 4차 산업혁명 전략과 제도 그리고 정부와 기업 간의 관계를 다루고 있다. 2011년 오바마 대통령 대통령에 의한 '선진 제조업 파트너십(Advanced Manufacturing Partnership, AMP)' 형성은, 제조업 자체의 발전뿐 아니라, 빅데이터와 인공지능(Artificial Intelligence, AI) 알고리즘을 기반으로 제조업과 데이터 기반 서비스의 결합을 통해, 기업의 가치 향상과 경쟁력 향상을 도모하고자 하였다. 2013년 9월에는 '두 번째 선진 제조업 파트너십(a second Advanced Manufacturing partnership, AMP2.0)'을 발표했고, 이 보고서는 '대통령 과학기술자문위원회(PCAST)'에 의해 채택된다. 미국 정부는 이러한 이니셔티브 말고도 여러 전략과 정책적 도구들을 사용했는데, 경쟁력 정책 추진, 연구개발자금 지원, 교육훈련인프라 설립, 산업박람회 개최, 그리고 통상정책 등을 들 수 있다.

트럼프 정부가 들어오면서, IT 대기업들과의 관계는 명암이 뚜렷이 대비되어 나타난다. 종종 IT 대기업들은 정부의 주요 정책들과 충돌하는 모습을 보인다. 이러한 충돌하는 쟁점적 정책들로는 DACA를 둘러싼 비단 이민자 문제, 보호주의 무역주의에 대한 우려, 테러리스트 용의자의 아이폰 암호 해제와 관련한 프라이버시와 사이버보안 문제, 그리고 '표현의 자유' 문제까지 포함하며, 다기에 걸쳐 드러났다. 그러나 다른 한편으로 IT 대기업들은 트럼프 정부에 거액의 로비를 해 가며 4차 산업혁명의 제도와 규제 형성에 영향력 행사를 아끼지 않았고, 트럼프 정부도 정권의 경제적 성과 창출을 위한 IT 대기업들의 협조를 얻기 위해 세재 유인책과 정책 논의 모임을 계속 꾀하고 있다.

This chapter deals with discourses, strategies, and institutions regarding the Fourth Industrial Revolution in the United States. First, the discourse section introduces how the U.S. should or would cope with rapidly changing societies. Four representative points of discussion include, but not limited to, first, whether the Fourth Industrial Revolution is new or not; second, how much the government should intervene with the market and its effort on technology innovation; third, what effect the Fourth Industrial Revolution has or will have on economic development and equality; fourth, how the Fourth

Industrial Revolution will influence political and civil rights.

The next section discusses strategies and institutions initiated by private actors, and two groups of private actors are focused: one is an association centered on manufacturing industries headed by the General Electric; the other is represented by IT tech giants in Silicon Valley. The third section deals with the government's initiatives and its relationship with private sector agents. Although there had been some active policies taken during the Obama administration, the current relationship between the Trump administration and IT tech giants in Silicon Valley shows the mixture of cooperation and conflict.

KEYWORDS 산업 인터넷 컨소시엄 Industrial Internet Consortium, 디지털트랜스 포메이션 digital transformation, 선진 제조업 파트너십 Advanced Manufacturing Partnership, Tech Giants

I 서론

이 장은 미국의 "4차 산업혁명" 관련 담론, 전략 그리고 제도들에 대해 고찰한다. 미국의 4차 산업혁명론은 여러 방향으로 논의가 전개되나, 담론과 관련해서는 4차 산업혁명과 관련하여 급격히 변화하는 사회에 어떻게 대응할 것인가에 대한 전망과 규범적 주장들을 중점적으로 다룬다. 전략과 관련해서는 산업전략 관점에서 미국의 산업 육성을 위한 선택과 집중 그리고 향후 방향성과 관련한 논의들에 초점을 맞춘다. 이 부분은 미국 정부와 대기업 간의 관계를 다각적으로 접근하여 입체적 시야를 제공하고자 한다. 특히 대기업은 한편으로는 미국 동부 중심의 제조업 산업 관련 전략이 4차 산업혁명 전략 구상의 핵심이 된다. 다른 한편으로는, 서부 실리콘 밸리 중심의 IT 대기업이 주요 행위자로서 정부와의 상호작용 가운데, 4차 산업혁명 관련 전략 형성에 영향을 미치고 있음을 보인다. 마지막으로 제도와 관련해서는 설정된 전략을 달성하기 위한 법적, 조직적, 그리고 관계망적 설정 등을 논의할 것이나, 프라이버시, 부의 불평등 시정, 고용 및 사회안전망 구축, 교육 체계 등과 관련한 구체적인 제도의 변화는 대부분 아직 논의 혹은 논쟁 중이며, 따라서 이러한 구체적인 제도의 변화는 이 장의 범위 외임을 미리 밝혀둔다.

이 장은 미국의 4차 산업혁명론을 고찰함에 있어, 공표된 논문, 기사, 보고서 들을 주요 자료로 삼는다. 그리고 그러한 발간물들을 면밀히 분석하여 담론, 전략, 그리고 제도들을 조망한다. 발간의 주체들은 미국 정부 및 정부 각 부처와 관련 기관, 기업, 시민

사회, 학계, 그리고 개인들이 될 수 있다. 그러나 미국의 4차 산업 혁명론과 관련이 있을 경우, 미국 내의 자료 혹은 행위자에만 국한되지 않는다.

상기한 바와 같이 4차 산업혁명론 속에서의 산업 전략 구상의 핵심에는 제조업이 위치한다. 왜 제조업인가? 2016년 다보스포럼(World Economic Forum, WEF)에서부터 유행한 "4차 산업혁명"이라는 용어는 세계경제의 저성장이라는 시대의식 혹은 위기의식과 밀접한 관련이 있다(Schwab 2016). 세계경제의 저성장 시대에 생산성 향상의 필요가 절실하며, 생산성 향상을 위해서는 기술혁신이 필수적이다. 바로 제조업이 이 기술혁신이 가장 기대되는 분야로 4차 산업혁명론에서 조명 받고 있다.

4차 산업혁명 구상의 또 다른 핵심으로는 IT 대기업이 있다. 4차 산업혁명에서 언급되는 핵심기술들이 IT 기업들의 기술과 혁신능력에 기반하는 바가 크기 때문에, 이들의 정부와의 관계가 향후 4차 산업혁명 시기의 전략과 제도에 시사하는 바가 크다. 특히 소위 GAFAM(Google, Amazon, Facebook, Apple, Microsoft)으로 축약되어 일컬어지는 IT 대기업 그룹은 비록 그들 내부의 이익과 방향성이 늘 합치하지 않는다 하더라도, 핵심 행위자들이라 할 수 있다.

본고는 다음과 같은 구성을 갖는다. 미국의 4차 산업전략 담론, 전략 그리고 제도를 객관적으로 관찰하기 위해서는 타국과의 비교를 통한 점검이 요구되겠으나, 이는 이 책의 다른 부분에서 다루어지고 있는 관계로 여기서는 생략한다. 따라서 우선 다음 절에서는 4차 산업혁명과 관련한 미국의 담론을 살펴본다. 담론을 조사함에 있어 여러 자료를 분석 대상으로 삼지만, 본고에서는 미국의 지식인 및 실천가들의 담론을 주도하는 주요 저널인『포린어페어스(*Foreign Affairs*)』지에 실린 4차 산업혁명 관련 글들을 다룬다. 이들의 논의가 모든 4차 산업혁명론 관련 모든 담론을 포괄한다고 하기에는 무리가 있겠지만, 적어도 중요한 이슈들을 축약적으로 다루고 있음을 저널의 대표성을 보아 짐작할 수 있다. 그 다음 절에서는 미국의 4차 산업혁명과 관련한 전략과 제도를 살핀다. 전략과 제도를 살핌에 있어, 기업과 정부 차원에서의 노력들을 구분한다. 그러나 유의해야 할 점은 이러한 구분이 계속해서 고정되어 있는 것이라고는 파악해서는 안 된다. 4차 산업혁명 관련 거버넌스 프레임은 생성, 진화, 소멸을 부단히 거치고 있으며, 따라서 이러한 과정에 대한 계속적인 관심과 관찰이 필요하다. 그럼에도 본고는 가용한 자료를 토대로 가능한 최신 상황에서의 미국의 4차 산업혁명 관련 담론, 전략 그리고 제도를 담아내어 고찰하고자 한다.

II 본론

1. 미국 4차 산업혁명론의 담론

이 소절에서는 4차 산업혁명론의 담론을 분석한다. 담론의 생산자는 정책 결정과정 참여자, 학자, 현실 기업가 등, 여러 행위자가 있겠지만, 이러한 행위자들이 복합적으로 의견을 개진 및 교환하는 미국의 대표적인『포린어페어스』지를 주목한다. 이렇게 담론 분석을 먼저 행하는 이유는 다기하나, 세 가지에 방점을 두자면 다음과 같다. 첫째, 맥락을 제공한다. 본 절 이후에 전개될 4차 산업혁명 대비 전략과 제도 설비는 왜 전개되고 있는가에 대한 이해 없이는 무미건조한 사실들의 나열이 될 수 있다. 담론에는 종종 왜 그러한 변화들이 수반되어야 하는지에 대한 이유가 드러난다. 둘째, 주요 이슈를 확인할 수 있다. 상기한 바와 같이, 『포린어페어스』지는 사회를 이끌어가는 지식인들이 의견을 개진하고 교환하는 곳이다. 이러한 지식인들에는 학계, 정계, 재계, 시민사회계 등에서 활동하는 다양한 인사들이 포함된다. 따라서 이 저널을 확인함으로써 어느 정도 주요한 이슈들이 커버될 수 있다. 마지막으로, 담론 분석을 통해 4차 산업혁명론 관련 변화 현상들은 행위자 간 이익이 갈등하는 정치적 사안임을 확인할 수 있다. 담론에서 드러나듯이 한 이슈에 대해 한 국가 내뿐 아니라 국가 간에 대립되는 해결 방안이 존재함을 볼 수 있다. 더욱이, 4차 산업혁명에 수반하는 제도의 변화는 국내뿐 아니라 국제적으로도 승자와 패자가 갈릴 수 있기 때문에, 변화의 방향과 속도는 정치적 결정을 내포하는 정치적 사안들이다. 따라서 4차 산업혁명론의 (국제)정치적 함의를 고찰하기에 본고의 담론 분석은 유용하다.

미국의 4차 산업혁명론에서 나타나는 논의들은 다양한 주제들을 다루고 있으며 사회의 여러 면들의 변화를 예측하거나 주장하고 있다. 4차 산업혁명 관련 모든 논의를 살피는 것은 불가능하나 대표적인 논의를 개괄하고 쟁점들을 소개할 수 있다. 쟁점들로는 크게 네 측면을 꼽을 수 있는데, 첫째, 4차 산업혁명이 새로운 혁명인가 아닌가, 둘째, 4차 산업혁명을 위한 기술혁신에 있어 정부의 역할은 어느 정도이어야 하는가, 셋째, 4차 산업혁명이 경제

개발과 빈부격차에 어떤 영향을 미칠 것인가, 넷째, 4차 산업혁명으로 시민들의 권리가 증진될 것인가 혹은 침해당할 것인가 등을 들 수 있다. 이하에서는 위의 네 측면을 하나씩 풀어 서술한다.

첫 번째 쟁점은 4차 산업혁명이 새로운 혁명인가 아닌가이다. 즉, 4차 산업혁명이라는 명칭에는 "혁명(revolution)"이라는 단어가 쓰이는데, 혁명이라는 용어의 정의에 비춰보았을 때, 혁명이라고 불릴 만한 사회적 변화가 일어나고 있는 것인가는 논쟁의 여지가 있다는 것을 보여주고 있다.

우선, 현재 일어나고 있는 움직임 혹은 변화의 시작에 대해 4차 산업혁명이라는 명칭이 적확하지 않다는 지적이 있다. 즉 기존의 1, 2, 그리고 3차 산업혁명과 비교해도 혁명에 못 미치는 변화가 일어나고 있다는 점에서 4차 산업혁명이라는 명칭은 부적절하다는 지적이 있다(Wolf 2015). 유사한 맥락에서, 기존의 1, 2, 3차 산업혁명을 구분 지었던 핵심기술이나 에너지 패러다임에서의 단절적인 차원의 변환이 오늘날 논의되고 있는 4차 산업혁명론에서는 부재하기에, 3차 산업혁명의 단순한 연장이라는 지적도 있다(Rifkin 2014).

반면, 작금의 변화가 혁명이라고 불릴 만한 변화를 가지고 오고 있다고 혹은 변화의 잠재력이 있다는 주장도 있다. 이 주장들은 기존의 혁명이라는 뜻과 반드시 일치하지는 않으나, 기술들의 융합이라는 점에 중점을 둔다면, 변화의 속도와 범위 그리고 시스템상의 충격은 가히 혁명에 이른다는 논지이다(Schwab 2015). 사람들은 전례 없는 프로세싱 파워(processing power), 저장공간(storage capacity), 그리고 지식에의 접근(access to knowledge)

을 가질 수 있게 되었고, 이러한 가능성은 인공지능(Artificial Intelligence, AI), 로보틱스, 사물인터넷, 자율주행차, 3D프린팅, 나노기술, 생명공학, 재료과학, 에너지 저장, 그리고 퀀텀 컴퓨팅(quantum computing) 등의 새로운 기술혁신으로 증폭되었다. 특히 4차 산업혁명론에서의 기술혁신이란 단순히 기존의 가상세계와 물리세계에서의 생산요소를 접목하는 것이 아니라, 새로운 결합 형태로 새로운 상품과 서비스, 그리고 비즈니스 모델을 만들어 낸다는 주장도 있다(Brynjolfsson et al. 2014).

두 번째 4차 산업혁명론에서의 쟁점은 4차 산업혁명의 핵심인 기술혁신에 있어 정부의 역할은 어느 정도이어야 하는가이다. 기술혁신에 있어 최소한의 개입에 머물러야 한다는 입장과 적극적 개입이 바람직하다는 입장으로 나뉠 수 있다. 전통적인 국가의 역할은, 국가가 혁신을 조성하기 위해 해야 할 것은 시장의 기능에 맡겨 두고, 민간부문의 역동성을 촉진하는 역할에 머물러야 한다는 것이다. 4차 산업혁명의 시기에도 이러한 기본은 변하지 않으며, 숙련된 기술자들을 위한 직업 훈련소, 명확한 규칙들, 그리고 공평한 경쟁의 장(level playing field)을 만드는 것이 중요하다.

반면, 국가는 단순히 시장의 실패를 고치는 것에 그치는 것이 아니라 적극적으로 시장을 만들어야 한다는 주장들도 제기된다. 특히, 기후변화, 청년 취업, 비만, 고령화, 그리고 불평등과 같은 사회적 도전들에 있어서 국가의 적극적 역할은 중요하며, 경제를 새로운 기술경제 패러다임으로 이끌어 가야 한다고 한다. 이러한 지침은 시장으로부터 자생적으로 생기지 않으며, 국가의 심의의 결과로 생긴다(Mazzucato 2015).

세 번째 4차 산업혁명론에서의 쟁점은 경제개발과 빈부격차에 대한 것이다. 적지 않은 논자들이 4차 산업혁명이 전 지구적 부의 증대와 생활수준의 향상을 가져올 것임을 기대한다(Schwab 2015). 그러나 동시에 진행될 빈부격차에 대해 경고를 발한다. 디지털 경제에서는 소수의 운 좋은 개인들만이 지속적이고 상당한 부와 안전을 가질 것이며, 훨씬 더 많은 불운한 사람들이 파산하거나 근근한 삶을 살아가게 될 것임을 예측한다(Brynjofsson et al. 2014; Colin & Palier 2015; Schwab 2015). 따라서 4차 산업혁명의 진행 과정을 민간 부분에만 맡겨 놓을 경우 시장의 실패는 필연적이기 때문에, 직업훈련이나 사회보장제도의 설비 영역에서뿐 아니라 새로운 유형의 사회정책을 위해서도, 국가의 적극적 역할을 강조하는 주장도 제기된다(Colin & Palier 2015; Mazzucato 2015). 반면, 4차 산업혁명론에서의 기술혁신은 탑다운이 아니라 기업 레벨에서의 투자와 혁신이 주체가 될 때에, 경제개발과 국부의 증진으로 이어짐을 주장하는 논지도 존재한다(Mezue et al. 2015).

마지막 네 번째 4차 산업혁명론에서의 쟁점은 시민들의 권리 향상 여부와 관련이 있다. 이 사항은 다시 두 세부 사항으로 논의가 전개되곤 하는데, 한 사항은 정부와의 관계에 있어서 시민들의 정치적 권리(political rights)와 관련하며, 나머지 다른 한 사항은 프라이버시 보호와 같은 시민적 권리(civil rights)와 관련한다.

전자에서는 4차 산업혁명으로 인해 정부 활동에 대한 투명성과 책임성이 증진되면서 부패의 가능성이 낮아질 수 있을 뿐 아니라, 시민들의 참여 가능성이 더 확장될 수 있기 때문에, 궁극적으로는 시민들의 민주적 참여가 증강될 수 있다는 기대를 가진다

(Schwab 2015). 반대로 정보 수집과 분석 능력의 향상은 정부에 의해 악용될 수 있으며, 정부의 시민 통제 강화를 오히려 초래할 수 있다는 우려도 있다(Schwab 2015 ; Cukier and Mayer-Schoenberger 2013 ; Mundie 2014 ; Cavoukian 2014). 이러한 정부 능력의 강화는 민주화에 저항하는 권위주의 정권들의 수명을 연장시킬 수 있으며, 민주주의 정권에서도 시민들의 권리가 침해되거나, 비합법적인 정권 재창출로 이어질 수 있기 때문에 4차 산업혁명의 미래 사회를 반드시 낙관적으로만 기대할 수 없다.

후자와 관련해서는 프라이버시를 어떻게 보호할 것인가가 주요 논의 대상이다. 개인 데이터의 생성, 이용과 관리에 있어서 두 측면에서의 방안으로 나눠질 수 있는데, 이용 차원에서의 제한과 수집 차원에서의 제한이다(Hardy 2014).

2. 미국 4차 산업혁명론의 전략과 제도: 노림수(aim) 그리고 리스크(risk) 관리

본 소절에서는 미국 4차 산업혁명론에 나타난 전략과 제도를 고찰한다. 이에 있어 본고는 미국의 4차 산업혁명에 나타난 전략과 제도에 대한 입체적인 시각을 제공하기 위해, 정부와 기업의 관계를 다각적으로 접근한다. 우선, 민간 주도의 4차 산업혁명 관련 전략과 제도(기획)를 살펴본다. 미국은 민간 주도의 경제성장 그리고 규제 제정의 전통이 강한 나라이기 때문에, 민간 이니셔티브를 우선 살펴보는 것이 자연스럽다. 4차 산업혁명론을 주도하는 대기업들에 방점을 둘 것인데 이들은 크게 전통적으로 제조업 중심의 동부 혹은 중서부 대기업들과 서부 실리콘 밸리 중심의 IT 대기업들로 나누어 볼 수 있다. 이들 두 부류는 각각 강점으로 여기는 산업 분야가 다르기에 이익이 반드시 항상 합치하지는 않으나, 4차 산업혁명이 점차 진행됨에 따라 더 많은 영역에서 공통 이익을 발견해 나갈 것으로 예상된다. 비록 이 두 분류 내에서조차도 구성원들 간에 이익이 반드시 동일하다고 볼 수 없으나, 대체로 공통의 이익을 위해 집단으로 행동하는 경향을 보이므로 같은 이익단체에 속한다고 볼 수 있을 것이다.

민간 주도의 이니셔티브를 소개하고 난 후에는 정부 측의 이니셔티브를 살펴본다. 정부 측의 이니셔티브라고 하지만, 정부 단독으로 정책을 세우고 추진하는 경향보다는, 민간을 끌어들여 민간 합작으로 의사결정과정을 설립하는 경우가 많다. 이는 정부의 시장에 대한 직접적인 개입보다도 시장의 '조율 실패(coordination failure)'를 보완하려는 소극적 성격의 정부의 역할로 볼 수 있다.

마지막으로, 정부와 민간, 특히 IT 대기업들과의 관계를 살펴본다. 정부의 전략과 제도 혹은 규제의 수립에 있어서, 특히 4차 산업혁명과 같이 혁신과 첨단기술이 연루될 경우 민간의 도움은 거의 절대적으로 필요하다. 즉, 민관의 상호작용을 통해 전략, 제도 혹은 규제가 수립되는 만큼, 정부와 민간이 어떠한 관계를 맺고 있는가를 살펴보는 것은 필수적인 지적 작업이라 할 수 있다.

1) 민간주도의 전략과 제도

미국 현대 산업정책의 특징은 여러 문헌을 통해서 밝혀져 왔듯이 민간 주도의 산관학으로 볼 수 있다. 때로는 산업계 주도로 또 때로는 정부 혹은 학계 주도로 여러 산업 고도화 전략의 이니셔티 브가 발표되어지기 때문에 정부 주도인가 혹은 민간 주도인가라 는 논쟁의 여지는 있다. 그러나 산업정책 형성에 있어 주요 주체는 로비를 통한 민간단체이며, 정부도 산업계의 요구를 반영하여 필 요한 제도적 장치로 보조한다. 그 결과 이니셔티브에 의해 구성되 는 조직들의 구성원들은 산관학이 혼재되어 있는 산관학 컨소시 엄(consortium)인 경우가 지배적이며, 또한 구성원들 상호간에 회 전문(revolving door)을 통한 인사교류가 잦은 곳이 미국 산업계의 특징이기도 하다.

미국의 4차 산업혁명론에서 나타나는 4차 산업혁명의 주요 추진 수단은 산관학 연계의 컨소시엄이라 할 수 있다. 일례로 4차 산업혁명 개념을 산업 인터넷(Industrial Internet) 개념으로 확장 함에 있어 주도적 역할을 한 주체는 민간기업인 제너럴 일렉트릭 (General Electric, GE)이다. 100년의 역사, 매출 100조 원, 임직원 30만 명을 자랑하는 제조 산업 기업인 GE가 디지털화의 선두에 나서서 직접 소프트웨어를 만드는 기업으로 변하고자 한 야심찬 계획을 내세웠을 때에 내세운 슬로건이 '산업 인터넷'이다.

그럼 '산업 인터넷'이란 무엇을 의미하는가? 산업 인터넷이란 "산업 사물인터넷(IIOT: Industrial Internet of Things)"이라고도 불 리며, 산업 현장에서 생각하는 기계, 첨단 분석기술, 작업자를 서 로 연결하는 것을 의미한다. 환언하자면, GE와 같은 제조 기반의 산업에 속한 기업의 생산 현장에서 기계와 기계, 기계와 사람을 연 결하는 인터넷 혹은 네트워크를 구축하는 것을 의미한다.

이 '산업 인터넷'이라는 용어가 중요한 이유는 모호하고 방대한 의미를 지녔던 4차 산업혁명이라는 용어를 구체성을 지닌 슬로 건으로 대체했기 때문이다. 이는 흡사 독일의 "플랫폼 인더스트리 4.0(Platform Industrie 4.0)"과도 같이 4차 산업혁명의 내용을 채우 며 산업 발전 전략의 구체화를 더했다는 점에서, 획기적인 이니셔 티브로 볼 수 있다. 즉, '산업 인터넷'의 공표는 4차 산업혁명에 있 어서의 선택과 집중의 대상을 제조업으로 가지고 왔다는 의미에서 도 중요하다. 더욱이 '산업 인터넷'이라는 용어가 미국의 4차 산업 혁명 담론의 지배적인 용어가 되었다는 것은, 장기 계획을 수립하 고 추진하는 독일, 한국, 중국, 일본과는 다른 모습을 보이며, 기업 주도의 제조업 혁신 패턴을 잘 대변해주고 있는 사례라 볼 수 있다.

이러한 산업 인터넷 이니셔티브의 공표와 함께 GE는 미국 산업 인터넷을 대표하는 존재로서 주목받게 된다. GE는 2012년 에 산업 인터넷 개념을 최초로 제시하였으며, 제조 기업들이 산 업 인터넷 이니셔티브를 따라 변화를 실행하기 위해, 사물인터넷 (Internet of Things, IoT) 플랫폼인 "프리딕스(Predix)"를 직접 개 발해서 내놓는다. 나아가 2014년 3월에는 인텔(Intel), 시스코 (Cisco)와 같은 미국의 대표적인 IT 대기업들과 산업 인터넷 컨소 시엄(Industrial Internet Consortium, IIC)을 구성하였다. 이와 같이 GE는 미국 산업 인터넷에 있어서 일련의 변화를 주도하며, 미국이 4차 산업혁명을 위한 제도적 장치를 마련해 나가는 데에 주도적 역할을 수행한 바 있다.

IIC는 간략히 서술하자면, IoT에 대한 산업 표준화를 목표로 한 비영리 그룹이라 할 수 있다. 즉, 모바일 기기, 각종 장비, 사람, 데이터 처리 등을 하나로 연결하는 공통 아키텍쳐를 만들고, 정보

처리에 대한 상호호환성(interoperability)을 확보하기 위한 필수사항들을 점검하는 것을 목표로 한다. 이로 인해, 에너지 및 공장시설, 헬스케어, 제조업, 공공부문, 수송 등의 영역을 인터넷 환경에서 서로 연동할 수 있게 하자는 것이다.[1]

IIC설립의 또 다른 노림수는 기업이 새로운 분야로 진출하는데에 필연적인 리스크를 줄이고 관리하는 것이다. 즉, 기업이 새로운 분야의 상품이나 서비스로 진출할 시에 여러 실패의 요인들이 존재하는데, 대부분의 실패는 시장 행위자들 간의 조율이 부재하는 데에 기인한다. 조율의 대상으로는 정보의 교환이 있을 수 있는데, 이러한 정보의 교환을 통해 새로운 기술의 성공과 실패의 사례를 공유함으로써, 실패로 인한 손실을 회피할 수 있게 된다. 또한 공동의 기술개발 투자를 통해 실패했을 경우의 손해를 줄일 수 있다. 게다가 기업들이 연계를 함으로써 제한된 시장에서 다른 기준으로 경쟁하기보다는, 공통의 기준을 세움으로써 규모의 시장을 확보할 수 있다. 이러한 노림수가 보이는 단면이 IIC설립 시 강조된 이른바 '시험대(testbeds)'의 제공이다.[2] 이는 여러 실증실험을 반복하며 문제점을 도출해내고 그 문제를 순차적으로 해결하기 위한 장을 제공함을 목적으로 한다. 요약하자면, IIC설립이 중요한 이유는 4차 산업혁명 추진에 있어서 기업이 새로운 분야로 진출하는 데에 필연적인 리스크를 줄이고 관리하는 데에 도움이 되기 때

---

1   실례로 IIC의 '시험대'를 통한 경험들은 축적되어 공유되고 있다(Industrial Internet Consortium 2017).

2   각 영역에 대한 상세한 설명은 다음 링크를 참조하라. http://www.iiconsortium.org/working-committees.htm

문이다.

이러한 IIC 내부의 조직과 관련해서도 주목할 부분이 있다. IIC는 IoT와 관련한 기술, 아키텍쳐, 보안, 그리고 마케팅의 4개 분과로 구성된다. 또한 상기한 바와 같이 2014년 3월 설립 당시, AT&T, 시스코, GE, IBM, 인텔과 같은 거대기업들이 기준을 만들기 위해 새로운 산업 태동기부터 조직을 만든다는 것 자체가 대단히 전략적이며, 시장에 있어서 지배력을 확보하고자 하는 움직임으로 볼 수 있다. 비록 4명의 비설립 회원들이 존재하기는 하나, 설립자들은 계속해서 운영위원회(steering committee)의 상임이사 자리(permanent seats)를 차지하며 영향력을 행사할 수 있다.

미국의 IIC는 독일의 인더스트리 4.0과 유사하게 4차 산업혁명의 견인차와 같은 중요한 역할을 감당하고 있지만, 차이점도 존재한다. 독일의 인더스트리 4.0은 참가자격을 얻기 위해서는 원칙적으로 독일법인이어야 하는 것이 전제되어 있는 반면에, IIC는 개방된 단체 활동을 표방하고 있다. 2015년 11월 시점에서 220개 이상의 회사가 참여하였고, 현재 여러 국적의 기업이 참여하여 국제적 연계의 장으로 활용되고 있기도 하다. 이러한 조직 운영에서 개방적 경쟁과 정보 공유를 통해 산업 경쟁력을 확보하려는 전략적 의도가 보인다. 또한 인더스트리 4.0과 IIC, 두 전략 모두 IoT에 기반한 제조업 중심의 변혁과 생산성 향상을 노린다는 점에서 공통점이 있지만, IIC는 여러 산업 영역의 연계라던가, IoT에 의한 새로운 사업의 창출이나 새로운 기술의 개발도 포함하는 등의 더 폭넓은 산업전략 개념을 추구한다. 반면 인더스트리 4.0은 제조산업에 방점이 놓였다.

그러나 상기한 바와 같이 4차 산업혁명 관련 전략과 제도는 계속해서 진화하는 생물과 같아서, 이러한 초기의 구분선이 점차 희미해져 가고 있다. 2016년 초부터 이미 IIC와 인더스트리 4.0 간의 규격 혹은 표준 통일을 통해 데이터 접근성과 이동 그리고 상호호환성(interoperability)을 용이하게 하려는 개별 기업들을 통한 움직임이 있어 왔다. 구체적으로 양자 간에 아키텍쳐 모델이, 인더스트리 4.0에서는 RAMI(Reference Architecture Model for Industrie 4.0) 그리고 IIC에서는 IIRA(Industrial Internet Reference Architecture)로 달랐기 때문에 이들 간의 상호호환성 향상이 추구되었다(高野 敦 2016). 나아가 최근에는 양자 간에 협력을 심화해 나갔고, 그 구체적인 산물로 '산업 인터넷 보안 프레임워크(Industrial Internet Security Framework)'가 발표되었다(Platform Industrie 4.0 2017). 이러한 협력(collaboration)의 이면에는, 한 제조공장 내에서뿐 아니라 가치사슬에 연계된 모든 참여자들이 인터넷을 통해 상호 연결됨에 따라, 안전한 데이터의 전송이 더욱 중요하게 부상한 맥락이 있다.

미국의 IIC는 2017년 3월에 19개의 '작업 그룹(working groups)'을 발족시킨다. 그리고 각 참여기업들은 그들의 대표들을 7개 영역으로 나눠진 '작업 그룹'에 참여시킨다. 이 7개 영역은 다음과 같다. 경영전략(Business Strategy)과 솔루션 주기(Solution Lifecycle), 연락담당(Liason), 마케팅(Marketing), 보안(Security), 기술(Technology), 테스트베드(Testbeds), 법적 그리고 지적 재산(Legal and Intellectual Property)이다.

지금까지 제조업 중심의 미국의 4차 산업혁명 관련 민간기업들의 대표적인 이니셔티브를 보았다면, 이하에서는 서부 실리콘 밸리 중심의 IT 대기업의 4차 산업혁명에 조응하는 변화들을 보고자 한다. 상기한 바와 같이 미국의 4차 산업혁명론 관련 기업은 크게 제조업 중심의 대기업들의 움직임과 소프트웨어 중심의 대기업으로 구분될 수 있다. 이들은 제조 산업과 소프트웨어 산업이라는 주력 산업의 차이가 나기도 하지만, 크게 동부/중서부와 서부(실리콘 밸리)로 지역적으로 대별되기도 한다.

4차 산업혁명의 핵심 정보통신기술(ICT)로는 소위 ICBM (IoT, 클라우드, 빅데이터, 모바일)이 종종 거론된다. 이에 기업들은 새로운 디지털 시대에 적응하기 위해 디지털트랜스포메이션 (digital transformation)을 추구하고 있고,[3] 이를 위한 핵심 인프라로 클라우드가 부상했다(박근모 2017a).

최신 IT기술과 인프라를 적극적으로 받아들여 급성장한 기업으로는 아마도 아마존(Amazon)을 꼽을 수 있을 것이다. 서점 시절인 1997년 당시 매출이 1억 4800만 달러에서 2016년 1360억 달러라는 폭발적 성장률의 이면에는 아마존의 일개 물류·유통 회사에서 IT 기업으로의 적극적인 변신이 있었기에 가능했다(김들풀 2016). 특히, 아마존의 아마존 웹 서비스(Amazon Web Services, AWS)가 전체 영업이익의 90%를(2017년 기준) 차지했다는 사실은

---

3   독일에서는 2011년에 IT를 활용한 제조업 혁신에 초점을 둔 '인더스트리 4.0' 개념을 민간에서 제안한 후 2013~2014년에 정부의 정책 문건에 반영되었다. 4차 산업혁명은 세계경제포럼에서 '인더스트리 4.0' 개념을 전 산업으로 확장해서 발전되어진 용어이다. 서구 선진국에서는 아직 널리 사용되지 않고 있으며, OECD는 '디지털 트랜스포메이션,' '넥스트 프로덕션' 등의 용어를 사용 중이다 (Industrial Internet Consortium, n.d.).

종합 쇼핑몰이라는 아마존 내에서조차 클라우드가 중요해짐을 엿볼 수 있다(박근모 2017a).

마이크로소프트(Microsoft)는 1975년 운영체제(OS) 판매를 시작으로 현재 글로벌 넘버원의 소프트웨어 기업으로 성장했다. 그러나 AWS의 등장으로 기존의 온프레미스 IT 환경에서 클라우드 컴퓨팅이라는 새로운 IT 환경이 대세가 될 것이라는 전망이 나오자, 마이크로소프트는 클라우드 시대에 맞지 않는 IT 기업이라는 평과 함께 매출이 하락하고 주가가 떨어지게 된다(김들풀 2016; 박근모 2017b). 이에 2013년부터 대대적인 조직 개편을 시행하고, 마이크로소프트가 더 이상 소프트웨어를 판매하는 회사가 이난 생산성과 플랫폼을 제공하는 기업으로 재도약할 계획을 내놓았다.

애플은 2015년 얼굴표정 인식 기술개발 스타트업인 '이모션트(Emotient)'를 인수하였다(김들풀 2016). 이모션트는 사용자들이 참여할 수 있는 '크라우드소싱(cloudsourcing)'을 활용해 최대 10만 가지 얼굴표정을 수집 분석하여 감정을 추론하는 알고리즘 기술을 개발해 특허를 보유하고 있다. 이러한 기술은 병원에서 환자를 치료하는 도중에 느끼는 고통을 표정을 통해 알아낼 수 있으며, 기업은 TV프로그램이나 광고에 대한 시청자의 반응, 매장에서는 소비자들의 호감도, 강연이나 학술연구 발표에서는 청중의 반응 등을 확인하는 데에 유용하게 사용될 수 있다. 이러한 얼굴표정 인식 기술은 페이스북(Facebook), 구글 알파벳(Google Alphabet), 마이크로소프트(Microsoft), 스냅챗(Snapchat), 플립보드(Flipboard)도 큰 관심을 보이며 투자와 기술개발을 진행 중이다.

이 이모션트의 표정 인식 기술이 주목을 받는 이유는 이 기술이 개개인의 얼굴 이미지를 저장하지 않고도 표정을 인식할 수 있다는 점이다. 이는 아주 적은 데이터를 '딥러닝(deep learning)'을 이용하여, 이미지를 어떻게 읽어낼 것인지 학습이 가능하기 때문이다. 이러한 기술이 중요한 이유는 '사생활 보호'를 중시하는 애플의 정책에 부합하기 때문이다. 사생활 보호와 기업의 이익이 조화될 수 있는 기술의 발전이 이루어지고 있다.

애플은 음성인식뿐 아니라, 가상현실(virtual reality, VR)/증강현실(augmented reality, AR) 쪽으로도 영역을 넓히고 있다. 2015년 애플의 독일 증강현실 업체 메타이오(Metaio) 인수, 그리고 스위스 취리히 소재 모션캡처 스타트업 '페이스시프트(Faceshift)' 인수는 이를 보여준다.

애플이 추진하고 있는 인공지능은 산업 전 분야로의 적용을 염두에 두고 있다(김들풀 2016). 예를 들어, 음성인식 서비스 기술개발에 있어 자동차업체 제너럴모터스(General Motors Corporation)와 협력하고 있으며, 자동차의 내비게이션과 대시보드를 음성으로 동작할 수 있는 '카플레이'와는 무인 전기자동차 관련 기술을 개발하고 있다. 그리고 '시리'를 통해 애플 기기 모두를 동작할 수 있는 통합적 인터페이스의 기능을 자동차 연계 서비스인 '카플레이' 그리고 사물인터넷 플랫폼인 '홈킷'에 적용하려고 하고 있다.

애플은 구글과 같이 고객의 빅데이터 기반 머신러닝을 적용하기보다는 고객의 데이터를 저장하지 않는 방식으로 사생활 보호를 추구한다. 이러한 애플의 머신러닝은 스트리밍 방식의 리얼타임으로 제공되는 데이터에 기반하고 있는 것으로 보이며, 나아가 국

가·지역·나이·성별·직업·수입·정서·교육수준 등의 데모그래픽
(demographic)별로 세분화되어 데이터가 분석되기 때문에, 구글,
마이크로소프트, 페이스북 등 경쟁 기업을 앞설 것이라는 전망도
나온다(김들풀 2016).

2) 정부 주도 미국 전략, 제도 및 정책적 도구들

미국 정부는 4차 산업혁명 시대에 발맞추어 전략을 수립하고 제도
적 기반을 마련하기 위해 노력하고 있다. 이러한 노력은 크게 법
안, 조직설립, (탈)규제, 이니셔티브 발표 등을 통한 제도적 노력들
과 민간부문에서의 경쟁력 향상을 위한 산업정책들로 양분해서 볼
수 있다. 이하에서는 이 두 측면을 논한다.

첫째로, 미국 정부에 의한 법안, 조직설립, 이니셔티브 발
표 등을 들 수 있다. 그 중에 주목할 만한 움직임으로는 2011년
버락 오바마(Barack Obama) 대통령의 '선진 제조업 파트너십
(Advanced Manufacturing Partnership, AMP)' 형성을 들 수 있다(김
들풀 2016). AMP 형성을 통해, 제조업 자체의 발전뿐 아니라, 빅데
이터와 인공지능 알고리즘을 기반으로 제조업과 데이터 기반 서비
스의 결합을 통해, 기업의 가치 향상과 경쟁력 향상을 도모하고자
하였다(The White House 2011). 이러한 AMP 형성을 통해 보여지
는 국가적인 노력의 이면에는, 연방정부가 민간과 연계하여 질 높
은 제조업 일자리와 세계적 경쟁력을 증강시키기 위한 기술 개발
투자를 촉진하려고 하는 노림수가 있었다.

AMP는 '대통령 과학기술자문위원회(the President's Council
of Advisors on Science and Technology, PCAST)'에서 고안되었

다. 이 위원회는 또한 '선진 제조업에서의 리더십 확보(Ensuring Leadership in Advanced Manufacturing)'라는 보고서를 제출하였는데, 이 보고서에서는 정부, 산업, 그리고 학계의 파트너십이 강조되고 있다. 이후 PCAST는 후속 보고서를 내놓는데, 이 보고서는 백악관의 과학기술정책실(Office of Science and Technology Policy)과 의회의 '국가과학기술심의회 위원회(the National Science and Technology Council Committee)' 내의 '선진 제조업에 관한 기관 간 작업 그룹(Interagency Working Group on Advanced Manufacturing)'과 조율해서 작성된다(AMNPO 2011). 이 보고서는 '선진 제조업을 위한 국가 전략 계획(National Strategic Plan for Advanced Manufacturing)'으로 명명되었으며, 연방정부 차원에서의 기술개발을 촉진하는 기회를 제공하고자 했다. 2012년에는 AMP의 운영위원회가 최종보고서라 할 수 있는 '선진 제조업에서의 국내 경쟁 우위 점유하기(Capturing Domestic Competitive Advantage in Advanced Manufacturing)'를 내놓는다. PCAST는 이 보고서를 채택하는데, 여기에는 16가지의 주요 제언이 담겨 있으며, 이들은 혁신을 가능케 하기, 재능 확보하기, 비즈니스 환경 개선하기 등 세 영역으로 요약될 수 있다.

상기의 과정을 거치며, 백악관은 2013년 9월에 '두 번째 선진 제조업 파트너십(a second Advanced Manufacturing partnership, AMP2.0)'을 발표한다. 이 파트너십을 통해, '미국 선진 제조업을 가속화하기(Accelerating US Advanced Manufacturing)'라는 보고서가 발간된다. 보고서는 연방정부 차원에서 취해야 할 추가적인 방안들을 제시하고 있다. 이 보고서는 PCAST에 의해 채택된다.

4차 산업혁명을 대비하기 위한 노력은 미국 정부 차원에서뿐 아니라, 미국 의회에서도 추진되었다. 2014년 12월 미 의회에서는 '미국 제조업과 혁신 재활성화하기' 법률이 통과된다. 이 법률은 '선진 제조업 국가 프로그램 기관 간 정책국(the Interagency Advanced Manufacturing National Program Office, AMNPO)'과 상무부의 제조업 혁신 기관들에서 해당 행위자들 간에 공개 주제 경쟁을 개최할 수 있는 권위를 부여한다(U.S. Government Publishing Office 2014). 법의 테두리 내에서의 건전한 경쟁을 통해 기술의 발전을 꾀하는 것과 같은 시장의 기능을 최대한 활용하고자 하는 목적이 있다.

AMNPO의 본부는 상무부 소속의 '국가 표준과 기술 기관(the National Institute of Standards and Technology)'에 속하며 '미국 제조업 네트워크(the Manufacturing USA network)'를 운영한다. 이 정책국은 2011년에 PCAST에 의해 시험 프로그램으로 가동되기 시작하였다.

나아가 AMNPO는 그 이후로도 지속되어, 미국 국방부, 에너지부, 항공우주국, 국립과학재단, 교육부, 농무부, 노동부와 파트너십 관계에 있다(U.S. Government Publishing Office 2014). 2016년에는 동 정책국에서 '제조업 혁신 프로그램을 위한 국가 네트워크(National Network For Manufacturing Innovation Program)'에 관한 '2015년도 보고서(the 2015 Annual Report)'와 최초의 '3년간 전략 계획(the first 3-year Strategic Plan)'을 발간했다.

둘째로, 미국 정부는 4차 산업혁명 추진 및 보조와 관련하여, 여러 전략과 정책적 도구들을 내놓고 있다. 특히 산업 정책적 도구들로서 보이는 것이 다수 있는데 다음과 같다. 경쟁력 정책 추진, 연구개발자금 지원, 교육훈련인프라 설립, 산업박람회 개최, 그리고 통상정책 등이다.

정부의 산업박람회 개최를 통한 지원은 기술자들과 투자자들의 연결을 촉진시키는 효과가 있다. 기술자 혹은 기술보유 기업들은 투자자들로부터 투자를 받아 기술을 개발하고 양산화 그리고 제품화를 이루어낼 수 있고, 투자자들은 제품 판매를 통한 수익을 배당 받으므로 서로에게 유익이 되나, 시장의 실패로 정보가 부족한 탓에 기술 보유 주체들과 자본 보유 주체들은 연결되지 않는 조율(coordination)의 부재가 있을 수 있다.

이러한 시장의 실패를 정부는 박람회 개최라는 수단으로 보완할 수 있다. 예를 들어, 미국은 2016년과 2017년 2년 연속으로 하노버 산업박람회의 협력국가(Partner Country)로 선정되기 위해 노력하였다(Manufacturing USA. n.d.). 당시 오바마 대통령도 산업박람회의장을 방문함으로써 4차 산업혁명에 대한 미국 정부의 관심을 나타냈으며, 4차 산업혁명에 참여하는 기업들에 대한 지원의사를 명확히 드러낸 바 있다. 더욱이, 미국 투자유치기관 '미국을 선택하라(Select USA)'를 중심으로 미국에의 적극적 투자유치 활동을 적극 개진하였다.

산업정책의 일환으로서 통상정책은 역사가 길다. 수입물품에 대한 관세 인상 혹은 수출물품에 대한 덤핑 혹은 지원금은 자국의 산업발전 혹은 (유치)산업보호와 연계되는 전형적인 통상정책이다. 4차 산업혁명론에서도 자국 산업 보호를 위한 통상정책에 대한 우려들이 적지 않게 보인다. 미국이 자국의 리더십을 4차 산업혁명 시기에도 뺏기지 않기 위해, 무역 자유화를 저해하는 움직임을 보이고 있다는 염려가 나오고 있다(한태식·임채경 2017). 이러한 염려의 목소리는 또한 4차 산업혁명을 인류의 발전이라는 장밋빛 변화로만으로는 파악할 수 없으며, 치열한 국가 간 산업 경쟁을 수반하며, 나아가 산업 발달을 통한 국부와 국력의 경쟁이라는 냉혹한 현실의 면모가 존재함을 보인다.

이상 미국 정부의 제조업 중심의 4차 산업혁명 전략과 제도를 보았다. 이하에서는 미국 트럼프(Donald Trump) 정부와 서부 실리콘 밸리 중심의 IT 대기업과의 관계를 보고자 한다.

미국의 IT 업계는 트럼프 대통령의 당선 시작 때부터 트럼프 대통령과 껄끄러운 관계를 보였다. 특히 IT 실리콘 밸리에서는 반(反) 트럼프 정서가 매우 강하게 형성돼 있었다. 대표적으로 애플, 구글(알파벳), 마이크로소프트, 아마존, 페이스북 등과 같은 주요 IT 기업을 들 수 있는데, 이들 IT 기업이 힐러리 클린턴 후보에게 후원한 금액이 3000만 달러에 달한 반면, 트럼프 후보에게는 5만 달러에 불과했다(박기록 2016). 후원 금액의 차이는 미 서부의 IT 기업들의 트럼프 대통령에 대한 선호도를 단적으로 나타낸다. 게다가 2016년 2월에 있었던 테러리스트들의 아이폰 암호 해제와 관련해서 애플이 협조하지 않은 것 때문에, 트럼프는 애플에 대한 불매운동을 벌이겠다고 으름장을 놓았고, 이에 대해 애플은 트럼프 후보자 시절에 트럼프를 공식 대선 후보로 선출하는 공화당 전당대회를 후원하지 않았다.

이러한 미 IT 대기업들, 주로 미국 서부 실리콘 밸리에 위치하는 IT 기업들의 트럼프 대통령에 대한 상대적으로 낮은 선호도는,

정치적 성향에 기인한 여러 이유가 있겠지만, 트럼프 대통령의 IT에 대한 부정적 인식 자체가 원인이기도 하다. 트럼프는 IT가 미국 제조업의 일자리를 뺏는다는 인식을 가지고 있으며, 태양광 등 친환경 에너지 분야도 같은 맥락에서 본다. 또한 트럼프는 IT 업계의 많은 제품 생산 공장이 해외에 위치한 것에 불만이며 이들 공장을 미국으로 옮겨야 함을 주장했다(Thibodeau 2016). 이러한 트럼프의 IT 산업계에 대한 탐탁지 않은 시선과 국제통상에서의 보호무역주의 기조가 결합되어, 미국을 수출 시장으로 삼는 해외 IT 산업계는 위기감을 가질 수밖에 없었다.

트럼프 대통령은 취임 연설과 함께 공식 집무를 시작하자마자 '아메리카 퍼스트'라는 미국 우선주의 노선을 재차 강조하였다. 주요 IT 및 제조업 대기업 경영자들과 가진 조찬 회동 자리에서는 기업들이 자국 내 공장을 폐쇄하고 해외로 생산라인을 이전할 경우 대규모 국경세를 떠안게 될 것이라는 위협적 언급을 하는가 하면, 다른 한편으로는 대대적인 세금 인하 및 규제 철회를 약속하며 채찍과 당근을 병용하려 하였다. 이러한 트럼프의 행보는 소프트뱅크(Softbank), 폭스콘(Foxconn)과 같은 IT 기업들은 투자를 결정하게 하고, 삼성전자, LG전자 등의 기업들도 미국 내 생산기지 설립을 고민하게 만들었다(한국과학기술기획평가원 2017).

트럼프 정권과 IT 기업 최고경영자(CEO)들은 비교적 안 좋은 관계에서 시작했으나, 당선 이후 우호적인 관계를 만들기 위한 시도가 없는 것은 아니다. 당선 후 얼마 되지 않은 2016년 12월 14일 뉴욕의 트럼프타워에서 트럼프 대통령 당선인은 미국을 대표하는 IT 기업 최고경영자들 12명과 첫 회동을 가졌다. 이 12명에는 애플 CEO인 팀 쿡(Tim Cook), 구글의 공동 창업자인 래리 페이지(Larry Page) 알파벳 CEO, 에릭 슈미트(Eric Schmidt) 알파벳 회장, 일론 머스크(Elon Musk) 테슬라(Tesla) CEO, 제프 베조스(Jeffrey Bezos) 아마존 CEO, 셰릴 샌드버그(Sheryl Sandberg) 페이스북 최고운영책임자(COO), 그리고 마이크로소프트, 오라클(Oracle), 아이비엠(IBM), 시스코, 팔란티르테크놀로지(Palantir Technologies)의 CEO 등이 포함됐다.

첫 회동에서는 기존의 껄끄러운 관계에도 불구하고, IT 기업들에게 도움을 줄 것이라는 우호적인 언사를 내비쳤다. 또한 동 회동에서 트럼프는 자신이 소리 높여 온 보호무역주의와 엄격한 이민 규제에 대해서도 유화적인 언급을 하였다. 왜냐하면 이들 IT 기업들에게 보호무역주의와 엄격한 이민 규제는 해외 고급 인재들의 비자 발급이 어려워지거나 해외 생산기지에 대한 손실을 의미하기 때문이다. 이러한 첫 회동은 월스트리트저널(*The Wall Street Journal*)로부터 당선 후 변화된 모습이라는 호평을 받기도 하였으며, 폴리티코(*Politico*)로부터도 트럼프와 IT 업계의 잠정적 휴전이라고 긍정적인 평가를 받았다(정종문 2016).

2차 '테크 서밋(Tech Summit)'은 6개월 만인 2017년 6월 19일에 열렸다. 이 자리는 낙후된 정부 전산망을 개혁하기 위한 '미국기술위원회(American Technology Council, ATC)' 출범식을 겸한 자리가 되었다. 이 모임을 통해 드러난 것은 트럼프와 실리콘 밸리 간에 명백한 갈등 전선이 형성되어 있지만, 서로 간의 공통의 이익도 존재한다는 것이다. 예를 들어 트럼프의 세제 개혁안에는 현행 법인세율을 35%에서 15%로 낮추는 방안이 포함돼 있다. 이는 실리콘 밸리 IT 기업들이 해외에 보유 중인 현금의 본국 송환에 도움이 되는 방안이다. 또 트럼프의 반 규제 정책에는 실리콘 밸리 스타트업을 지원하는 방안도 포함돼 있다(정종문 2016).

이러한 회동으로 트럼프 정권과 IT 기업들 간에 관계에 대해 추정해 볼 수 있는 것은, 첫째, 트럼프 정권으로서는 연방정부의 낙후성을 개선하고, 실리콘 밸리 중심의 IT 기업들의 기술혁신성이 트럼프 정권의 일자리 창출이라든가 기술혁신 등과 같은 경제성과에 빼놓을 수 없는 주역이라는 인식이 존재한다는 것이다. 이는 연방정부와 IT 기업들 간에 공통의 이익이 있으며 이를 위해 손을 잡을 수 있다는 것을 의미한다. 예를 들어 트럼프는 2차 테크 서밋에서 "정부는 민간기업의 기술 수준을 빨리 따라잡아야 한다.", "우리는 지금껏 없었던 방식으로 민간분야의 창의성을 공공 서비스에 제공하려 한다.", "연방정부는 56년 전의 낡은 데이터 시스템을 여전히 사용하고 있고, 심지어 국방부는 아직도 플로피 디스크를 사용하고 있다."고 언급한 것에서도 그러한 인식이 드러난다(김현재 2017b). 둘째로, IT 기업들 입장에서도 트럼프 정권과 다른 점은 있을지언정 이익이 있는 한 함께 손을 잡고 가는 입장인 듯하다. 이러한 선택은 불가피하기도 하다. 왜냐하면 연방정부는 몇몇 IT 기업의 최대 고객인 경우도 있고, 잠재적인 규제 권력을 보유하고 있기 때문이기도 하다. 그럼에도 여전히 껄끄러운 부분은 서로 간에 존재한다. 예를 들어 두 번째 회동에는 파리기후협약 탈퇴 선언 직후 트럼프 행정부 경제자문 위원직(Trump's economic advisory committee)을 사퇴한 테슬라 CEO인 일론 머스크의 이름은 없었다. 또한 페이스북 CEO인 마크 저커버그(Mark Zuckerberg)도 일정 충돌을 이유로 불참했다. 이러한 불편한 관계를 염두에 두어서인지 두 번째 '테크 서밋'에 대해 공개된 회의록에서는 이민자, 암호화 등의 민감한 사안에 대해서는 논의되지 않았다. 이는 특히 기존의 애플과 FBI 간의 테러용의자 아이폰 해독 관련 충돌 사안을 비껴가려고 한 것으로 보인다.

2차 '테크 서밋'에서 출범한 ATC에 대한 논의를 간단히 할 필요가 있다. ATC는 미국 정부가 IT 전문위원회를 만들어 정부의 IT 인프라스트럭쳐(infrastructure)의 현대화 그리고 미국 국민들을 위한 디지털 서비스 혁신과 현대화를 꾀하기 위해 설립되었다. 도널드 트럼프 대통령은 2017년 5월 1일 ATC 출범을 위한 대통령령에 서명했다. ATC 형성 시기가 논란이 되었던 것은 그 형성의 시기가 트럼프의 파리기후협약 탈퇴에 대한 IT CEO들의 실망을 표현한 바로 직후라는 것이다. 그리고 당시는 트럼프 대통령의 사위인 재러드 쿠슈너(Jared Kushner)가 러시아의 대선 개입과 관련하여 FBI의 수사를 받고 있기도 한 시기였다. 쿠슈너는 ATC의 수장을 맡을 예정이었다. 참고로 ATC와 유사한 기구로 과거 오바마 정권 때는 2010년에 추진된 "Cloud First Initiative(or cloud first policy)"가 있었는데, 이 기구는 불필요한 데이터 센터들을 제거하기 위해 설립되었다(김현재 2017b).

ATC 책임자에는 마이크로소프트와 제너럴모터스에서 일한 경험이 있으며, 최고 백악관 고문(top White House advisor)인 크리스 리델(Chris Liddell), 트럼프 대통령의 사위이자 최고 고문(counselor)중 한 명인 쿠슈너가 맡았다. 위원회는 리델 이사와 트럼프 대통령, 마이크 펜스(Mike Pence) 부통령 외, 국방 장관과 국토안보부 장관 등 정부 인사들과 애플 CEO 팀 쿡, IBM CEO인 지니 로미티(Ginni Rometty), 마이크로소프트 CEO 사티아 나델라(Satya Nadella), 아마존 CEO 제프 베조스, 오라클 co-CEO인 사프라 캣츠(Safra Catz), 그리고 구글 알파벳 의장인 에릭 슈미트 등을 포함한 19명으로 구성된다.[4] 여기에는 작은 스타트업 회사인 벤처 캐피탈(venture capital) 회사인 OpenGov도 참석했는데 회사 규모로 봐서 이례적이라는 논란이 있었다. 월스트리트저널에 따르면, OpenGov는 벤처 회사인 Thrive Capital로부터 재정지원을 받고 있으며, Thrive Capital은 재러드 쿠슈너의 형제인 조슈아 쿠슈너(Joshua Kushner)에 의해 운영되어진다고 한다. 재러드 쿠슈너도 2017년 초까지 이사회 위원이었으며 자신의 지분을 연초에 조슈아 쿠슈너에게 매각하였다. ATC가 전형적인 정실인사(cronyism)를 위한 도구라고 여겨지는 이유이다.[5]

트럼프 행정부와 실리콘 밸리 IT 기업들의 여태까지의 관계는 대체로 보아 순탄치 않은 과정을 겪어 왔으며 명암이 혼재한다고 할 수 있다. 부정적인 관계는, 우선 최첨단 IT 기업 집단인 실리콘 밸리 CEO들이 트럼프 정부의 주요 정책에 반대의사를 분명하게

---

4   이러한 관계의 한 예로 아마존 클라우드 사업 부문인 AWS가 미국 중앙정보부 (CIA) 등 중앙정보기관을 위해 설계한 클라우드 서비스 '시크릿 리전'을 출시한 것을 꼽을 수 있다. 미국 경제 전문 방송 CNBC와 비즈니스인사이더 등 외신은 20일(현지시각) AWS가 공공 부문 고객을 위한 최초의 서비스를 최강자로 올라섰다고 보도했다. AWS는 2013년 CIA와 6억 달러(6579억 원) 규모의 계약을 체결했다. 시크릿 리전 계약은 AWS가 CIA에게 향후에도 계속해서 서비스를 제공할 것임을 의미한다.

5   2017년 6월 모임에 참석한 명단을 통해서도 확인할 수 있다. http://www.businessinsider.com/who-is-on-trumps-american-technology-council-2017-8

밝히는 데서 명확히 드러난다. 예를 들어, 애플 CEO 팀 쿡은 2017년 9월 공식화된 '불법체류 청년 추방유예(Deferred Action for Childhood Arrivals, DACA)' 폐지 방침에도 강하게 반발하였다. 팀 쿡은 DACA반대 의사를 트위터에 올리며 자회사인 애플 내에 250명의 '드리머(Dreamer)'제도를 통해 입사한 사람이 존재한다고 밝힌 바 있다(정미하 2017). DACA 폐지와 관련한 시민단체 청원에는 팀 쿡뿐 아니라, 페이스북과 AT&T, 베스트바이(Best Buy) 등을 포함해 400여 명의 미국 내 주요 IT 유통업계 CEO들이 대거 참여키로 한 바도 있다. 미국 내 주요 IT 기업 대표들은 DACA뿐 아니라 트럼프 정권의 성전환자의 군 복무 전면 금지 계획에도 반대한 바 있다.

트럼프 정부와 실리콘 밸리와의 충돌은 비단 DACA를 둘러싼 이민자 문제뿐 아니라, 테러리스트 용의자의 아이폰 암호 해제와 관련한 프라이버시와 사이버보안 문제, 그리고 '표현의 자유' 문제까지 다기에 걸쳐 드러났다. '표현의 자유'와 관련해서는 트위터와도 충돌했다. 일례를 들자면, 미 국토안보부는 2017년 3월 14일 세관국경보호국(U.S. Customs and Border Protection, CBP) 요원을 통해 트럼프 행정부의 이민 정책, 특히 국토안보부 산하 시민권 및 이민 서비스국(United States Citizenship and Immigration Services, USCIS)의 행동을 공개적으로 비난한 '@ALT_USCIS' 계정의 실제 개설자가 누구인지를 밝히는 데 협조해 줄 것을 요청하는 행정명령서를 트위터에 전달한 적이 있다. 이에 대해 트위터는 4월 6일 거부의 뜻으로 법원에 소송을 냈다. 트위터는 소장에서 "CBP는 계정 소유자의 실명과 전화번호, 이메일 주소, IP 주소 등의 정보를 요구할 권리가 없으며 우리 고객들은 익명과 가명으로 정치적 발언을 할 수 있는 헌법적 권리를 갖고 있다"며 언론자유를 보장하고 있는 미국 수정헌법 1조를 적시했다(허재경 2017). 그러자 국토안보부는 4월 7일 트럼프 대통령에 대한 비판적인 트위터 계정 정보 제출 요구를 철회했다. 그리고 트위터도 국토안보부가 이용자 계정에 접근하지 못하도록 해 달라며 제출한 법원 소송을 취하했다. 자칫 트럼프 행정부와 실리콘 밸리 간에 표현의 자유를 둘러싼 첫 대형 충돌로 비화할 소지가 있던 이 사건은 미국 정부가 재판 시작 전에 정보 제출 요구를 공식 철회하며 막을 내렸다.

트럼프 행정부와 실리콘 밸리 IT 기업 간의 관계는 2017년 12월 14일 망 중립성 원칙의 폐기를 통해서 다시 한 번 드러났다. 미국 연방통신위원회(Federal Communications Commission, FCC)는 망 중립성 규제 폐기 최종안을 표결로 통과시켰다. FCC의 공화당 추천 위원 3명이 찬성표를 던지며 이 안건은 3 대 2로 통과된 것이다. 망 중립성은 원래 이동통신 사업자가 데이터 제한(Data Cap), 속도 조절(Throttling) 등의 방법으로 영화·게임·스포츠 중계 등 각종 콘텐트 사업자를 차별하는 행위를 막는 것을 목표로 한다. 그런데 공화당의 시각은 망 중립성 원칙이 '사유재산권 침해'라는 것이다. 사실 이 원칙은 오바마 행정부 당시 '차별 없는 인터넷 이용'을 위해 망 중립성의 원칙을 담은 2015년에 제정된 '오픈인터넷규칙'에 기반한다. 이 원칙의 폐지를 위한 움직임의 징조는 2017년 3월 말부터 드러나기 시작했다(김현재 2017a). 그러나 그때 당시만 해도 잇단 정책 실패를 맛보고 있던 트럼프 정권에서는 불가능으로 보였다.

그러나 트럼프 대통령은 아짓 파이(Ajit Pai)를 FCC 위원장으로 임명하며 구글이나 아마존 등 40여 개 기업이 포함된 미국 인터넷협회가 FCC에 망 중립성 원칙 폐기 투표를 연기해 달라고 촉구하는 서한을 보냈음에도 불구하고, 망 중립성 규제 폐기를 추진했다. 망 중립성 규제 폐기 최종안이 통과됨에 따라 인터넷 서비스 제공자(Internet service provider, ISP)를 전기통신 서비스 사업자에서 정보 서비스 사업자로 분류해 시장의 원칙에 따라 요금에 따른 인터넷 트래픽 차별을 할 수 있도록 합법화할 수 있게 되었다. 다시 말해, AT&T나 버라이즌(Verizon), 컴캐스트(Comcast) 같은 통신사들, 즉 ISP가 특정 트래픽의 속도를 늦추거나 아예 특정 트래픽 접속을 차단할 수 있는 근거가 마련됐다. 대다수 실리콘 밸리 기업들이 성장을 거듭할 수 있었던 것은 저가의 초고속인터넷 시스템 덕택이기도 했다는 사실을 감안한다면 이러한 변화, 즉 망 중립성 규제 폐기가 IT 기업들에게 의미하는 바는 크다. 환언하자면, 페이스북·구글·유튜브가 독주했던 미국 콘텐트 시장 판도가 버라이즌, AT&T 등 이동통신업체에 유리한 방향으로 이동할 수도 있다는 것을 의미한다(손재권 2017).

한편, 미국의 망 중립성 원칙 폐기가 우리나라에 대한 영향력은 크지 않을 것으로 예견된다. 이에 대한 근거로는 우리나라의 ISP들은 기간통신사업자로 분류돼 망 중립성 원칙 준수가 의무화돼 있기 때문이다. 이는 미국의 공화당이 인터넷을 사유재로 인식하는 것에 비해 우리나라는 아직 공유재로 보고 있는 관점의 차이에 기인하기도 한다(Grenoble 2017). 또한 문재인 대통령이 공약에서 망 중립성 원칙을 확립하기 위해 노력하겠다고 밝힌 바도 있기 때문이다(허완 2017). 그리고 통신 관련 정책가들이나 전문가들은 국회 관련 입법안도 망 중립성 원칙을 강화하는 흐름을 보이고 있는 것으로 인식을 같이 한다(김현아 2017).

여하튼 위와 같이 IT 대기업들의 트럼프 정책에 대한 반대가 트럼프 정권과 종종 첨예한 갈등으로 비화되어, 양자 간의 관계가 껄끄러운 관계로 일색되기 쉽지만 다른 면모도 존재한다. 즉, 주요 정부 정책들에 명백한 반대를 내는 IT 기업들이지만, 트럼프 행정부를 상대로 엄청난 로비자금을 쓴 것이 드러나고 있으며, 트럼프 행정부도 또한 계속해서 IT 기업들에 당근으로서의 유인책을 내놓고 있는 것도 사실이다. 전자의 경우 예를 들어, 아마존, 애플, 구글 등 실리콘 밸리 IT 거대기업들이 2017년 4월에서 6월까지 3개월간의 트럼프 행정부를 상대로 쓴 로비자금이 1천만 달러에 육박한다고 보도되었다. 이는 미국 정부가 ATC를 통해 IT 인프라를 혁신하고 드론과 다른 신흥 기술에 대한 규제를 다룬 시점과도 중첩된다. 또한 트럼프 정권의 이 시기는 사생활 보호와 이민, 및 세재 개혁 등 다양한 영역에서 연방정부의 정책이 형성되는 시기이기도 하다.

IT 대기업들의 로비에 대해 구체적으로 말하자면 다음과 같다. 애플은 4월 1일부터 6월 말까지 세재 개혁, 이민 정책 등과 관련한 로비 자금으로 220만 달러를 지출하였으며, 이는 지난해 같은 기간의 약 두 배에 해당하는 금액이다(김재섭 2017). 구글은 이 기간 실리콘 밸리 대기업 가운데 가장 많은 금액인 540만 달러를 지출했다고 밝혔다. 아마존 또한 홀푸드(Whole Foods) 인수 등으로 기업 규모를 늘리고 있는 과정에서 340만 달러의 로비자금을 지출했다(Rossignol 2017). 페이스북도 2009년 이래 전례 없는 321만 달러의 로비자금을 쏟아 부었다(Neidig 2017). 이민, 감시, 연결성 관련 사안들에 대해 로비를 벌였으며, 특히 이 시기가 정책 변환기이기도 하지만, 거짓 뉴스(fake news)와 정치 과정에서의 역할에 대해 많은 공격을 받고 있던 시기이기도 하기 때문이다. 다른 한편, 이들 기업의 로비가 세재 개혁에 더 집중돼 있을 가능성 크다는 IT 전문 매체 리코드(Recode)의 보도도 나온다(McCabe 2017).

전자가 IT 대기업들의 트럼프 행정부에 대한 로비행태였다면, 후자인 트럼프 행정부의 이들 기업들에 대한 유인책은 어떤 것이 있었을까. 이러한 유인책에는 트럼프 대통령의 감세법안을 들 수 있다. 예를 들어, 트럼프 행정부의 2017년 12월 2일 미 상원을 통과한 트럼프 대통령의 감세법안은 IT 기업들에 대한 당근책으로 작용할 수 있다는 전망이 나온다. 파이낸셜 타임즈(*Financial Times*)에 따르면, 애플은 470억 달러의 세금을 절약할 수 있다고 전망된다.[6] 애플은 여타 미국 회사들과 35%의 법인세를 내기보다는 해외 소득을 국외에 잔류시키는 방식을 택해 왔다. 애플은 마이크로소프트, 시스코, 오라클, GE 등의 기업들보다도 월등히 많은 해외 자산을 가지고 있으며, 대략 총 미국 회사의 해외 보유 재산의 5분의 1을 차지한다. 애플은 780억 달러의 세금을 내야 하지만, 통과한 법안에 의하면 310억 달러의 세금만을 물게 되며, 470억 달러의 차액이 나게 된다. 이 금액은 미국의 그 어떤 회사의 연

6   https://www.ft.com/content/56c69df6-d9db-11e7-a039-c64b1c09b482

간 이윤을 초과하는 금액이다(Romm 2017).

III 결론

이 장은 미국의 4차 산업혁명 관련 담론, 전략 그리고 제도들에 대해 고찰했다. 이 장에서는 우선, 4차 산업혁명론 담론을 개괄했다. 미국의 4차 산업혁명과 관련한 담론을 급격히 변화하는 사회에 어떻게 대응할 것인가에 대한 전망과 규범적 주장들로 정리하고 네 가지 주요 논점들에 대한 담론을 소개했다. 이러한 논점들로는 4차 산업혁명이 새로운 혁명인가 아닌가, 4차 산업혁명을 위한 기술혁신에 있어서 정부의 역할은 어느 정도이어야 하는가, 4차 산업혁명이 경제개발과 빈부격차에 어떠한 영향을 미치는가, 마지막으로 4차 산업혁명이 정치적 권리와 민주적 권리에 어떤 영향을 미치는 것인가를 다루었다.

둘째, 민간 주도로 전개된 전략과 제도들을 살펴보았다. 여기서 민간은 주로 대기업들을 지시하며, 이들을 다시 제조업 중심의 기업과 미국 서부 실리콘 밸리 중심의 IT 대기업으로 대별하여, 각각의 전략과 제도 전개를 위한 이니셔티브를 소개하였다. 제조업 중심의 대표적 이니셔티브로는 제너럴 일렉트릭(GE) 주도의 '산업 인터넷' 개념 설립을 들 수 있다. 산업 인터넷이란 "산업 사물인터넷"이라고도 불리며, 산업 현장에서 생각하는 기계, 첨단 분석기술, 작업자를 서로 연결하는 것을 의미한다. 이 개념이 중요한 것은 GE가 디지털화의 선두에 나서서 직접 소프트웨어를 만드는 기업으로 변하고자 한 야심찬 계획을 발표했을 때에 내세운 슬로건이 산업 인터넷이기 때문이다. 또한 이 "산업 인터넷"이라는 용어가 중요한 이유는 모호하고 방대한 의미를 지녔던 "4차 산업혁명"이라는 용어를 구체성을 지닌 슬로건으로 대체했기 때문이다. GE는 나아가 2014년 3월에는 인텔과 시스코와 같은 미국의 대표적인 IT 대기업들과 산업 인터넷 컨소시엄(IIC)을 구성하였다. 이와 같이 GE는 미국 산업 인터넷에 있어서 일련의 변화를 주도하며, 미국이 4차 산업혁명을 위한 제도적 장치를 마련해 나가는 데에 주도적 역할을 수행한 바 있다.

이러한 제조업 중심의 대기업 그룹의 다른 한편에는 서부 실리콘 밸리의 IT 대기업들이 존재한다. 이들도 새로운 디지털 시대에 적응하기 위해 디지털트랜스포메이션을 추구하고 있으며, 이를 위한 핵심 인프라로 클라우드에 역점을 두고 있다. 아마존 웹 서비스(AWS)의 약진, 마이크로소프트는 2013년부터 대대적인 조직 개편을 시행하고, 마이크로소프트가 더 이상 소프트웨어를 판매하는 회사가 아닌 생산성과 플랫폼을 제공하는 기업으로 재도약할 계획 수립, 애플의 2015년 얼굴표정 인식 기술개발 스타트업인 '이모션트' 인수와 같은 노력들은 4차 산업혁명의 조류에서 뒤쳐지지 않기 위한 치열한 경쟁과 혁신을 나타내고 있다.

셋째로 이 장은 정부 주도의 4차 산업혁명 전략과 제도 그리고 정부와 기업 간의 관계를 다루고 있다. 정부의 주목할 만한 움직임으로는 2011년 오바마 대통령에 의한 선진 제조업 파트너십(AMP) 형성을 들 수 있다. AMP 형성을 통해 제조업 자체의 발전뿐 아니라, 빅데이터와 인공지능 알고리즘을 기반으로 제조업과 데이터 기반 서비스의 결합을 통해 기업의 가치 향상과 경쟁력 향상을 도모하고자 하였다. AMP는 대통령 과학기술자문위원회(PCAST)에서 제안되었다. PCAST는 후속 보고서를 내놓는데, 이는 '선진 제조업을 위한 국가 전략 계획'으로 명명되었으며, 연방정부 차원에서의 기술개발을 촉진하는 기회를 제공하고자 했다. 2012년에는 AMP의 운영위원회가 최종보고서라 할 수 있는 '선진 제조업에서의 국내 경쟁 우위 점유하기'를 내놓는다. PCAST는 이 보고서를 채택하는데, 여기에는 16가지의 주요 제언이 담겨 있으며, 이들은 혁신을 가능케 하기, 재능 확보하기, 비즈니스 환경 개선하기 등 세 영역으로 요약될 수 있다. 후속적으로 백악관은 2013년 9월에 AMP2.0을 발표했고, 이 보고서도 PCAST에 의해 채택된다. 미국 정부는 이러한 이니셔티브 말고도 여러 전략과 정책적 도구들을 사용했는데, 경쟁력 정책 추진, 연구개발자금 지원, 교육훈련인프라 설립, 산업박람회 개최, 그리고 통상정책 등을 들 수 있다.

4차 산업혁명 담론, 전략, 그리고 제도 형성에 있어 정부와 민간의 관계도 중요하다. 이런 맥락에서 이 장은 트럼프 대통령 당선 이후의 미국 정부와 IT 대기업들 간의 관계 또한 조명하였다. 대체적으로 트럼프 정부가 들어오면서, IT 대기업들과의 관계는 명암이 뚜렷이 대비되어 나타났다. 종종 IT 대기업들은 정부의 주요 정책들과 충돌하는 모습이 부각된다. 충돌이 비화되는 쟁점적 정책들로는 불법체류 청년 추방유예(DACA)를 둘러싼 이민자 문제, 보호주의 무역주의에 대한 우려, 테러리스트 용의자의 아이폰 암호 해제와 관련한 프라이버시와 사이버보안 문제, 그리고 '표현의 자유' 문제까지 포함하며, 다기에 걸쳐 드러났다. 그러나 이러한 갈

등의 다른 한편으로는 정부와 IT 대기업들 간의 공생 관계도 나타난다. IT 대기업들은 트럼프 정부에 거액의 로비를 해가며 4차 산업혁명의 제도와 규제 형성에 영향력 행사를 아끼지 않았고, 트럼프 정부도 정권의 경제적 성과 창출을 위한 IT 대기업들의 협조를 얻기 위해 세제 유인책과 정책 논의 모임을 계속 꾀하고 있다.

이 장의 연구결과는 다음과 같은 함의를 가진다. 첫째, 최신 미국의 4차 산업혁명론에서 보이는 담론, 전략, 그리고 제도를 볼 수 있다. 급격히 진행되는 기술발달과 그에 발맞추어 계속해서 변화하는 정치, 경제, 사회의 대응에 대해 업데이트하는 것은, 우리의 대응과 향후 방향을 고민함에 있어 반드시 요구되는 사실 확인 작업이다. 둘째, 미국의 4차 산업혁명론에서 보이는 담론, 전략, 그리고 제도를 탐구하는 것은 4차 산업혁명이라는 모호하고 추상적인 슬로건을 미국이 실제로 어떻게 채우고 있는지를 볼 수 있게 한다. 미국은 4차 산업혁명론과 관련한 담론, 전략, 그리고 제도를 통해 자신의 강점을 살리는 자국에 유리한 방향으로 4차 산업혁명 슬로건을 채우며, 미래사회에서 우위를 선점하고 지속시켜 나가려는 의도가 보인다(김상배 2015; 2017). 물론 이는 비단 미국만이 아니라, 독일, 일본, 중국에서도 유사하게 보이는 현상이다(최계영 2016; 하원규·최남희 2015; 그리고 이 책의 다른 논문들). 따라서 셋째, 4차 산업혁명시대를 대응하고 준비하기 위해서는 이러한 의도를 파악하고, 미국 4차 산업혁명 대응을 아무 고찰 없이 모방하기보다는, 한국이 강점으로 가지는 분야를 4차 산업혁명으로 대표되는 기술에 접목시켜 한국적 4차 산업혁명 대응과 준비를 해야 할 것이다.

참고문헌

김들풀. 2016. "애플, 인공지능으로 인간 감정에 접속…음성+표정+증강현실로."
　　『IT뉴스』(1월 12일). http://www.itnews.or.kr/?p=17205(검색일:
　　2017.12.16.)
김상배. 2015. "빅데이터의 국가전략: 21세기 신흥권력 경쟁의 개념적 성찰."
　　『국가전략』 21(3), 5-35.
김상배 외. 2017. 『4차 산업혁명과 한국의 미래전략』. 서울: 사회평론아카데미.
김재섭. 2017. "미 '망중립성 원칙' 폐기, "우리와 상관없는 일"." 『한겨레』(12월 14일).
　　http://www.hani.co.kr/arti/economy/it/823437.html#csidx929bfcb4c6454
　　eeaea80f9150c373c3 (검색일: 2017.12.23.)
김현아. 2017. "[망중립성]①미국도 한국도 최대 이슈…대선 후보들 차이는 뭘까."
　　『이데일리』(5월 7일). http://www.edaily.co.kr/news/news_detail.asp?newsI
　　d=01708886615926624&mediaCodeNo=257 (검색일: 2017.12.16.)
김현재. 2017a. "트럼프 정부, 실리콘 밸리와의 '표현의 자유' 충돌 비켜가."
　　『연합뉴스』(4월 8일). http://www.yonhapnews.co.kr/bulletin/2017/04/08/0
　　200000000AKR20170408017200091.HTML (검색일: 2017.12.30.)
＿＿＿＿. 2017b. "이민·다양성 충돌 속 트럼프-IT 기업 총수 '2차 테크 서밋'."
　　『연합뉴스』(6월 20일). http://www.yonhapnews.co.kr/bulletin/2017/06/20/
　　0200000000AKR20170620056200091.HTML (검색일: 2017.12.30.)
박근모. 2017a. "클라우드로 재편된 IT 시장 구도 ① 아마존." 『키뉴스』(6월 28일).
　　http://www.kinews.net/news/articleView.html?idxno=108510 (검색일:
　　2017.12.16.)
＿＿＿＿. 2017b. "클라우드로 재편된 IT 시장 구도 ② 마이크로소프트." 『키뉴스』(7월
　　11일). http://www.kinews.net/news/articleView.html?idxno=108978
　　(검색일: 2017.12.16.)
박기록. 2016. "예상못한 '트럼프의 미국'… IT업계, 대응전략 '비상'."
　　『디지털데일리』(11월 9일). http://www.ddaily.co.kr/news/article.html?no
　　=149429 (검색일: 2017.11.30.)
손재권. 2017. "잇단 정책실패 트럼프, IT에서는 '웃음'." 『매일경제』(4월 2일).
　　http://news.mk.co.kr/newsRead.php?no=222968&year=2017 (검색일:
　　2017.12.30).
정미하. 2017. "팀 쿡, 트럼프와 또 각세우기 들어가…"애플 내 '드리머' 편에 서겠다"."
　　『IT조선』(9월 4일). http://it.chosun.com/news/article.html?no=2839579
　　(검색일: 2017.12.21.)
정종문. 2016. "트럼프, 앙숙 IT기업 CEO와 만나 "여러분 도울 것"." 『중앙일보』(12월
　　15일). http://news.joins.com/article/21007541 (검색일: 2017.12.17.)
최계영. 2016. "4차 산업혁명 시대의 변화상과 정책 시사점." 『KISDI Premium

Report』16(4), 1-37.

하원규·최남희. 2015. 『제4차 산업혁명』. 서울: 콘텐츠하다.

한국과학기술기획평가원. 2017. "트럼프 공세에 글로벌 IT 기업 미국 투자 잇달아." http://www.now.go.kr/ur/poliTrnd/UrPoliTrndSelect.do?poliTrndId=TRN D0000000000030786&pageIndex=1&screenType=V&hitsType=N&pageT ype=&searchPoliTrndTitle=&searchNatNm= (검색일: 2017.11.27.)

한태식·임채경. 2017. "[하노버 메세 르포] 인더스트리 4.0 헤게모니를 선점하라!… 현장에서 만난 美·獨의 치열한 경쟁과 협력." http://blog.naver.com/ businessinsight/220993313997 (검색일: 2017.12.05.)

허완. 2017. "미국 FCC가 끝내 '망중립성 규제'를 폐지했다. '자유로운 인터넷'을 죽였다."『허핑턴포스트코리아』(12월 15일). http://www.huffingtonpost.kr/ 2017/12/15/story_n_18823798.html (검색일: 2017.12.30.)

허재경. 2017. "트럼프 대통령 vs 실리콘밸리 CEO, 깊어지는 대립각."『한국일보』(9월 5일). http://www.hankookilbo.com/v/5c69ac1069d2418c901735195f91b 6e9 (검색일: 2017.12.30.)

Thibodeau, Patrick. 2016. "트럼프의 다음 표적은 애플···"해외 공장 미국으로 옮겨야"."『Cio Korea』(1월 20일). http://www.ciokorea.com/news/28195 (검색일: 2017.12.06.)

AMNPO(Advanced Manufacturing National Program Office). 2011. "Reports." https://www.manufacturing.gov/news-2/news/reports/ (검색일: 2017.12. 27.)

Brynjolfsson, Erik., McAfee, Andrew., Spence, Michael. 2014. "New World Order: Labor, Capital, and Ideas in the Power Law Economy." *Foreign Affairs* 93(3): 44-53.

Cavoukian, Ann. 2014. "Data Minding: A Response to "Privacy Pragmatism"." *Foreign Affairs* 93(5): 175-176.

Colin, Nicolas and Bruno Palier. 2015. "The Next Safety Net." *Foreign Affairs*. Vol. 94, No. 4, 29-33.

Cukier, Kenneth., and Mayer-Schoenberger, Viktor. 2013. "The Rise of Big Data: How It's Changing the Way We Think About the World." *Foreign Affairs* 92(3): 28-40.

Grenoble, Ryan. 2017. "FCC Repeals Title II Net Neutrality Protections Amid Uproar." *Huffingtonpost*(December 14) https://www.huffingtonpost.com/ entry/net-neutrality-rules-repealed_us_5a31a282e4b01bdd7659c5c4 (검색일: 2017.12.30.)

Hardy, Quentin. 2014. "Consortium Wants Standards for 'Internet of Things'." https://bits.blogs.nytimes.com/2014/03/27/consortium-wants-standards- for-internet-of-things/?_php=true&_type=blogs&_php=true&_type=blog

s&_r=2 (검색일: 2017.12.16.)

Industrial Internet Consortium. 2017. "Why We Build Testbeds: First Results." https://www.iiconsortium.org/pdf/Why_we_build_testbeds-first_results_091917.pdf (검색일: 2017.12.31.)

Industrial Internet Consortium. n.d. "Collaboration for Interoperability." http://www.iiconsortium.org/iic-and-i40.htm (검색일: 2017.12.05.)

Industrial Internet Consortium. n.d. "Overview." http://www.iiconsortium.org/working-committees.htm (검색일: 2017.11.25.)

Industrial Internet Consortium. n.d. "Testbeds." https://www.iiconsortium.org/test-beds.htm (검색일: 2017.12.10.)

Manufacturing USA. n.d. "Program Details." https://www.manufacturingusa.com/pages/program-details (검색일: 2017.11.30.)

Mazzucato, Mariana. 2015. "The Innovative State: Governments Should Make Markets, Not Just Fix Them." *Foreign Affairs* 94(1): 61-69.

McCabe, David. 2017. "Facebook's record lobbying quarter to start 2017." https://www.axios.com/facebooks-record-lobbying-quarter-to-start-2017-1513301744-04adaf56-367d-4cc7-b2bf-ba414ec9ab4e.html (검색일: 2017.12.05.)

Mezue, Bryan C., Christensen, Clayton M., Beveret, Derek van. 2015. "The Power of Market Creation: How Innovation Can Spur Development." *Foreign Affairs* 94(1): 69-76.

Mundie, Craig. 2014. "Privacy Pragmatism: Focus on Data Use, Not Data Collection." *Foreign Affairs* 93(2): 28-39.

Neidig, Harper. 2017. "Amazon spends $3.4M on lobbying in record quarter." *The Hill*(October 20) http://thehill.com/policy/technology/356472-amazon-spends-34-million-on-lobbying-in-record-quarter (검색일: 2017.12.16.)

Platform Industrie 4.0. 2017. "A Global Industry First: Plattform Industrie 4.0 and Industrial Internet Consortium to Host Joint IIoT Security Demonstration at Hannover Messe 2017." http://www.plattform-i40.de/I40/Redaktion/EN/News/Actual/2017/2017-04-24-IIoT-HMI.html (검색일: 2017.12.31.)

Rifkin, Jeremy. 2014. The Zero Marginal Cost Society: The Internet of Things, The Collaborative Commons, and The Eclipse of Capitalism. New York: Palgrave Macmillan.

Romm, Tony. 2017. "Apple, Amazon and Google spent record sums to lobby Trump earlier this summer." *Record*(July 21) https://www.recode.net/2017/7/21/16008504/apple-amazon-google-record-lobby-trump-immigration-science-privacy (검색일: 2017.12.26.)

Rossignol, Joe. 2017. "Apple has spent record $2.2 million lobbying Trump

administration over past three months." *Macdailynews*(July 21) http://
macdailynews.com/2017/07/21/apple-has-spent-record-2-2-million-
lobbying-trump-administration-over-past-three-months/ (검색일: 2017.12.
16.)

Schwab, Klaus. 2015. "The Fourth Industrial Revolution: What It Means and
How to Respond." *Foreign Affairs*. Dec. 12.

Schwab, Klaus. 2016. *The Fourth Industrial Revolution*. Geneva, Switzerland:
World Economic Forum.

The White House (Office of the Press Secretary). 2011. "President Obama
Launches Advanced Manufacturing Partnership." http://www.whitehouse.
gov/the-press-office/2011/06/24/president-obama-launches-advanced-
manufacturing-partnership (검색일: 2017.12.17.)

U.S. Government Publishing Office. 2014. "One Hundred Thirteenth Congress
of the United States of America." https://www.gpo.gov/fdsys/pkg/BILLS-
113hr83enr/pdf/BILLS-113hr83enr.pdf (검색일: 2017. 11. 24)

Wolf, Martin. 2015. "The Fourth Industrial Revolution: What It Means and How
to Respond." *Foreign Affairs* 94(4): 15-22.

高野 敦. 2016. "スマート化を推進するインダストリー4.0とIICが連携強化."
『日経テクノロジーオンライン』(3月23日) http://techon.nikkeibp.co.jp/atcl/
news/16/032201192/?rt=nocnt (검색일: 2017.11.24.)

필자 소개

유인태 In Tae Yoo

전북대학교 국제인문학부 (The School of International Studies, Chonbuk National University) 조교수
연세대학교 정치외교학과 졸업, 사우스 캐롤라이나 대학교 정치학 박사

논저 "New Wine into Old Wineskins? Regime Diffusion by the Powerful from International Trade into Cyberspace."
"글로벌 인터넷 주소자원 거버넌스의 변천: IANA 관리체제 전환을 통한 다중이해당사자원칙의 재확립."

이메일 ityoo@jbnu.ac.kr

4차 산업혁명과 일본의 국가전략

The Fourth Industrial Revolution and Japan's National
Strategy

이승주 | 중앙대학교 국제정치학과 교수

일본은 비록 독일에 비해 늦기는 하였으나 4차 산업혁명에 대하여 국가 차원의 전략적 대응책을 수립하기 위해 다각적인 노력을 하고 있다. 일본 정부가 '신산업구조 비전'(新産業構造ビジョン)이나 '일본재흥전략'(日本再興戦略)에서 4차 산업혁명을 공식적으로 언급하고 있을 뿐 아니라 그 활용 방안을 모색하고 있다는 점에서 4차 산업혁명에 대한 일본의 대응이 개별 부처 차원이 아니라 범정부 차원에서 이루어지고 있다는 점을 알 수 있다. 이 글은 일본 정부가 4차 산업혁명을 위한 국가 전략을 추구하는 동기를 네 가지 차원에서 이해한다. 첫째, 일본이 4차 산업혁명을 위한 국가 전략에 적극성을 보이는 이유는 일차적으로 4차 산업혁명으로 인해 초래될 기술적·산업적 파급 효과가 광범위하게 확산될 것이라는 시대적 추세에 대한 대응이라고 할 수 있다. 둘째, 일본 정부는 아베노믹스에서 나타나듯이 장기간 침체에 빠진 일본 경제의 구조개혁을 추진하고 새로운 성장 동력을 발굴해야 하는 난제를 해결하기 위한 수단으로서 4차 산업혁명을 긴밀하게 활용하는 모습을 보이고 있다. 셋째, 일본 정부는 일본재흥전략을 추진하는 과정에서 산업구조의 변화를 추진해왔는데, 4차 산업혁명은 일본 정부의 이러한 노력을 촉진하는 새로운 계기를 제공한다. 넷째, 일본의 경제 회복을 위해서는 인구구조의 변화 및 사회환경의 변화에 대한 정확한 이해와 인식에 기반한 정책의 수립이 요구되는데, 사물인터넷, 로봇, 빅데이터 등을 활용한 기술혁신의 활용은 이러한 목표에 부합한다는 판단이다.

Although it was retarded, Japan is making a multifaceted effort to promote national strategies in adapting to the Fourth Industrial Revolution. As demonstrated in "New Industrial Structure Vision" and the "Japan Reconstruction Strategy," Japan takes a whole-ofgovernment approach in pursuing the national strategy of the Fourth Industrial Revolution, departing away from the compartmentalized approach implemented at the level of individual ministries. The main features of the Japanese strategy are as follows: first, the Japanese government has tightly linked the national strategy of the Fourth Industrial Revolution to Abenomics because it saw the strategy was a useful means to increase the vitality of the Japanese economy. Second, the Japanese government sought to take advantage of the strategy to address Japanese social problems such as demographic change, labor shortage, and environmental change.

KEYWORDS 일본 Japan, 4차 산업혁명 The Fourth Industrial Revolution, 아베노믹스 Abenomics, 신산업구조비전 New Industrial Structure, Society 5.0

I 서론

일본은 비록 독일에 비해 늦기는 하였으나 4차 산업혁명에 대하여 국가 차원의 전략적 대응책을 수립하기 위해 다각적인 노력을 하고 있다. 일본 정부가 '신산업구조 비전'(新産業構造ビジョン)이나 '일본재흥전략'(日本再興戦略)에서 4차 산업혁명을 공식적으로 언급하고 있을 뿐 아니라 그 활용 방안을 모색하고 있다는 점에서 4차 산업혁명에 대한 일본의 대응이 개별 부처 차원이 아니라 범정부 차원에서 이루어지고 있다는 점을 알 수 있다. 일본 정부가 2015년 6월 '일본재흥전략 2015: 미래에의 투자와 생산성'(『日本再興戦略』改訂 2015−未来への投資·生産性革命−)에서 4차 산업혁명을 일본의 개혁을 촉진하는 도전으로 명시한 것이 대표적 사례이다(日本経済再生本部 2015, 10). 이후 4차 산업혁명을 명시적으로 사용하는 일본 정부의 주요 문건만 보더라도 매우 다양하다. 2016년 일본경제재생본부는 '일본재흥전략 2016: 제4차 산업혁명을 향하여'(日本再興戦略 2016−第4次産業革命に向けて−)를 발표하였고, 같은 해 경제산업성 산업구조심의회 역시 '산업구조 비전: 제4차 산업혁명을 선도하는 일본의 전략'(「新産業構造ビジョン」−第4次産業革命をリードする日本の戦略−)을 발표하였다.

뿐만 아니라 2015년 경제산업성 제조산업국은 로봇혁명실현회의를 구성하여 '로봇신전략'(ロボット新戦略−ビジョン·戦略·アクションプラン−)을 별도로 작성하는 등 제조업에 초점을 맞춘 대응 전략을 수립하기도 하였다. 또한 2016년 내각부 종합과학기술·이노베이션회의는 '제5기 과학기술기본계획'을 통해 'Society 5.0' 개념을

제시함으로써, 일본이 4차 산업혁명을 기술적·산업적 차원의 대응을 넘어 사회 시스템의 근본적 변화의 필요성을 제기하였다.

　이처럼 일본 정부는 4차 산업혁명 시대에 대응하기 위한 국가 전략을 수립·실행하기 위해 다각적인 노력을 기울이고 있다. 이 글은 일본 정부가 4차 산업혁명을 위한 국가 전략을 추구하는 동기를 네 가지 차원에서 이해한다. 첫째, 일본이 4차 산업혁명을 위한 국가 전략에 적극성을 보이는 이유는 일차적으로 4차 산업혁명으로 인해 초래될 기술적·산업적 파급 효과가 광범위하게 확산될 것이라는 시대적 추세에 대한 대응이라고 할 수 있다. 둘째, 일본 정부는 아베노믹스에서 나타나듯이 장기간 침체에 빠진 일본 경제의 구조개혁을 추진하고 새로운 성장 동력을 발굴해야 하는 난제를 해결하기 위한 수단으로서 4차 산업혁명을 긴밀하게 활용하는 모습을 보이고 있다. 셋째, 일본 정부는 일본재흥전략을 추진하는 과정에서 산업구조의 변화를 추진해왔는데, 4차 산업혁명은 일본 정부의 이러한 노력을 촉진하는 새로운 계기를 제공한다. 넷째, 일본의 경제 회복을 위해서는 인구구조의 변화 및 사회환경의 변화에 대한 정확한 이해와 인식에 기반한 정책의 수립이 요구되는데, 사물인터넷, 로봇, 빅데이터 등을 활용한 기술혁신의 활용은 이러한 목표에 부합한다는 판단이다.

　이 글은 다음과 같이 구성된다. 2절에서는 4차 산업혁명에 대한 일본의 대응을 검토하기 위한 선행 작업으로서 4차 산업혁명에 대한 기본 인식을 고찰한다. 또한 일본 정부가 4차 산업혁명을 위한 국가 전략을 수립·실행하는 정책적 배경이 되는 아베노믹스와 일본재흥전략을 검토한다. 3절에서는 일본의 4차 산업혁명 국가 전략을 산업구조의 개혁이라는 맥락에서 검토한다. 여기에서는 일본 정부가 4차 산업혁명을 활용하여 산업구조의 개혁을 단계적으로 추진하는 과정을 중점적으로 파악한다. 4절에서는 일본 정부가 4차 산업혁명을 산업적 차원을 넘어 사회 시스템 개혁에 활용하는 전략을 검토한다. 출산율 저하 및 초고령화 등 급격한 사회환경의 변화가 경제성장의 장애 요인이 된다는 전통적 인식에서 벗어나, 4차 산업혁명을 활용하여 사회적 변화에 능동적으로 대처하는 일본 정부의 전략적 변화를 고찰한다. 마지막으로 결론에서는 4차 산업혁명 국가 전략에 나타난 일본의 특징과 정책적 시사점을 논의한다.

II 4차 산업혁명에 대한 대응의 기본 방향과 정책적 배경

1. 기본 인식

일본 정부는 4차 산업혁명시대에는 제품의 제조만으로는 생존하기 어렵기 때문에 '제조＋기업'(ものづくり＋(プラス)企業)이 요구된다는 점에서 기초하여 제조업 변화의 기본 방향을 제시한다. 사물이 다른 사물, 서비스, 정보와 결합되어 부가가치를 높이는 '서비스 솔루션'(サービス·ソリューション)이 4차 산업혁명시대 기업의 차별화 요소이다. 이러한 변화에 직면한 기업들은 기술혁신에 기반하여 '사물의 소유'(モノの所有)에서 '기능의 이용'(機能の利用)으로 변화를 지향해야 한다는 것이다. 또한 일본 정부는 일본의 강점을 유지하는 가운데 인력 부족과 복원력(レジリエンス)을 강화하는 정책을

추진해야 할 필요가 있다는 점을 강조한다(経済産業省·厚生労働省·文部科学省 2017).

일본 정부는 현재 일본뿐 아니라 세계 대다수 국가들이 직면하고 있는 문제로 저출산, 지방 경제, 공동체의 피폐, 에너지, 환경 제약, 식량 문제, 수질 문제를 지적한다(経済産業省 産業構造審議会 新産業構造部会 事務局 2017). 아베 정부는 이 가운데 인구 감소, 산업경쟁력의 약화, 환경 제약을 일본이 직면한 심각한 문제로 인식하고 이를 해결하기 위해 개인과 기업들이 4차 산업혁명에서 파생된 기술 변화를 활용할 수 있도록 정책을 수립·실행하고 있다. 아베 정부는 2015년 6월 각의 결정을 통해 4차 산업혁명에 대한 대응의 기본 방향을 기술적 차원이 아닌 산업구조, 더 나아가 사회 시스템의 변화라는 거시적 차원에서 접근하는 한편, 이 과정에서 기업 및 경제계와의 협력을 강화하기 위해 노력하고 있다.

2. 아베노믹스

아베 총리는 2기 집권 이후 일본 경제를 회복하는 주요 수단으로서 아베노믹스를 공표하였다. 잘 알려져 있다시피, 아베노믹스는 확장적 통화정책, 탄력적인 재정정책, 구조개혁 등 이른바 '세 개의 화살'로 구성되었다.[1] 이 가운데 통화정책과 재정정책을 통해 경제 회복을 위한 동력을 유지하는 가운데 구조개혁을 단행함으로써 경제 시스템을 근본적으로 혁신함으로써 경제성장률을 제고하겠다

---

1   아베노믹스에 대한 일본 정부의 개괄적 설명에 대해서는 About Abenomics (2018) 참조. https://www.japan.go.jp/abenomics/index.html

는 것이 아베노믹스의 구상이었다.[2] 재정정책은 2013년 시작되어 총 20.2조 엔이 투입되었는데, 이 가운데 10조 3천억 엔은 정부의 직접 지출이었다. 규모 면에서 두 번째로 큰 대규모 부양책은 주요 인프라 건설에 투입되었고, 2014년 4월 5조 5천억 엔이 추가 투입된 데 이어, 2014년 12월 선거 이후 3조 5천억 엔 부양책이 계속되었다. 그 결과 아베 정부의 예산 적자는 사상 최고 수준에 달했다(McBride and Xu 2017).

한편 일본은행의 자산 구입을 통한 통화정책은 아베노믹스의 핵심이었다. 일본은행은 양적 완화를 통해 대규모 유동성을 공급하는 동시에 이자율을 마이너스로 하락시키는 과감한 조치를 취하였다. 구로다 하루히코 총재는 양적 완화가 시작된 2013년부터 2017년까지 인플레이션이 1%를 밑돌자 6천 6백억 달러 규모에 달하는 자산 매입을 단행하는 2차 양적 완화를 실행하였다. 이 정도 규모의 대량 자산 매입은 세계적으로도 유례가 없는 것으로 일본은행이 보유한 자산 규모는 일본 GDP의 약 70%에 달한다. 미국 연방준비제도이사회와 유럽중앙은행의 GDP 대비 자산 보유 비중이 25% 이하인 점을 감안하면 매우 높은 수준임에는 틀림없다(McBride and Xu 2017). 구로다 총재는 또한 2016년 1월 경제 활성화를 위해 마이너스 이자율을 도입하는 결정을 하였다.

아베노믹스의 세 번째 화살인 구조개혁은 규제 완화, 노동시장과 농업 부문 자유화, 법인세 인하, 노동력 다양성의 증진 등을 통해 일본 경제의 경쟁을 회복시키는 데 목표가 있다. 아베노믹스

---

2   아베노믹스의 성과에 대해서는 アベノミクス 改革の断行(2016) 참조.

의 성패는 궁극적으로 구조개혁에 달려 있다는 견해가 지배적이었다. 2014년 아베 내각이 법인세 인하, 농업 자유화, 노동시장 개혁, 에너지·환경·의료 분야의 규제 혁파를 포함한 광범위한 개혁안을 공표한 것도 이러한 지적의 타당성을 인정했기 때문이었다. 그러나 의욕과는 달리 구조개혁은 TPP가 출범되지 못하는 등의 원인으로 기대했던 대로 진행되지 못하고, 아베노믹스는 통화정책과 재정정책에 의존하는 결과를 초래했다.

아베 정부가 아베노믹스 2.0을 발표한 데는 기존의 아베노믹스가 기대했던 성과를 내지 못한 것이 한 원인이 되었다. 물론 아베노믹스의 성과가 없는 것은 아니다. 아베 정부는 법인세 실효 세율을 37%(2013년)에서 29.97%(2016년)로 인하함으로써 기업의 활력을 제고하는 데 어느 정도 효과를 거두었고, 정치적으로 강력한 영향력을 행사했던 전력, 의료, 농업 분야의 규제 개혁에 착수하기도 하였다. 전력·가스시스템의 경우, 소매시장의 전면 자유화를 시행하는 등 60년 만의 개혁을 과단성 있게 실행에 옮겼다. 농업 부문에서도 JA 全中 등 농업 단체를 개혁하고, 농지뱅크(農地バンク)를 창설하는 등 예전에는 실행하기 어려웠던 개혁 조치들을 속속 도입하였다. 또한 선진적 재생의료(再生医療)의 실용화를 위한 여건 조성을 위해 실용화를 위한 기간 대폭 단축하는 성과를 올리기도 하였다.

아베 정부는 구조개혁의 일환으로 기업지배구조의 개혁에도 착수하여 2,000개 이상의 상장기업에 변경된 기준을 적용하였다. 회사법을 개정하여 사외이사(社外取締役) 선임에 관한 설명 의무를 도입하였고, 그 결과 2016년 도쿄 증시 1부에 상장된 기업 가운데

99%가 사외이사를 선임하였다. 또한 '일본판 스튜어드십 코드'(ス
チュ…ワードシップコード)를 도입하여 214개 기관투자가들이 수탁자
로서 책임을 성실히 수행하도록 하는 한편, 기업 경영진의 의사결
정에 참여할 수 있는 길을 터주었다(スチュワードシップ·コードに関する
有識者検討会 2017). 특히, 2014년 공적연금인 '연금적립금관리운
용독립행정법인'(Government Pension Investment Fund, GPIF)이
스튜어드십 코드를 채택한 것을 계기로 기업지배구조 개선과 주주
환원 정책이 확산되었다.

개혁의 결과 일본의 명목 GDP가 493조 엔에서 549조 엔으
로 증가하였고, 근로자의 수가 190만 명 증가하여 실업률이 4.5%
에서 2.8%로 감소하였다.[3] 기업의 이익 또한 26조 엔 증가하여 사
상 최대인 75조 엔을 기록하였고, 세수 또한 15조 4천억 엔이 증
가하여 57조 7천억 엔에 달하는 성과를 도출하였다("Abenomics is
Progressing" 2018).

아베 정부는 이러한 배경에서 2016년 '아베노믹스 2.0'을 발
표하였다. 일본의 경우 4차 산업혁명이 인구가 감소하는 시기에
진행된다는 점에서 노동력 확보 및 효과적 배치를 위한 정책적 대
응을 다각적으로 모색하고 있다. 그 핵심에는 노동시장 유연성 향
상과 IT 교육 확대가 있다. 아베노믹스 2.0은 2021년까지 일본의
GDP를 600조 엔(약 5조 달러)까지 증대시키고, 출산율을 현재의
1.8명으로 높이며, 현재 인구 약 1억 2천 7백만 명이 1억 명 이하
로 감소하지 않도록 하겠다는 목표를 제시하였다("Will Abenomics

---

3   이 수치는 23년 만에 가장 낮은 수준이다. https://www.japan.go.jp/abenomics/

2.0 Be Enough to 'Bring Japan Back?'"). 일본의 경제활동인구는 지난 10여 년간 6% 감소하였으며, 이러한 추세가 계속될 경우 향후 50년간 노동력의 약 1/3이 감소할 것으로 전망된다. 2015년 9월 아베 총리는 출생률을 높이고 사회보장을 확대하는 데 초점을 맞춘 '아베노믹스 2.0'을 통해 인구 감소 추세를 역전시키기 위한 범정부 차원의 개혁을 가동하였다. 특히, 노동시장 개혁은 여성의 고용률을 현재의 68%에서 2020년 73%까지 향상시키는 것을 목표로 하고 있다. 아베노믹스 2.0이 '위미노믹스'(womenomics)라고 불리는 것은 이 때문이다.[4] 아베 내각은 또한 노동 개혁을 통해 정규직과 비정규직을 구분을 완화하려고 시도하고 있으나, 현재까지는 연장 근무 문화를 개선하는 수준에 그치고 있다(官邸 2017).

아베노믹스 2.0은 이러한 상황을 탈피하기 위해 새롭게 준비되었다. 아베노믹스 2.0의 특징은 기존 아베노믹스가 추진했던 세 개의 화살이 하나로 통합되었다는 데 있다. 이는 확장적 통화정책이 이제까지와 같이 유지될 것임을 시사한다. 아베노믹스 2.0의 두 번째 화살은 육아 지원이다. 그 핵심은 출산율을 기존 1.4에서 1.8로 향상시키겠다는 것이다. 이 역시 목표 달성을 위한 구체적 방안을 제시하지 않고 있다는 점에서 실현 가능성에 의문이 제기되고 있다. 아베노믹스 2.0의 세 번째 화살은 사회보장이다. 이 정책은 간호 때문에 경제활동을 포기하지 않도록 하는 데 초점이 맞추어져 있다. 이는 일본 인구의 상당한 비중을 차지하고 있는 베이비붐 세대가 간호 등의 이유로 경제활동에서 이탈할 경우, 경제에 미치

4   원래 시안에는 2020년 여성이 기업 고위직의 1/3을 차지하도록 계획되었으나, 15%로 조정되었다.

는 영향이 크다는 점을 인식한 데 따른 것이다(Shimizu 2015).

2014년 기준 일본 GDP 491조 엔, 일인당 출산율이 1.4명인 현실을 감안하면 야심차면서도 구체성을 결여한 목표라고 할 수 있다. GDP 600조 엔을 달성하려면 향후 5년간 일본의 연평균 경제성장률이 3%에 달해야 하는데, 최근 5년간 일본의 연평균 경제성장률은 1.7% 수준에 불과하다. 특히 일본은행이 일본의 잠재성장률을 0% 초중반으로 추정한 것을 감안하면 목표가 과도하게 설정되었다는 평가가 지배적이다. 그럼에도 불구하고 아베노믹스 2.0에는 목표 설정만 제시되어 있을 뿐 목표를 어떻게 달성할 것인지에 대한 구체적 방법이 결여되어 있다는 점에서 비판적 평가를 받고 있다. 즉, 아베 정부가 실행한 적극적인 정책들이 경제 하강을 방지하는 데는 긍정적 역할을 하였으나, 장기적 효과를 담보하기에는 미흡하다는 것이다. 예를 들어, 설비투자, 소비 성향 등 민간의 활력이 아직 충분히 회복되었다고 보기는 어렵다. 수요 면에서는 새로운 수요를 창출하는 데 한계를 보이고, 공급 면에서는 생산성 향상의 어려움을 겪고 있다. 구조개혁이 진행되더라도 일본의 잠재 성장률을 상향시키는 데는 한계가 있다는 것이다(Lechevalier and Monfort 2017). 이러한 상황을 극복하기 위해서는 제2단계 성장전략이 필요하며, 그 핵심에는 제4차 산업혁명의 기술사회를 실현할 필요가 있다는 것이다. 잠재수요를 발굴하는 제품과 서비스를 창출하고, 생산성 혁명의 효과를 동시에 기대할 수 있기 때문이다(經濟産業省 産業構造審議会 新産業構造部会 事務局 2017). 아베 정부는 이러한 맥락에서 제5의 성장전략으로 불리는 '미래투자전략'(未来投資戦略)을 수립하였다(內閣官房日本經濟再生總合事務局 2017).

미래투자전략은 단순한 투자 촉진을 위한 전략이라기보다는 아베노믹스와 성장 전략의 성과를 기반으로 일본 사회가 지향해야 하는 방향성을 제시한다는 의미가 있다.[5]

3. 신성장전략과 일본재흥전략

아베 정부는 아베노믹스와 4차 산업혁명을 생산성 향상의 계기로 보고 신성장전략 초안을 발표했다. 아베 총리는 2016년 5월 개최된 제27차 산업경쟁력위원회에서 신성장전략 성공의 핵심은 4차 산업혁명이 될 것임을 분명히 하였다. 아베 총리는 일본이 과거의 성공에 안주하거나 현재의 한계에 직면한다면 향후 다른 국가들과 경쟁하는 데 어려움을 겪게 될 것이라고 경고하였다(Industrial Competitiveness Council 2016). 일본 정부는 아베노믹스 2.0이 목표로 설정한 2021년 GDP 600조 엔을 달성하는 데 필요한 새로운 성장 동력으로 4차 산업혁명을 활용할 것임을 명확히 하고, 2016년 5월 각의 결정을 통해 신성장전략을 채택했다. IoT와 로봇은 개인의 니즈를 충족시킬 수 있는 새로운 사업 기회를 창출하고, 특히 공급체인이 IoT로 연결됨으로써 상품을 적시에 공급하고 불필요한 재고를 최소한의 수준으로 유지하는 등 일본 산업 전반을 혁신하는 데 중요한 계기를 제공할 것으로 기대된다. 일본 기업들이 4차 산업혁명으로 인해 파생되는 기회를 활용하는 데 실패할 경우 해외 기업의 하청기업으로 전락할 가능성이 있기 때문에, 시급한

5   2017년 발간된 '미래투자전략'의 부제가 'Society 5.0의 실현을 향한 개혁'인 데서 일본 정부의 의도가 잘 나타난다(內閣官房日本經濟再生總合事務局 2017).

대응이 필요하다는 것이 일본 정부의 인식이다.

산업정책 차원에서는 특히 인공지능, 빅데이터, 로보틱스를 활용한 보건, 무인자동차를 활용한 교통, 규제 개혁을 통한 핀테크에 우선순위를 부여하고 있다(外務省 2017). 첫째, 일본 정부는 4차 산업혁명을 계기로 개발되고 있는 신기술을 보건 분야에 활용하겠다는 구상을 갖고 있다. 인터넷을 활용한 원격 의료 촉진, 인공지능, IoT, 빅데이터, 로보틱스를 보건 분야에 활용하도록 관련 산업들을 진흥하겠다는 목표이다. 일본 정부가 정책적 우선순위를 부여하고 있는 두 번째 분야는 교통이다. 무인자율주행기술이 가능한 한 조기에 도입되어 활용될 수 있도록 관련 규제를 조속히 개혁하겠다는 것이다. 또한 드론 기술이 해외의 서비스 기업들에 의해 빠르게 활용되고 있는 현실을 고려하여 일본에서도 배달 등에 드론을 활용을 할 수 있도록 규제 개혁을 서두르겠다는 구상을 갖고 있다. 일본 정부는 핀테크 역시 4차 산업혁명에서 파생된 기술을 활용하기에 적합한 분야로 선정하였다. 일본 정부는 특히 금융기관과 핀테크 간 개방적 혁신을 촉진하기 위해 은행법을 개정하기로 하였다. 이밖에도 24시간 은행 간 결제 시스템을 수립하고, 현금 없는 경제를 촉진하기 위해 신용카드 결제 영수증을 디지털화하며, 해외 발급 신용 및 은행 카드로 결제 가능한 현금자동지급기를 확대 보급하는 등의 개혁을 최대한 빨리 실행에 옮기기 위해 노력하고 있다.

한편, 아베 총리는 재집권 직후인 2013년 이후 2017년까지 모두 5차례에 걸쳐 일본재흥전략을 발표하였다. 일본재흥전략은 민주당 정부하에서 수립된 신성장전략(2010)과 일본재생전략(2012)

에 기반하여 아베 정부가 새롭게 수립한 일본의 경제성장 전략을 담은 문서로 매년 발간되고 있다. 일본재흥전략은 아베노믹스의 금융, 재정, 구조개혁을 바탕으로 일본의 경제성장 전략의 기본 방향을 제시한 문서이다. 특히 2016년판은 부제 '제4차 산업혁명을 향하여'에서 알 수 있듯이, 4차 산업혁명에 대한 국가 차원의 대응 과제를 제시하고 있다. 5차 계획인 '일본재흥전략 2017'은 이를 더욱 구체화하였다. 부제가 '산업경쟁력 강화에 관한 실행계획'인 데서 나타나듯이, 보건의료, 운송 혁명, IT 기반의 공급 체인 형성, 안락한 인프라와 도시 개발, 핀테크 등 4차 산업혁명과 밀접하게 연계된 5대 성장 분야를 선정하여 집중적으로 육성할 계획을 갖고 있다. 보건의료 분야의 경우 AI를 활용하여 원격 진료와 처방을 활성화하고, 자율 주행차와 드론 개발을 통해 운송 혁명을 추진한다는 것이다.

III 4차 산업혁명과 산업구조개혁

일본 정부는 2020년까지 4차 산업혁명 관련 시장 규모가 30조 엔에 달할 것으로 전망하고, 이를 활용하기 위한 핵심 과제를 선정했다. 2016년 5월 아베 총리가 제시한 구조개혁의 요점은 다음과 같다. 일본 기업들이 빅데이터를 공유하고 활용하는 데 필요한 플랫폼의 형성을 촉진하고, 혁신을 촉진할 규제 개혁을 선도하며, 4차 산업혁명의 승자가 되기 위해 초등학교에서 컴퓨터 프로그래밍 교육의 의무화, IT 능력 시험 등을 도입하는 등 인력 개발을 위해 노력한다는 것이다.

아베 정부는 이러한 개혁이 성공적으로 수행되어야 GDP 600
조 엔 달성이라는 목표가 실행될 수 있을 것으로 보고 있다. 아베
정부는 일본이 4차 산업혁명을 활용하는 데 이를 진두지휘할 콘트
롤타워로서 민관위원회를 설치할 것으로 알려졌다. 일본 정부는 4
차 산업혁명을 효과적으로 활용하기 위해서는 장기적 미래상을 민
관이 공유하는 중요하다고 보고 있다. 또한 중기 목표를 구체적으
로 설정하고, 목표를 실현하는 데 필요한 모든 요소를 포함한 로드
맵을 작성하는 한편, 단기간에 실행할 수 있는 구체적인 개혁도 추
진한다는 것이다.

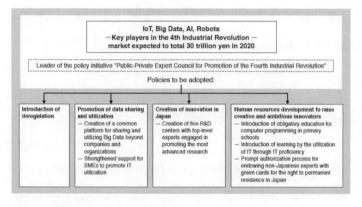

그림 4-1. 일본 정부의 4차 산업혁명 추진 전략
출처: Council of Industrial Competitiveness of Japan.

산업구조심의회는 2015년 4월 4차 산업혁명 관련 산업구조
개편에 대한 중간 점검을 실시하였다(経済産業省 産業構造審議会 新
産業構造部会 2015). 이 위원회는 일본의 인구 감소가 본격화되는

시점에 진입함에 따라 수요와 공급 양 측면의 구조적인 문제에 직면하게 되었다고 보고, 이러한 제약 요인을 타파하지 않으면 경제성장이 정체 상태를 면하기 어려울 것으로 전망하였다. 이를 위해 (1) 새로운 이노베이션에 기반한 생산성 혁명을 통해 잠재성장률의 향상(공급 측면), (2) 이노베이션의 성과를 사회적 필요에 부응하는 새로운 제품 및 서비스로 디자인함으로써 잠재 수요 발굴(수요 측면)을 동시에 추진할 필요가 있다고 지적하였다.

이 위원회는 4차 산업혁명을 주도하기 위해 경제사회 시스템을 개혁하는 것이 일본이 새로운 성장 단계로 이행하는 데 관건이 될 것이라고 보고 있다. 이를 위해 (1) 정보 제약의 극복, (2) 물질적 제약의 극복을 위해 혁신적 제품과 서비스의 창출(수요 측면), 공급 효율성의 향상(공급 측면)의 두 가지 관점에서 산업의 '파괴적 이노베이션'(破壊的なイノベーション)을 통해 새로운 가치가 창출할 필요가 있다는 것이다.

구체적으로 첫째, 대량생산, 획일적 서비스에서 탈피하여 개개인의 필요에 부합하는 맞춤형 생산과 서비스(개별화된 의료, 주문 즉시 생산 의류, 개인 수준별 교육)를 제공한다는 것이다. 둘째, 유휴 자산 및 개인의 니즈를 '낮은 비용'(コストゼロ)으로 연결(Uber, Airbnb 등)한다는 것이다. 셋째, 인공지능에 의한 인식, 제어 기능을 향상시켜 인간의 기능을 보조, 대체(자율 주행, 드론 시공관리, 배송)한다는 것이다. 또한 새로운 조합에 의한 신산업을 발굴하는 것 역시 일본이 4차 산업혁명에 대응하는 핵심 정책 방향 가운데 하나이다. 구체적 사례는 아래와 같다.

- 공통 기반 기술 × 금융기술 × 구매물류 데이터, 금융 데이터 = 거래결제 데이터를 활용한 여신, 로보어드바이저(자산운용) 등
- 공통 기반 기술 × 의약품개발기술 × 건강의료데이터 = 개별화된 의약품, 개별화 건강미용 서비스 등
- 공통 기반 기술 × 바이인포매틱스 × 게놈 편집 × 생물 데이터
- 공통 기반 기술 × 에너지부하 기계제어기술 데이터 = エネルギーデマンドレスポンス

한편, 일본 정부는 4차 산업혁명의 영향이 국가별·산업별로 차별화되어 나타날 것으로 전망하고 있다. 4차 산업혁명의 영향이 미국에서는 자동차 이외의 제조업 분야에서, 독일에서는 자동차산업과 에너지 및 인프라 산업에서 큰 반면, 일본에서는 정보통신산업 분야에서 가장 클 것으로 예상하고 있다(그림 4-2 참조). 이는 4차 산업혁명에 대한 대응에 있어서 세계 모든 국가들이 공통적으로 직면하고 있는 도전도 있지만, 국가별·산업별 맞춤형 전략이 요구된다는 의미이기도 하다.

추진체계와 관련, 경제산업성은 4차 산업혁명 관련 산업정책을 주도하고 있다. 특히 경제산업성은 2015년 4차 산업혁명에 대한 대응 방안을 모색하기 위해 산하에 산업구조심의회에 신산업구조부회를 설치하였다. 신산업구조부회는 4차 산업혁명에 대한 산업적 차원의 대응을 주도하는데 경제산업성은 신산업구조부회의 간사로서 핵심적인 역할을 수행하고 있다. 신산업구조부회는 다양

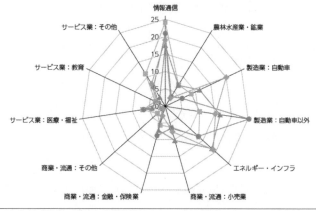

그림 4-2. 4차 산업혁명의 산업별 영향

출처: 總務省(2017).

한 정부 부처들이 유기적으로 협력할 수 있는 장으로서 역할을 한다. 이러한 제도적 틀을 바탕으로 경제산업성은 '일본의 전략: '미래를 향한 경제사회 시스템의 재설계'를 발표하였다(METI 2016). 이 계획에는 다음의 내용이 포함되어 있다. 데이터 이용활용 촉진을 위한 환경 정비, 인재 육성·획득, 고용 시스템의 유연성 향상, 이노베이션·기술개발의 가속화(Society 5.0), 금융 기능의 강화, 산업구조·취업구조 전환의 원활화, 중소기업, 지역경제로 제4차 산업혁명 파급, 제4차 산업혁명을 향한 경제사회 시스템의 고도화. 다만, 4차 산업혁명이 제조업에만 국한된 것이 아니기 때문에, 범부처적 협력을 필요로 하는 경우가 많다. 이러한 현실을 감안하여 일본 정부는 내각부를 통한 정책 환류가 가능한 체제를 갖추고 있다. 구체적으로 4차 산업혁명 관련 정책을 전반적으로 조정하기 위해 총리 산하에 미래투자회의를 설치하였다.

IV 4차 산업혁명과 사회 시스템 개혁

1. 초스마트사회의 실현

4차 산업혁명과 관련한 일본의 국가 전략은 IoT, 빅데이터, 인공지능, 로보틱스 등 관련 산업의 발전과 사회 시스템 전반의 개혁을 위한 산업구조 개편이라는 두 가지 축으로 구성된다. 일본 정부는 이와 관련 2017년 일본이 '초스마트사회'(超スマート社会)로 진입하기 위한 비전인 'Society 5.0' 계획을 발표하였다. 초스마트사회란 '필요한 물건, 서비스, 사람을 필요한 때 필요한 것만을 제공하여 사회의 다양한 니즈(needs)에 세밀하게 대응함으로써 삶의 질을 높이고… 더 나아가 연령, 성별, 지역, 언어에 구애받지 않고 쾌적한 삶을 영위할 수 있는 사회'를 말한다(第5期科学技術基本計画). 일본 정부는 초스마트사회를 실현하기 위해 과학기술혁신을 통한 생산성 향상이 필수적이라는 인식에 기반하여 일본이 직면하고 있는 산적한 사회문제를 해결해 나간다는 구상이다.

일본 정부는 Society 5.0의 실현을 위해 4차 산업혁명을 통해 혁신을 촉진한다는 정책 목표를 제시하였다(外務省 2017). 이 계획은 산업과 기술의 두 가지 측면에서 접근하고 있다(経済産業省 産業構造審議会 新産業構造部会 事務局 2017). 산업정책 차원에서 산업 간 연계성을 제고함으로써 새로운 산업구조의 형성을 위한 비전(新産業構造ビジョン)을 제시하였다. 이를 위해 특히 일본이 4차 산업혁명에 적극적으로 대응하는 데 반드시 해결해야 할 5대 과제를 제시하였다(経済産業省 産業構造審議会 新産業構造部会 事務局 2017).

첫째, 불확실성 시대에 부합하지 않는 경직적인 규제를 개혁하는 것이다. 4차 산업혁명시대에는 새로운 비즈니스와 산업이 출현하게 되는데, 이 분야의 신규 진입을 억제하는 낡은 규제를 혁파하는 데 초점을 맞추고 있다. 또한 일종의 스마트 규제를 통해 새로운 기술 및 비즈니스모델의 시행착오를 최소화하는 규제를 시행하겠다는 계획을 갖고 있다.

둘째, 청년 또는 세계적 인재의 활동을 막는 기존 고용·인재 시스템을 개혁한다. 일본은 학력 중심, 문·이과 장벽, 전공영역 간 칸막이 교육 등 구태의연한 교육 정책과 관행이 답습되고 있다. 고용에서도 종신 고용, 연공서열, 직무내용의 무한정 등 세계화 시대에 부합하지 않는 고용 관행을 유지하고 있다. 일본 정부는 4차 산업혁명시대를 맞이하여 낡은 정책과 관행을 과감하게 개혁하겠다는 구상을 제시하고 있다.

셋째, 세계에 뒤처진 과학기술·이노베이션 역량을 강화한다. 일본 정부는 혁신 역량이 뒤처진 원인을 교육 시스템과 경쟁의 부재에서 찾는다. 혁신의 원천을 제공하는 대학이 정부 지원 자금에 대한 의존도가 높아 재정 기반이 매우 취약하기 때문에 대학 경영진이 혁신 역량 강화를 위해 리더십을 발휘하기 어렵다고 보고 있다. 산업 차원에서도 가치 창조를 촉진하는 경쟁이 결여되어 혁신역량을 획기적으로 개선하기 어려운 실정이다. 이를 개선하기 위해 일본 정부는 외부로부터 건전한 압력(プレッシャー)을 활용할 필요가 있다는 점에 주목한다.

넷째, 미래에 대한 부족한 투자를 증대할 필요가 있다는 것이다. 위에서 언급한 혁신 역량을 제고하기 위해서는 과학기술 예산을 획기적으로 증대할 필요가 있는데, 현재 일본의 실정은 그렇지 못하다. 또한 과학기술 연구의 주체인 교수의 고령화로 젊은 연구자의 부담이 증가하고 있을 뿐 아니라, 계약제 연구원이 증가하는 등 연구의 인적 인프라가 약화되고 있다는 것이다.

다섯째, 새로운 기술 변화의 핵심인 빅데이터 및 인공지능을 사용하기 어려운 환경 역시 일본이 4차 산업혁명시대를 선도하는 데 장애 요인으로 지적된다. 일본이 기술적으로 앞서고 있는 분야가 있으나 폐쇄적 시스템으로 인해 기술의 갈라파고스화가 진행되고 있어, 개방 시스템을 전제로 하는 4차 산업혁명시대의 환경에 부합하지 않는다는 인식이다. 일본 산업이 4차 산업혁명의 현실과 다소 동떨어진 시스템이 형성·유지되고 있는 것은 일본 기업들이 주요 경영 이념 가운데 하나인 '자전주의'(自前主義)에 과도하게 매몰되어 폐쇄적인 기술혁신 및 생산 체제를 고수하는 데서 그 이유를 찾을 수 있다. 또한 데이터 처리 비용이 높아 데이터과학(data science) 프로젝트가 부족하기 때문에 빅데이터를 활용한 연구 및 비즈니스가 활성화되기 어려운 점도 지적된다. 이는 일본 기업들이 외부 데이터와 자료를 활용하는 데 대한 이해도가 낮은 근본적 문제를 초래한다. 일본 정부는 이러한 문제를 극복하기 위해 개방형 기술 확산 체제를 빠른 시간 내에 구축하는 것을 문제 해결의 시작점으로 인식한다.

초스마트사회 구상은 에너지 분야의 IoT에서 이미 추진되고 있다. 일본 정부는 2011년 동일본 대지진 이후 구조적인 에너지 부족 문제를 해결하기 위해 에너지 산업의 혁신을 촉진하기 위한 작업에 착수했다. 원전 중단으로 인해 발생한 전력난에 대처하기 위해 재생에너지 보급의 속도를 높이는 한편, IoT에 기반한 전력망을 확충함으로써 전력 시스템의 효율성을 제고하기 위해 노력하고 있다. 일본 정부는 이러한 계획이 실현될 경우 2024년 전력망과 통신을 결합한 IoT기반의 다양한 에너지 서비스가 가능할 것으로 예상한다. 전력 사용 패턴 분석을 기초로 독거노인에 대한 응급대응 서비스, 택배 서비스의 효율화, 방범 서비스 등이 대표적 사례이다(최해옥 외 2017).[6]

2. Society 5.0

4차 산업혁명에 대응하는 일본의 특징은 생산성 향상 또는 산업경쟁력 강화 등 기술과 산업 차원의 대응에 국한하기보다는 일본이 지향해야 할 사회 변화의 차원에서 접근한다는 점이다. 일본 정부는 4차 산업혁명에 대하여 기술적 또는 산업적 차원의 대응을 하는 데 그치지 않고, 사회 시스템을 변화시키는 수단으로 활용하려는 의도를 갖고 있다. 아베 정부가 2016년 1월 '제5기 과학기술기본계획(2016~2020)'을 통해 'Society 5.0'을 표방한 것도 이 때문이다. Society 5.0은 사이버 공간과 현실 사회가 융합된 초스마트사회를 미래의 사회상으로 상정하고, 이를 실현하기 위해서는 과학기술혁신이 뒷받침되어야 한다는 것이다. Society 5.0은 '필요한

---

6   IoT기반의 초스마트사회 실현을 위한 노력이 기업 차원에서 활발하게 이루어지고 있는데, 도쿄전력과 소니모바일이 제휴하여 진행하는 스마트홈 구축 사업이 대표적이다. 이 사업은 가정에서 사용되는 전자제품을 네트워크로 연결하는 가정에너지관리시스템(Home Energy Management System, HEMS)을 구축하는 사업이다(이지평 외 2017).

제품과 서비스를 필요한 사람에게 필요한 때 필요한 만큼 제공하여, 사회의 다양한 요구에 매끄럽게 대응함으로써 모든 사람이 활기차고 쾌적한 삶을 영위할 수 있는 사회'를 말한다(経済産業省 産業構造審議会 新産業構造部会 事務局 2017). 이런 점 때문에 일각에서는 Society 5.0이 독일이 추진하는 'Industrie 4.0'을 넘어서는 야심찬 구상이라는 평가를 하기도 한다(Granrath 2017).

　　Society 5.0은 지금까지와는 전혀 새로운 사회를 형성하는 것으로 인간 중심의 문제 해결을 핵심 목표로 한다(Harayama 2017). 일본이 Society 5.0으로 나아가는 과정에서 필요한 새로운 비즈니스모델을 창출하는 수단으로 4차 산업혁명을 활용하고자 한다. 구체적으로 대량 정보에 기반한 인공지능이 스스로 사고하여 최적의 행동을 하는 '자율적 최적화'를 가능하게 하는 것이 Society 5.0을 실현하는 데 필수적이라는 것이다(経済産業省 産業構造審議会 新産業構造部会 事務局 2017). 일본 정부는 Society 5.0을 실현하는 데 필요한 준비 기간을 5~10년 정도로 예상하고, 산업뿐 아니라 사회 전반의 변화를 예측하는 가운데 국가 전략을 수립하는 것이 시급한 것으로 보고 있다(이지평 외 2017, 3).

　　4차 산업혁명에 대한 일본 정부의 대응은 정보사회가 Society 5.0로 나아가는 데 필요한 산업들을 진흥하는 데 초점이 맞추어져 있다. 이 산업들을 육성함으로써 다양한 부가가치의 창출이 가능해진다는 것이다. 구체적으로 일본 정부는 기존의 독립적 또는 대립적 관계에 있었던 것들이 융합되어 새로운 비즈니스모델을 창출된다는 점을 강조한다. '사물과 사물,' '인간과 기계/시스템,' '기업과 기업,' '인간과 인간,' '생산과 소비'의 융합을 통해 새로운 비즈니스모델이 다수 출현하고, 이를 기반으로 Society 5.0을 향해 나아간다는 계획이다(그림 4-3 참조). 일본 정부는 산업적 차원에서는 Society 5.0을 실현하기 위해서는 '연계산업'(connected industries)을 육성해야 한다고 인식한다. 연계산업이란 '네트워크화를 통한 부가가치의 창출과 기술력과 현장력을 활성화시키기는 인간 본위의 산업'을 의미한다(経済産業省·厚生労働省·文部科学省 2017). 일본 정부는 이러한 산업의 구축을 위해 정부뿐 아니라, 민간과의 협력틀을 만들어야 한다는 점을 강조한다.

2017년 5월 일본 정부는 Society 5.0의 실현을 위해 필요한 산업 전략인 신산업구조비전을 수립하였다. 신산업구조비전은 4차 산업혁명에 대한 대응의 기본 방향을 설정하는 데 있어서 일본의 강점과 약점을 면밀하게 분석한 결과에 기초하여, 정책의 우선순위를 부여하는 데 목적이 있다. 신산업구조비전이 선정한 전략적

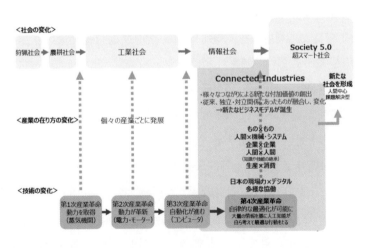

그림 4-3. Society 5.0과 연계된 관련 산업(Connected Industries)
출처: 経済産業省(2017).

추진 분야는 건강 증진, 차세대 이동성(mobility), 스마트 생산·보안·물류·소매·농업, 스마트 생활(주택·에너지·도시) 등이다.

일본의 4차 산업혁명에 대한 대응의 특징 가운데 하나는 데이터의 산업적 활용을 강조한다는 점이다. 이는 그동안 일본이 폐쇄적인 기업 문화와 경영 이념으로 인해 4차 산업혁명시대에 부합하는 사업 환경을 조성하는 데 실패하였다고 보고, 데이터 수집, 취득, 실용화에 이르기까지 데이터를 공유할 수 있는 시스템을 구축하겠다는 목표를 설정하고 있다. 일본 정부는 또한 데이터의 광범위한 활용이 경제성장과 사회문제 해결에 필수적인 것으로 인식한다. 일본 정부는 Society 5.0을 통해 지금까지 상충적인 관계에 있는 것으로 인식되어 왔던 지속적 경제성장과 사회문제 해결이라는 정책 목표를 함께 성취할 수 있을 것으로 예상한다. 일본은 인구구조의 변화, 장기간 경제 침체, 자연재해, 에너지 문제 등 다양한 사회적 문제를 안고 있는데, 이를 단순히 문제가 아닌 과제로 상정하여 이를 해결해나가는 과정에서 새로운 성장 동력을 확충하는 전략을 취하고 있다(최해옥 외 2017).

신산업구조비전은 데이터의 산업적·상업적 활용이 새로운 부가가치를 창출하는 데 있어서 핵심적 역할을 할 것으로 전망하였다. 이와 관련, 일본 정부는 지금까지 오픈 소스 데이터를 통한 가상데이터와 플랫폼을 장악한 글로벌 IT기업들이 성장을 주도한 반면, 4차 산업혁명이 본격화되는 시대에는 개인 또는 기업의 실제 활동을 센서를 통해 수집한 '리얼데이터'(real data)의 수집과 활용이 더욱 중요한 역할을 하게 될 것으로 전망한다(이지평 외 2017). 결국 4차 산업혁명에 대한 대응의 성패는 리얼데이터와 그 플랫폼을 장악하는 능력에 달려 있다고 보는 것이다. 그 핵심에는 기업들이 개별적으로 보유하고 있는 데이터들을 공유·활용하는 시스템을 구축·관리할 수 있는 정도가 매우 중요하다.

일본 기업들은 4차 산업혁명에 대응하는 데 있어서 강점과 약점을 균형 있게 고려한 전략을 수립·실행하고 있다. 예를 들어, 데이터의 광범위한 활용과 관련, 일본 기업들은 두 가지 방향에서 노력을 전개하고 있다. 우선 기술적 차원에서 IoT 기반 네트워크화를 위해서는 센서가 필수적이기 때문에, 일본 기업들은 강점을 갖고 있는 센서 부문을 중심으로 한 시장 지배력을 유지 또는 확대하겠다는 전략을 취하고 있다. 일본 기업들은 센서 부문 세계시장 점유율이 40%를 상회하고 있는데, 이는 제조업과 서비스업의 융합을 선도하는 데 있어서 매우 유리한 요소라고 할 수 있다. 일본 기업들은 또한 기업 간 협력 또는 연합을 통해 4차 산업혁명에 대응하는 자세를 보이고 있다. 일본 기업들이 폐쇄적 기업 문화로 인해 데이터를 공유하는 데 소극적이었기 때문에, 데이터를 다각적으로 활용하는 데 한계가 있었다. 기업들이 내부에 구축한 데이터 이외에 외부 데이터를 활용하는 데 구조적인 문제를 해소하기 위해 일본 기업들은 데이터의 거래를 본격적으로 시도하고 있다. 옴론(Omron), NTT, 도쿄전력을 포함한 100개 기업들이 2020년까지 IoT를 통해 수집된 데이터를 매매할 수 있는 시장을 창설하기로 한 것이 대표적 사례이다(日本經濟新聞 2017.5.23). 데이터 유통시장은 4차 산업혁명을 선도한 독일 등에서도 아직 형성되어 있지 않다는 점을 고려할 때, 일본은 IoT 기반 데이터의 연계를 선도하겠다는 매우 적극적인 접근을 하고 있다(이지평 외 2017). 데이터의 공유와 거래는 일본 정부가 구상하는 초스마트사회의 실현에 필수적이기 때문에 데이터 유통 시장의 형성을 촉진하는 다양한 정책적 지원과 제공하고 있다.

기업들과 마찬가지로 일본 정부는 4차 산업혁명에 대한 대응의 기본 방향을 약점의 극복과 강점의 유지·강화에서 찾고 있다. 구체적으로 기업 간 연합의 구축, 외부 자원을 적극적으로 활용하는 한편, 고객의 요구에 신속하게 대응하고 가치를 최대화할 수 있는 기본틀을 형성함으로써 약점을 극복한다는 것이다. 기존 강점을 유지하기 위해서는 인재 부족과 복원력을 강화할 필요가 있다는 것이다. 이와 같은 균형적 접근을 통해 빠르게 변화하고 있는 경제사회환경에 대한 대처가 가능해진다는 것이다(그림 4-4 참조).

일본 정부는 4차 산업혁명에 대한 대응이 정부 독자적 대응만으로는 한계가 있기 때문에 민간과의 협력이 긴요하다고 판단한다. 구체적으로『일본재흥전략 2016』은 4차 산업혁명에 대한 대응

그림 4-4. 일본의 4차 산업혁명에 대한 대응 전략

출처: 経済産業省·厚生労働省·文部科学省(2017).

의 일환으로 5대 대책을 제시하고 있다. 이 가운데 '관민 전략 프로젝트 10'에서 나타나듯이 대책의 민간과의 협력을 4차 산업혁명에 대한 대응의 기본 방향으로 설정하고 있다. 일본은 이를 위해 로봇혁명이니셔티브 협의회, IoT추진컨소시엄, IVI(Industrial Value-chain Initiative), 인공지능기술전략회의 등을 통해 민관 협력을 활성화기 위해 노력하고 있다.

일본의 대표적인 경제단체인 게이단렌도 일본 정부의 이러한 인식을 공유하고 있다. 게이단렌은 2016년 4월 Society 5.0의 실현을 위해서는 인터넷, 인공지능, 로봇기술을 융합해야 하며, 이를 위해 정부와 경제계가 함께 협력해야 한다는 점을 강조하였다. 기술적 차원에서는 센서, 광양자기술, 첨단계측기술, 소재, 나노기술, 로봇기술, 시스템 통합기술 등 Society 5.0을 실현하는 데 필요한 공통 기반 기술의 혁신에 주력한다는 방침을 갖고 있다. (이지평 외 2017. 3). 다만, 4차 산업혁명에 대한 일본 기업들의 대응은 미국을 포함한 선진국 기업들과 다소 차이가 있다. 우선, 일본의 일반 기업들은 4차 산업혁명에 직면하여 기존 사업을 확대강화하거나 특별한 변화를 시도하지 않고 있다는 비율이 각각 35.7%와 22.5%로 나타났다. 반면, 일본의 IT기업들은 4차 산업혁명에 좀더 적극적으로 대응하는 모습을 보이고 있는데, 기존 업종 내에서 신규 사업이나 새로운 비즈니스모델을 창출하기 위해 노력하거나 전혀 새로운 업종 또는 분야의 신규 사업 또는 새로운 비즈니스모델을 창출하기 위해 노력한다는 비율이 38.8%, 25.1%로 일반 기업에 비해 높게 나타났다. 한편, 독일과 영국 기업의 경우, 기존 업종 또는 분야 내에서 신규 사업 또는 새로운 비즈니스모델을 창출하기 위해 노력하고 있다는 기업의 비율이 각각 45.2%와 48.5%로 일본 IT기업에 비해 높게 나타났다(그림 4-5 참조).

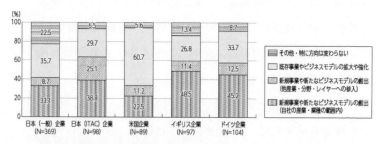

그림 4-5. 4차 산업혁명에 대한 기업의 대응
출처: 總務省(2017).

4차 산업혁명의 성패는 폐쇄적인 시스템을 개방적 시스템으로 전환하는 능력에 달려 있다고 해도 과언이 아니다. 일본의 산업 생산 체제는 기술적 측면에서 세계 최고의 수준이나, 상대적으로 폐쇄적인 시스템을 유지해왔다. 그러나 일본 산업계가 개방적 시스템을 구축하는 데 실패할 경우, 높은 기술 수준에도 불구하고 4차 산업혁명의 파고에 대응하는 데 한계를 가질 수밖에 없다. 일본 정부는 이를 위해 정부 차원에서 '전략적 혁신 증진 프로그램'(Strategic Innovation Promotion Program, SIP)을 운영하고 있다. 이 프로그램은 과학, 기술, 혁신을 위한 국가 프로젝트로서 일본 경제의 회복과 지속가능한 성장을 위해서는 기초과학, 기술, 혁신 정책을 기획·조정하는 필요성이 그 어느 때보다 크다는 인식에 기초한 것이다(内閣部 2017).[7]

7   게이단렌은 또한 개방적 혁신(open innovation)의 중요성을 강조하였다.

V 결론

일본은 4차 산업혁명에 대한 국가 차원의 대응 전략을 수립하고 있다는 점에서 주로 기업 차원의 대응에 주력하고 있는 다른 국가들과 차별성을 보이고 있다. 4차 산업혁명에 대한 일본의 대응 전략은 대체로 세 가지 특징을 보이고 있다. 첫째, 과학기술 분야의 혁신 역량의 제고와 산업적 차원의 대응을 긴밀하게 연계하고 있다. 일본의 부족한 과학기술 인프라를 개선하는 데 정부 차원의 초점이 맞추어져 있다고 한다면, 기업들은 기존의 폐쇄적인 기업 문화를 개선하여 기업 간 연합을 활성화하기 위해 노력하고 있다. 이를 위해 일본은 강점을 유지하고 약점을 보완하는 이원적 접근을 병행하고 있다. 일본 기업의 전통적 강점은 센서 등 부품 산업의 경쟁력과 작업장에서 축적된 기술 또는 노하우를 일컫는 현장력에 있다. 반면, 일본 기업의 약점으로는 의사결정 속도가 상대적으로 느리고, 데이터 축적, 처리, 활용 능력이 제한적이며, IoT 등 최근 기술혁신이 필요로 하는 개방적 시스템을 갖고 있지 못하다는 점이 지적된다. 일본은 강점과 약점에 대한 객관적 분석과 평가를 통해 균형적인 접근을 하기 위해 노력하고 있다.

둘째, 일본은 정부 독자적 노력만으로는 한계가 있다고 보고, 4차 산업혁명에 대응하는 민관 협력을 강화하고 있다. 민관 협력을 활성화하는 데 도움이 되는 협의회 등 제도를 설치하는가 하면, 기업 간 협력을 촉진하는 인프라를 제공하는 것이 여기에 해당한다. 일본 정부는 협의회를 통한 공식적 의사소통뿐 아니라, 게이단렌 등 경제단체와의 상시적인 의사소통에도 많은 노력을 기울이고 있다.

셋째, 일본은 4차 산업혁명에 대한 기술적·산업적 차원에 대한 수세적 대응을 넘어, 4차 산업혁명을 사회 시스템 개혁을 위한 수단으로 활용하려는 목표를 제시하고 있다. 일본은 고령화, 노동력 감소, 경제 침체, 에너지 부족 등 다양한 사회적 문제를 겪고 있는데, 4차 산업혁명을 이러한 사회 문제들을 해결하는 데 활용할 필요성을 강조한다. 일본 정부가 4차 산업혁명에 대한 국가 차원의 대응을 다른 국가들에 비해 이른 시기에 수립한 것도 이와 관련이 있다. 일본 정부는 지속적인 경제성장을 위해 사회 시스템의 개혁이 필수적이라고 보고, 연관산업을 적극 육성함으로써 현재와는 차별화된 사회 시스템을 구축하기 위한 전략을 실행에 옮기고 있다.

그러나 4차 산업혁명에 대한 일본의 대응 전략에 문제가 없는 것은 아니다. 일본 정부가 기본 방향을 수립하고, 민관 협력을 통해 기술적산업적 차원의 대응에 기초한 사회 시스템의 근본적인 변화를 지향하고 있으나, 이를 실현하는 데 필요한 전략의 구체성이 결여되어 있다는 지적이 그것이다. 예를 들어, 4차 산업혁명에 대한 대응을 위한 추진 체계가 갖추어지고 민관협력체제도 어느 정도 구성되었으나, 이는 제도적 틀에 불과할 뿐 전략의 구체적 내용과 실행까지 포함된 것은 아니다. 전략의 실행을 위해서는 정부 예산의 뒷받침이 있어야 하는데, 예산 확보 계획도 구체적으로 수립되어 있지 못하다는 점도 한계로 지적된다.

참고문헌

이지평·류상윤·김혜경. 2017. 『일본의 4차 산업혁명 추진 동향과 Society5.0』. LG경제연구원.

"일본의 4차 산업혁명 대응 실태." 2017. KIET 산업경제.

최해옥·최병삼·김석관. 2017. 『일본의 제4차 산업혁명 대응 정책과 시사점』. 과학기술정책연구원.

한국무역협회 도쿄지부. 2016. 『제4차 산업혁명을 선점하기 위한 일본의 전략 및 시사점』. 한국무역협회.

官邸. 2017. 未来投資戦略 2017: Society 5.0 の実現に向けた改革. https://www.kantei.go.jp/jp/singi/keizaisaisei/pdf/miraitousi2017_t.pdf

経済産業省·厚生労働省·文部科学省. 2017. ものづくり基盤技術の振興施策.

経済産業省 産業構造審議会 新産業構造部会. 2015. 新産業構造ビジョン 中間整理. 4月 27日.

経済産業省 産業構造審議会 新産業構造部会 事務局. 2017. 「新産業構造ビジョン」 一人ひとりの「世界の課題を解決する日本の未来. 5月30日.

経済産業省 製造産業局. 2015. ロボット

総務省. 2017. 第4次産業革命における産業構造分析とIoT·AI等の進展に係る現状及び課題に関する調査研究.

ロボット革命実現会議. 2015. ロボット新戦略ービジョン·戦略·アクションプランー.

アベノミクス 改革の断行ー日本経済の再活性化に向けてー. 2016. http://www.kantei.go.jp/jp/singi/keizaisaisei/pdf/pdf_kaikaku_danko.pdf

スチュワードシップ·コードに関する有識者検討会. 2017. 「責任ある機関投資家」の諸原則 ≪日本版スチュワードシップ·コード≫ー投資と対話を通じて企業の持続的成長を促すためにー.

内閣部. 2017. 戦略的なイノベーション創造プログラム(SIP：エスアイピー): Cross-Ministerial Strategic Innovation Promotion Program. http://www8.cao.go.jp/cstp/gaiyo/sip/

内閣官房日本経済再生総合事務局. 2017. 未来投資戦略 2017: Society 5.0の実現に向けた改革.

外務省. 2017. 2017 Growth Strategy (Japan). www.mofa.go.jp/files/000272312.pdf

日本経済再生本部. 2015. 「日本再興戦略」改訂 2015ー未来への投資·生産性革命ー. 6月 30日.

日本経済再生本部. 2016. 日本再興戦略 2016ー第4次産業革命に向けてー.

日本経済再生本部. 2017. 日本再興戦略 2017ー産業競争力の強化に関する実行計画ー.

"Abenomics is Progressing." 2018. https://www.japan.go.jp/abenomics/

"About Abenomics." 2018. https://www.japan.go.jp/abenomics/index.html

Cabinet Office. 2017. Pioneering the Future: Japanese Science, Technology and
  Innovation: Cross-Ministerial Strategic Innovation Promotion Program.
Granrath, Lorenz. 2017. "Japan's Society 5.0: Going Beyond Industry 4.0."
  Japan Industry News. August 29.
Harayama, Yuko. 2017. "Society 5.0: Aiming for a New Human-centered
  Society." Hitachi Review.
Industrial Competitiveness Council. 2016. January 25. http://japan.kantei.go.jp/
  97_abe/actions/201601/25article1.html
Lechevalier, SÉbastien and Brieuc Monfort. 2017. "Abenomics: has it worked?
  Will it ultimately fail?" *Japan Forum* 29(4): 1-26.
McBride, James and Beina Xu. 2017. "Abenomics and the Japanese Economy."
  Council on Foreign Relations. February 10.
Ministry of Economy, Trade and Industry. 2016. White Paper on International
  Economy and Trade 2016 [Outline].
Shimizu, Isaya. 2015. "Abenomics 2.0: Monetary easing likely to stay amid vague
  promises from prime minister." *Nikkei Asian Review*. September 29.
"Will Abenomics 2.0 Be Enough to 'Bring Japan Back?" Knowledge@Wharton.
  January 13.

필자 소개

이승주 Lee, Seung-Joo

중앙대학교 국제정치학과 (Department of Political Science and International Relations, College of Social Sciences, ChungAng University) 교수
연세대학교 정치외교학과 졸업, 캘리포니아 버클리대 정치학 박사

논저 2017. "불확실성 시대의 국제정치경제: 자유주의 국제질서의 위기?"『국제정치논총』 57(4): 237-271.
2017. "일본 사이버안보 전략의 변화: 사이버 안보의 전통 안보화와 전통 안보의 사이버 안보화."『국가안보와 전략』 17(1): 183-202.
2016. "Institutional Balancing and the Politics of Mega FTAs in East Asia." Asian Survey 56(6): 1055-1077.

이메일 seungjoo@cau.ac.kr

제5장

중국의 4차 산업혁명 담론과 전략, 제도

China's Fourth Industrial Revolution
— Discourse, Strategy, and Institution

차정미 | 연세대학교 통일연구원 전문연구원

* 이 글은 『동서연구』 제30권 1호(2018)에 게재된 논문을 수정보완한 것임.

중국은 한국과 같은 '4차 산업혁명(四次工業革命)' 담론 자체에 대한 관심과 열풍보다는 독일 '인더스트리 4.0(工業 4.0)', '중국제조 2025(中国制造 2025)', '인터넷플러스(互联网＋)', '산업인터넷(工业互联网)', '인공지능(人工智能)' 등 구체적이고 실질적인 정책을 중심으로 4차 산업혁명이 주목받고 있다. 오늘날 중국경제의 핵심화두는 "혁신주도형 성장"이다. 전통적 제조업 중심의 경제구도를 고도화해야 하는 중국에게 4차 산업혁명은 중국이 필요로 했던 국가전략의 전환과 정책적 대안을 구체화하는 데 중요한 자원이 되고 있다.

중국의 4차 산업혁명 담론의 출발은 2007년 중국공산당 17차 당대회에서 제기된 '양화융합(兩化融合)'이다. 양화융합이란 정보화(情報化)와 공업화(工業化)의 결합을 의미한다. 이러한 양화융합 담론은 2015년 〈중국제조 2025〉〈인터넷플러스〉 등이 공표되면서 실천적 정책으로 구체화된다. 2017년 중국공산당 19차 당대회 이후에는 〈산업인터넷〉〈인공지능〉 등 핵심 전략산업 분야의 정책이 구체화되고 있다. 중국의 4차 산업혁명 담론은 단순히 추상적 시대규정과 담론화를 넘어, 정부가 주도하는 명확한 단계별 목표와 전략, 비전과 정책, 그리고 구체적인 실행프로그램으로 구체화되면서 실질적인 경제성과를 내기 위한 실천으로 이어지고 있다.

중국은 신산업혁명과 관련한 기본원칙으로 '시장주도, 정부인도' 원칙을 내세우고 있다. 그러나, 중국의 국가주도형 경제정책, 산업 보호주의가 4차 산업혁명 시대에도 여전히 주요한 경제전략의 특징이 되고 있다. 중국은 4차 산업혁명 시대에도 여전히 당과 정부가 기획하고, 통솔하는 국가주도형 경제발전을 추진해가고 있으며, 자국 기업을 중심으로 4차 산업육성 전략을 전개하는 보호주의적 산업정책을 추진해 가고 있다. 중국에게 새로운 산업혁명 시대의 도래는 21세기 중반 세계 1위의 경제대국으로의 부상, 중화민족의 위대한 부흥을 꿈꾸는 중국에게 있어 중대한 전략적 기회로 인식된다. 중국에게 과거 수차례의 산업혁명은 암흑의 역사였다. 중국이 스스로 강조하듯 1차 산업혁명과 2차 산업혁명 시기를 중국은 '잃어버린 시대'라고 이야기한다. 이 시기 서구가 경험했던 산업혁명과 이를 통해 성취한 경제발전이 중국에게는 없었다는 것이다. 그리고 그것이 제국주의의 침입을 받은 중국의 치욕적 역사와 경제적 낙후를 초래하였다고 인식한다. 따라서 중국에게 '4차 산업혁명 시기'의 발전은 절대 서구에 뒤쳐져서는 안 되는 생존의 문제이면서, 동시에 건국 100주년인 2049년을 목표로 세계 1위의 대국이 되겠다는 '중국의 꿈'을 실현하는 데에도 반드시 실현시켜야 하는 과제인 것이다.

As for fourth industrial revolution, China has paid more attention to the concrete policies like Germany's "Industry 4.0", "China's Manufacturing 2025" "Internet Plus" and "Artificial Intelligence" than excitement over abstract concept, "Fourth Industrial Revolution." The key topic of the Chinese economy today is "innovation-driven growth." The fourth industrial revolution has been a major source of the shift in China's national strategy and policy options it needed to solidify its traditional manufacturer-oriented economic structure.

The starting point for China's discourse on the fourth industrial revolution is the "Two Fusion(LiangHwa-RongHe)" proposed by the 17th Communist Party Convention of China in 2007. 'Lianghwa RongHe' means the combination of informationization and industrialization. This discourse was made into a practical policy after the announcement of "Made in China 2025" and "Internet Plus" in

2015. Since the 19th Communist Party Convention of China in 2017, policies in key strategic industries such as 'industrial Internet' and 'AI(artificial intelligence)' have become concrete. China's fourth industrial revolution discourse is not just abstract discourse, but rather sets into concrete step-up goals and strategies, visions and policies, and practical implementation programs led by the government.

As a basic principle related to the fourth Industrial Revolution, China is using the principle of "market initiative and government leadership." However, China's state-driven economic policies and industrial protectionism still form the characteristics of major economic strategies during the fourth industrial revolution. In the era of the fourth industrial revolution, China is still pushing for government-led economic development, which is planned and directed by the Communist party, and is pushing for a strategy to nurture its own industries based on its own businesses. The advent of the new industrial revolution in China is seen as a major strategic opportunity for China, which hopes to become the world's largest economy in the mid-21th century, and to revive the great Chinese people. For China, the past few industrial revolutions have been a dark history. As China emphasizes on its own, it refers to the period of the first and second industrial revolution as the "lost era." The industrial revolution the West experienced during this period and the economic development it achieved were not found in China. And it is recognized that it has caused a humiliating history and economic decline in China, which was invaded by imperialism. For China, therefore, the development of the "Fourth Industrial Revolution Era" is a matter of survival that must never be surpassed by the West, while making China's dream come true that it will be the most powerful country in 2049, its 100th anniversary.

KEYWORDS 4차 산업혁명 the Fourth Industrial Revolution, 중국 China, 양화융합(兩化融合), 중국제조(中國製造) 2025 China Manufacturing 2025, 인터넷플러스(互联网＋) Internet Plus

I 서론

최근 중국 경제 상황을 규정하는 새로운 담론은 '신창타이(New Normal, 新常態)'[1]이다. 중국 경제는 이제 1978년 개혁개방 이래 10% 내외의 고도 성장률을 기록하던 과거 30년에서 벗어나 6~7%의 중고 성장률이 지속되는 새로운 상황에 직면하고 있다는 것이다. 중국의 성장률은 2010년 이래 지속 하락하면서 2015년 6.9%로 25년 만의 최저성장률을 기록했고(马化腾 2016, 40), 2016년 6.7%, 2017년 6.9%로 2015년 이후 6%대 성장률이 지속되고 있다. 이러한 상황에서 지난 30여 년간 '세계의 공장'으로서 고도 성장을 지속해 온 중국에게 산업구조의 혁신은 오늘날 가장 중요한 경제 화두가 되고 있다. 중국 경제의 과거 패러다임이 노동임금의 상승, 자원 소비증대, 환경오염 등의 한계로 인해 유지되기 어려워지면서 중국 정부는 중국의 제조업이 업그레이드되고, 고부가가치 산업으로 전환되어야 할 필요성을 절감하고 있는 것이다(Kuan et al. 2017, 5-6). 중국 시진핑 주석은 2014년 11월 9일 APEC 연설에서 중국 경제의 신창타이 특징을 3가지로 제시하였다. 첫째는 '속도'로, 경제성장률이 과거 고속성장에서 중고속 성장률로 전환되었다는 것이다. 둘째는 '구조'로, 경제구조가 고도화되고 있다는 것이다. 셋째는 '성장 동력'의 변화로, 과거 요소 주도

---

1   중국 경제의 "새로운 상태"를 개념화한 것으로, 시진핑(習近平) 주석이 2014년 5월 허난(河南) 방문 때 최초로 제기하면서 보편화되었다(人民日報 2014.09.08). http://finance.people.com.cn/n/2014/0808/c1004-25430853.html (검색일: 2018.01.01.)

와 투자 주도에서 혁신 주도로 변화하고 있다는 것이다.[2]

2015년 5월 중국 정부는 이러한 중국 경제의 문제인식을 반영하여 전통적 제조업 중심의 경제구조를 고도화하는 산업혁신의 비전과 정책을 종합한 '중국제조 2025(中國制造 2025)'와 '인터넷플러스(互联网+)' 정책을 공표하였다. 새로운 경제상황에 직면한 중국에게 4차 산업혁명의 화두는 이렇듯 중국이 필요로 했던 국가전략의 전환과 정책적 대안을 구체화하는 데 중요한 자원이 되었다. 한국과 같은 '4차 산업혁명(四次工业革命)' 담론 자체에 대한 관심과 열풍을 중국에서 찾아보기는 어려우나, 독일 '인더스트리 4.0(工业 4.0)', '중국제조 2025', '산업인터넷(工业互联网)', '인공지능(人工智能)' 등 구체적이고 실질적인 정책을 중심으로 4차 산업혁명이 주목받고 있다. 산업구조의 변화가 필요한 시점에 혁신의 방향과 방법, 미래 경제발전의 모델을 제공했다는 차원에서 4차 산업혁명의 파고는 중국의 국가전략과 경제사회의 변화에도 큰 영향을 미치고 있다고 하겠다.

그렇다면 중국의 4차 산업혁명의 담론과 전략, 그리고 제도들은 어떻게 전개되고 있는가? 4차 산업혁명이라는 담론이 그리 오래지 않은 데다 중국 정부가 4차 산업혁명이라는 담론으로 산업전략과 정책을 부각시키고 있지 않기 때문에 상대적으로 중국의 전략을 비교하거나 분석하는 데 한계가 존재한다. 따라서, '중국제조 2025'와 '인터넷플러스'를 별도로 분석하는 연구들이 존재할 뿐 중국의 4차 산업혁명의 담론과 전략을 종합적으로 분석한 기

---

2   新华网(2014.11.09). "习近平首次系统阐述'新常态'." http://news.xinhuanet.com/world/2014-11/09/c_1113175964.htm (검색일: 2018.01.01.)

존 연구는 취약한 현실이다. 중국의 4차 산업혁명과 관련한 기존의 연구들은 대체로 '중국제조 2025(made in China 2025)'가 독일의 '인더스트리 4.0'을 본떠 설계한 '중국판 인더스트리 4.0'이라고 규정하고 내용을 소개한 정도에 불과하다(Jin 2015; Kuan et al. 2017; Zhang et al. 2016; 최해옥 2016). 실제 중국은 '4차 산업혁명'이라는 추상적 담론보다는 독일의 'industry 4.0(工业4.0)' 미국의 'industrial internet(工业互联网)'이라는 개념을 분석하면서 중국 경제구조의 전환에 필요한 구체인 국가전략과 비전, 정책들을 새로운 산업혁명 시대의 틀과 연계하여 추진해가고 있다. 2017년 19차 당대회 이후에는 〈인터넷＋선진제조업(互联网＋先进制造业)〉 구상을 발표하면서 2050년까지 중국이 제조강국, 인터넷강국이 되기 위한 단계별 로드맵을 제시하였다.

이 글은 실제 4차 산업혁명이라는 글로벌 화두에 대해 갖는 중국 인식의 특징, 그러한 인식을 배경으로 한 중국만의 담론과 전략, 그리고 정책 거버넌스 등 중국이 4차 산업혁명 시대를 맞이하여 어떻게 전략과 체제를 만들어 가고 있는지를 종합적으로 고찰하고 소개하는 데 목적을 둔다. 새로운 산업혁명 시대의 도래는 21세기 중반 세계 1위의 경제대국으로의 부상, 중화민족의 위대한 부흥을 꿈꾸는 중국에게 있어 중대한 전략적 기회로 인식된다. 중국에게 과거 수차례의 산업혁명은 암흑의 역사였다. 중국이 스스로 강조하듯 1차 산업혁명과 2차 산업혁명 시기를 중국은 '잃어버린 시대'라고 이야기한다. 이 시기 서구가 경험했던 산업혁명과 이를 통해 성취한 경제발전이 중국에게는 없었다는 것이다. 그리고 그것이 제국주의의 침입을 받은 중국의 치욕적 역사와 경제적 낙후를 초래하였다고 인식한다. 따라서 중국에게 '4차 산업혁명 시기'의 발전은 절대 서구에 뒤처져서는 안 되는 생존의 문제이면서, 동시에 건국 100주년인 2049년을 목표로 세계 1위의 대국이 되겠다는 '중국의 꿈'을 실현하는 데에도 반드시 실현시켜야 하는 과제인 것이다.

II 4차 산업혁명에 대한 중국의 인식

중국은 1978년 개혁개방 이래 고도성장의 핵심 기반이었던 '세계공장'으로서의 역할이 한계에 직면함에 따라 산업구조의 변화를 통한 경제성장의 지속이라는 과제를 안고 있다. 독일의 '인더스트리 4.0'으로 대표되는 4차 산업혁명 시대의 부상은 중국의 제조업 혁신 방안과 새로운 성장동력을 고민하던 중국에게 큰 관심을 받으며 집중적인 학습과 벤치마킹의 대상이 되었다. 중국에게 '4차 산업혁명'이라는 담론은 구체적인 관심과 연구의 대상이었던 '인더스트리 4.0(工业4.0)'으로 대표된다고 할 수 있다. 2013년 4월 글로벌 국제제조박람회에서 독일의 '인더스트리 4.0위원회'가 "독일 제조업의 미래 보장: '인더스트리 4.0' 전략 추진 제안"이라는 연구성과 보고를 발표한 이후 중국의 산업계와 학술계 모두 높은 관심을 보였다(王喜文 2013; 李云志 2014). 특히 2014년 10월 중국 리커창 총리의 독일 방문 시기에 〈중국.독일협력행동계획〉을 발표한 이후 '인더스트리 4.0' 개념은 중국에 신속하게 퍼져나갔고 '공업 4.0' '인공지능산업' 전략의 중요성이 급속히 부상하였다(王喜

文 2016, 26-27). 따라서, 중국 내에서 4차 산업혁명과 관련하여 발표된 대부분의 연구는 독일의 인더스트리 4.0을 논하고 있으며 이에 근거하여 중국 제조업 혁신의 전략과 과제를 분석한다(丁纯, 李君扬 2014; 李金华 2015; 吳智慧 2015). 중국도 오늘날 세계가 새로운 과학기술혁명과 산업혁명의 부흥기에 있다고 인식하고 있으며,[3] 이러한 새로운 산업혁명의 시대에 대해 중국은 기술 격차가 존재하는 중국 경제 경쟁력에 위기가 될 수 있다는 인식과 함께 중국의 산업혁신과 경제성장에 기회적 요인이라는 인식이 동시에 존재한다. 특히, 세계 2위의 경제대국이라는 위상과 중국 인터넷 기업들의 세계적 부상 속에서 중국이 서구와 대등한 위치에서 경쟁할 수 있다는 자신감을 보이면서 2049년 건국 100주년을 즈음하여 중화민족의 위대한 부상을 꿈꾸는 중국몽을 실현시킬 중대한 자산이라는 인식이 부상하고 있다.

1. 서구 선진국과 동등한 경쟁을 벌이는 최초의 산업혁명기

첫째, 중국은 4차 산업혁명 시대가 위기와 기회가 공존하기는 하나 중국이 처음으로 선진국과 동일한 선상에서 경쟁할 뿐만 아니라 선진국을 추월할 수 있는 기회로 인식한다. 서구의 연구들에서 중국이 독일의 4차 산업혁명을 따라가기에는 역부족이라고 말한

---

3   중국 국무원이 2017년 11월 27일 발표한〈인터넷＋첨단제조산업(互联网＋先进制造业) 심화발전에 대한 지도의견〉공문은 서두에서 이와 같은 시대인식을 밝히고 있다. http://www.gov.cn/zhengce/content/2017-11/27/content_5242582. htm (검색일: 2018.12.28.)

다. 중국의 기업들은 대체로 2차 산업혁명 시기에 머물러 있고, 중국은 2차산업과 3차산업 간의 격차를 좁힌 이후에 4차 산업혁명을 발전시킬 수 있다는 것이다. 중국의 정보통신 기반시설과 프로그램이 선진국에 뒤져 있다는 것 또한 중국이 4차산업을 발전시키기 어려운 이유로 지적한다. 또한 산업분야별로 정보화의 격차가 큰 것도 문제로 지적된다(Zhang et al. 2016, 101). 그러나 중국의 연구들에서 발견한 4차 산업혁명에 대한 인식과 전략은 서구의 인식과 격차가 존재한다. 중국은 2차산업과 3차산업이 동시에 발전하여 왔고, 특히 인터넷 분야가 급속도로 성장하여 4차 산업혁명 시기에 중국은 서구 선진국들과 어깨를 나란히 하여 경쟁할 수 있다는 인식이 자리 잡고 있다. 사물인터넷과 빅데이터 네트워크가 4차산업을 발전시키는 기반이고 중국은 IT 분야에서 급속한 발전을 이루어가고 있는 만큼 서구 선진국과 동등한 경쟁을 할 수 있다는 것이다(Beijing Review 2015.01.04).

중국의 저명한 경제학자인 후안강(胡鞍鋼) 칭화대 국정연구원장은 '4차 산업혁명 태동기의 중국'이라는 제목의 칼럼에서 "중국은 지난 200여 년의 세계 산업화, 현대화의 역사 속에서 3차례의 산업혁명 기회를 놓쳤다"면서 "3차례에 걸친 산업혁명의 역사에서 중국은 변경국, 낙오국, 낙후국이었고 이로 인해 1820년 세계 GDP의 3분의 1을 차지했던 중국 경제가 1950년 20분의 1에도 못 미치는 수준으로 떨어졌다"고 회고했다. 그러나 "중국은 1, 2차 산업화를 동시에 추진했고 1980년대 이후 정보화 혁명기에도 여전히 막차를 탄 후발주자, 추격자의 입장이었으나 추격에 성공하여 세계 2위의 경제대국, 정보통신 분야의 강국이 되었다"고 평가하면서 "과거 산업혁명을 서구가 주도했다면 4차 산업혁명은 중국이 최초로 미국, 유럽, 일본 등 선진국들과 동일한 출발점에서 경쟁하는 인터넷 산업혁명"이라는 점을 강조했다(北京日報 2013.02.25). 중국은 후안강의 평가처럼 4차 산업혁명 시대의 도래가 중국 경제와 국가 발전에 기회가 될 것이라는 긍정적 인식과 기대를 내비치고 있다. 역사적인 원인으로 중국이 독일과 미국 등 선진국들에 비해 공업화와 정보화는 상대적으로 지체되고 낙후되었으나 현재 공업화와 정보화가 융합되는 새로운 4차 산업혁명의 단계에서는 중국이 선진국에 뒤져 있지 않으며 인터넷 보급률이 매우 높고 디지털제조업 분야에 중국이 일정한 우세를 가지고 있다는 것이다(胡晶 2015, 155).

2. 중국의 독자적인 4차 산업혁명 전략과 중국 주도 의지

둘째, 중국은 서구의 4차 산업혁명 담론을 따라가기보다는 중국식 4차 산업혁명이 존재함을 강조한다. 중국식 4차 산업혁명, 중국이 먼저 주도해가는 4차 산업혁명 시대를 위해 '중국 특색의 신시대 산업혁명 이념과 전략'을 수립하고자 한다. 중국은 이미 명실상부한 세계경제대국이 된 상황에서 굳이 서구가 주도하는 이념이나 담론을 좇기보다는 중국만의 이념과 체계, 기술을 제창하고 자국의 브랜드를 구축해야 한다는 것이다. 서구의 방법과 경험을 학습하되 중국의 자주적인 연구개발과 혁신을 반드시 중시해야 한다고 강조한다(胡晶 2015, 156). 중국은 2015년 발표된 '중국제조 2025'의 사상노선으로 중국특색의 새로운 공업화 모델을 견지할 것을 내세우고, 기본원칙으로 자주발전(自主發展)을 강조하고 있다(王喜文 2016, 38; 45). 2017년 발표된 '인터넷＋선진제조업, 산업인터넷 지도의견'에서도 중국특색의 산업인터넷체계를 구축하는 것을 기본원칙으로 하고 있다.[4] 중국의 산업혁신 정책은 모두 중국특색의 체제와 발전경로를 강조한다. 과학기술, 산업, 상품관리모형, 상업 모델 등 모든 방면에서 학습과 자주혁신이 병행되어야 한다는 것 이다. 이는 경제체제, 정치체제, 사회체제 등 모든 분야에서 중국 특색의 이념과 체제를 만들어가는 중국 특유의 방식이 4차 산업혁 명 담론에도 적용되고 있음을 보여준다. 중국특색, 중국 중심주의 의 인식이 드러나는 부분이기도 하다.

일부에서는 '인더스트리 4.0' 등 서구 선진국이 주도하는 4차 산업혁명 담론에 대해 중국이 먼저 이러한 비전과 계획을 가지고 있었다고 강조하기도 한다. 즉, 중국이 4차 산업혁명이라고 명기하 지 않았을 뿐 이러한 문제의식과 계획은 자체적으로 준비하고 있 었다는 것이다. 중국과학원이 300여 명의 전문가들을 모아 2007 년 개시하고 2009년 완성한 중국의 2050년 과학기술발전비전을 밝힌 18권의 〈혁신 2050: 과학기술혁명과 중국의 미래(创新2050: 科技革命与中国的未来)〉는 제조, 정보, 안전 등의 모든 영역에서 이미 독일의 인더스트리 4.0이 제시하고 있는 모든 내용을 기술하고 있 고 단지 서술방식에 일부 차이가 존재할 뿐이라는 것이다. 독일이 제시하고 있는 사이버-물리 시스템(Cyber-Physical System, CPS)도

---

4   国务院, "国务院关于深化"互联网＋先进制造业"发展工业互联网的指导意见."
     (2017.11.19.) http://www.gov.cn/zhengce/content/2017-11/27/content_52
     42582.htm

중국이 이미 제시했다고 강조한다. 중국과학원의 〈혁신 2050〉에서 서술하고 있는 '사람(人)–기계(机)–물질(物)' 일체화 체계, 즉 사회물리정보체계(Cyber-Physical-Social System, CPSS)가 미래 네트워크 세계의 제조산업과 인공지능산업에 더 적합하다고 주장한다. 따라서 CPS의 미래산업을 '산업 4.0'이라고 한다면 CPSS의 산업은 '산업 5.0'이라고 할 수 있다는 것이다.[5] 따라서 중국 내 일부 연구들에서는 중국의 4차 산업혁명을 '工業 5.0' '工業 CPSS' '工信 CPSS'라고 개념화하기도 한다. 이와 같은 맥락에서 중국은 중국의 4차 산업혁명이 미국, 독일 등 선진국들과 차별화되는 독립적 개념을 가지고 있다고 강조한다.

3. 후발국가로서의 위기인식과 국가의 역할 부상

셋째, 중국의 기회적 인식과 자신감에도 불구하고 중국과 서구 선진국 간의 기술 격차가 존재한다는 점에서 중국의 경쟁력 하락과 서구와의 격차 확대에 대한 위기감 또한 존재한다. 4차 산업혁명이 사이버–물리 시스템과 제조업의 지능화 등에 기반한다는 점에서 정보화와 인공지능 산업이 약한 후발 국가들에게 선진국을 따라잡을 기회를 박탈할 수도 있다. 정보화와 기술역량, 첨단서비스업의 우세를 보이는 선진국들이 유리한 경쟁력을 갖게 되면서 개발도상국들의 산업발전에 더욱 불리하게 작용할 것이라는 것이다(李云志 2014, 95). 과거 중국식의 성공은 4차 산업혁명 시대 개발도상국들

5   王飞跃, "工业 4.0, 皇后的新衣?" 中国科学报(2014.11.02.). (검색일: 2017.08. 28.) http://www.gkong.com/item/news/2014/11/81495.html

에게는 적용되지 않는다. 중국 또한 선진국과 동일한 선상에서 경쟁할 수 있는 최초의 산업혁명기라는 점에서 기회일 수 있으나 여전히 중국 제조업의 경쟁력 하락 우려가 존재한다. 중국이 계속 제조업 대국에 머무를 뿐 제조업 강국이 되지 못한 상황에서 4차 산업혁명 시대는 사물인터넷, 서비스인터넷 등이 전통적 생산제조체제를 대체하여 미래 산업의 기반이 되는데 중국은 사물인터넷과 서비스인터넷 등의 정보산업 분야가 여전히 낙후되어 있다는 것이다(吳智慧 2015, 6). 2015년에 발표한 중국의 한 정부 연구보고서에 의하면 중국의 기술수준은 미국의 68.4%에 해당된다. 평균적으로 각 분야의 최고기술과의 간격차가 9.4년이 된다고 한다(심춘수 2017, 19).

이러한 상황에서 중국은 인공지능과 자동화라는 산업혁명의 특징 속에서 중국도 산업구조를 혁신해야 하는 필요성을 절감하고 있다. 기계가 노동력을 대체하는 변화 속에서 선진국이 개도국들에 대한 직접투자가 감소할 수 있고 오히려 다시 공장들이 본국으로 돌아가는 회귀현상들이 강화될 수 있다(黃群慧. 賀俊 2013, 16). 독일의 인더스트리 4.0, 미국의 제조업회귀 전략은 모두 미래 세계 제조업의 주도권을 강화하려는 선진국의 경쟁이 치열해지고 있음을 보여주는 것으로 과거 중국이 비교우위를 가졌던 제조업이 위기에 직면한 만큼 산업혁신의 체제를 구축하고 중점전략 분야를 선정하고 자원을 배분하는 데 있어서 국가의 역할이 무엇보다 중요하게 인식되고 있다. 중국의 현대 제조기술발전과 정밀제조업의 발전을 제약하고 있는 것이 현대정보화 기초시설의 취약성과 생산관리 질 제고를 위한 자동화공정이 부족한 데 있는 만큼 중국은 이러한 제조기업의 문제를 해결하기 위해서는 국가 차원에서 공정 데이터 뱅크를 건설해야 한다는 것이다(黃群慧. 賀俊 2013, 17). 독일의 인더스트리 4.0의 산학연용(産.學.研.用) 협력모델을 벤치마킹하여 정부가 적극적으로 산학연용의 협력구조를 발전시키는 데 역할해야 한다고 강조한다(王喜文 2016, 148-149). 2017년 3월 양회(兩會)에서 레이쥔(雷军) 샤오미 회장이 인공지능을 국가전략화해야 한다고 강조하면서 인공지능의 산업화를 제안하고 중국 정부의 일대일로(一帶一路) 정책 추진을 중국 과학기술의 해외진출 발판으로 만들어주어야 한다고 제안한 것은[6] 4차 산업혁명 시대에 여전히 강력하게 요구되는 국가의 역할을 보여주는 것이라 할 수 있다.

4. 중국의 강대국화, 2050년 중국몽(中國夢) 실현 동력으로서의 산업혁신

마지막으로, 중국의 4차 산업혁명 담론은 중화민족의 위대한 부상, 중국의 꿈을 역설하는 공산당 지도부의 비전에 핵심적 의제로 부상하고 있다. 2017년 10월 중국공산당 19차 당대회에서 시진핑 주석은 2050년까지 종합국력과 국제영향력 등 모든 면에서 세계최강을 목표로 하는 중국의 꿈을 역설하였다. 2015년 '중국제조 2025'부터 2017년 '신시대 인공지능발전계획'까지 중국 정부가 4차 산업혁명과 관련하여 내놓고 있는 모든 전략과 정책들은 단계적 발전의 최종 목표시기를 중화인민공화국 건국 100주년이 되는

6   http://www.bbtnews.com.cn/2017/0306/183847.shtml

21세기 중엽, 즉 2050년을 제시하고 있다. 중국제조 2025는 세계 최고의 기술체계와 산업체계를 구축하고 세계 1위의 제조업 강국, 인터넷 강국이 되겠다는 것을 목표로 하고 있고, 2017년 11월 발표된 산업인터넷 발전 지도의견에서도 중국은 21세기 중엽 산업인터넷 분야에서 종합적으로 세계 최고가 되겠다는 것을 궁극적 목표로 제시하고 있다.[7] 4차 산업혁명 시대 중국은 세계 최대 강국을 꿈꾸며 산업혁신과 기술발전을 통해 이를 달성하려는 구체적인 단계별 발전전략을 제시하고 있다.

III 중국의 4차 산업혁명 담론과 전략

중국은 1953년 제1차 5개년 경제계획을 시작으로 매 5년마다 중국의 경제발전 방향과 정책중점 등을 계획하고 이를 실행하면서 시기마다 필요한 경제개혁과 전환, 필요한 정책적 조치들을 꾀해오고 있다. 5개년 경제계획은 중국공산당 중앙위원회회의에서 제안되고 이듬해 3월 개최되는 전국인민대표대회에서 공식적으로 채택되고 발표되어 시행된다. 즉, 중국공산당과 정부가 5년마다 제시하는 경제계획을 통해 중국이 추구하는 중대한 경제적 전환이나 발전전략을 볼 수 있다. 2015년 발표된 〈중국제조 2025〉, 〈인터넷플러스〉, 2016년 3월 전인대에서 통과된 〈13차 5개년 계획(十三五)〉,

---

7   国务院, "国务院关于深化"互联网＋先进制造业"发展工业互联网的指导意见."
     (2017.11.19.) http://www.gov.cn/zhengce/content/2017-11/27/content_
     5242582.htm

2017년 7월에 발표된 〈신시대 인공지능발전계획(新一代人工知能發展計劃)〉 등은 모두 4차 산업혁명 시대 중국의 산업발전 방향과 정책중점을 보여주는 것으로 중국공산당과 국무원이 전략방향과 정책을 제시하고 부처와 지방에 지침을 시달하여 기업현장, 연구현장, 소비현장 등에서 이러한 전략방향과 지침이 잘 관철될 수 있도록 독려하는 구조를 가지고 있다. 중국의 당국가체제 특성상 새로운 산업혁명에 대한 규정과 담론의 형성, 그리고 이에 대한 전략의 방향과 중점을 확정하고 확산시키는 것은 국가라고 할 수 있다. 중국이 직면한 경제구조 전환의 필요에 부응하여 중국공산당과 정부가 어떻게 산업혁신 전략을 설계하고 담론화하고 있는지를 고찰함으로써 4차 산업혁명의 담론이 중국에서 어떻게 구체화되고 있는지를 볼 수 있다.

1. 중국 4차 산업혁명 담론의 출발: '양화융합(兩化融合): 정보화+공업화'

미국의 'industrial internet', 독일의 'industry 4.0'에 대응되는 중국의 4차 산업혁명 담론의 출발은 '양화심층융합(兩化深度融合)'이라 할 수 있다. 중국이 제시하는 '양화융합(兩化融合)'이란 정보화(情報化)와 공업화(工業化)의 결합, 연계발전을 의미한다. 중국은 2007년 금융위기 이후 세계가 새로운 산업혁명의 부흥기를 맞이하였고 제조업이 다시 전 세계 경제발전의 초점이 되고 있다고 인식하였다.[8] 미국 등 선진국들이 제조업의 고도화를 추진하면서 중국도 전통 제조업에서 벗어나 산업구조를 혁신해야 할 필요성이 강화되는 것이다. 이러한 상황에서 중국 공산당은 2007년 17차 당대회를 통해 "정보화와 공업화의 융합에 주력한다"는 방침을 제시하면서 처음으로 '양화융합전략'을 내세웠다. 시진핑 체제의 출범을 알렸던 2012년 18차 당대회에서는 이보다 진일보하여 중국이 가야 하는 새로운 공업화의 중요한 방향으로 '양화의 심도 깊은 융합(兩化深度融合)'의 길을 제시하였다(胡晶 2015, 153). 정보화와 공업화 간 융합의 지속성과 발전을 제고하면서 두 분야가 더 크고 깊은 차원에서, 그리고 인공지능 분야 등 실질적인 응용 분야에서 긴밀하게 연관되고 교류하며 협력해야 한다는 것이다. 인공지능, 데이터 산업 등 새로운 시대의 산업이 모두 ICT 발전에 기초한 제조기술 발전이기 때문에 정보기술은 현재 제조기술체계의 가장 필수적인 기술이고, 정보 분야의 역량이 제조업 경쟁력을 좌우하는 전략자산이 될 것이기 때문이다(黃群慧, 贺俊 2013, 17). 2011년 중국 공산당 중앙위원회 17기 5중전회 직후 중국 공업정보화부는 전국 지방정부의 유관부처에 '정보화와 공업화의 심층융합 가속화를 위한 의견'을 전달하였고,9 2013년 9월 〈정보화와 공업화의 심도융합 행동계획(信息化和工业化深度融合专项行动计划) 2013-2018)〉을 공표한 바 있다(李培楠, 万劲波 2014, 215).

이러한 중국의 '양화심도융합'이라는 산업변화를 위한 전략적 방향은 독일의 '인더스트리 4.0'의 영향으로 한층 촉진되고 구

---

8   工业互联网产业联盟,『工业互联网平台白皮书』(2017.12.1.), p. 1. http://www.aii-alliance.org/index.php?m=content&c=index&a=show&catid=23&id=186

9   工信部联信. 2011. 160号《关于加快推进信息化与工业化深度融合的若干意见》. http://www.cspiii.com/xzzx/?pi=5 (검색일: 2017.8.11.)

체화되었다고 할 수 있다. 2010년대 초 독일에서 '인더스트리 4.0'이 공식화된 이후 중국에서는 독일을 집중 연구하면서 이를 중국의 산업 고도화에 활용하고자 하는 연구가 다수 발표되었다(王喜文 2013; 丁纯, 李君扬 2014; 吴智慧 2015; 检察风云 2016; 高歌 2017). 우즈훼이(吴智慧 2015)는 독일 인더스트리 4.0의 주요 목표가 최첨단 제조기술 분야에서 대(對) 미국 대항의 측면이 있는 만큼 중국에 똑같이 적용할 수는 없으나 중국 제조업이 직면하고 있는 어려움을 극복하고 중국 정부가 추진하고 있는 '양화심도융합' 정책을 관철하기 위해서도 관심 있는 분석과 이해가 필요하다고 강조한다. 중국의 산업혁신도 독일의 '인더스트리 4.0'을 벤치마킹하여 '양화융합' 전략을 중심으로 '데이터화+지능화'를 통해 전통제조업을 재건하는 핵심기술이 되도록 해야 한다는 것이다(吴智慧. 2015, 7).

후창(胡晶 2015)은 아래의 표에서 미국의 '산업인터넷(工业互联网)', 독일의 '인더스트리(工业) 4.0', 중국의 '양화융합' 등 3국의 신개념을 비교하면서 중국에서 1, 2차 산업혁명은 발생하지 않았으나 4차 산업혁명의 단계가 동시에 진행되고 있다는 점을 강조하고 있다.

〈표 5-1〉에서 보듯 중국은 1, 2차 산업혁명 시기에 공업혁명의 변화가 기본적으로 존재하지 않았고 1954년 '4개현대화'를 통해 공업화가 시작되었다. 게다가 문화혁명으로 인해 공업화가 지체되면서 실제 중국은 2021년이 되어야 완전한 공업화가 가능하다. 그러나 오늘날 중국은 미국, 독일과 동시에 공업화와 정보화의 융합이라는 새로운 산업혁명을 동시에 추진하고 있다는 점에서 4차 산업혁명 시기는 중국이 선진국을 넘어서는 역사적인 기회로 보고

표 5-1. 3국의 산업혁명 단계 비교

시대	구분	미국		독일		중국	
1760년대 ↓ 1860년대	증기 시대	1차 산업 혁명	증기기계 응용	1차 산업 혁명	증기기계 응용 (**인더스트리 1.0**)	1차 산업 혁명	발생하지 않음
1870년대 ↓ 1940, 50 년대	전기 시대	2차 산업 혁명	전력 응용	2차 산업 혁명	전력 응용 (**인더스트리 2.0**)	2차 산업 혁명	발생하지 않음 1954년 공업화 시작
1940, 50 년대 ↓ 현재 ↓ 미래	정보 시대	3차 산업 혁명	보편적 정보 응용 ·········· 사람-기계-인 터넷연결 (**산업인터넷**)	3차 산업 혁명 4차 산업 혁명	전자, IT기술로 제조업 자동화 (**인더스트리 3.0**) IOT융합체계 (**인더스트리 4.0**)	3차 산업 혁명	공업화 보강, 정보 응용 동시 시작 ·········· 정보화와 공업 화 심층융합 (**工信 CPSS**)

자료: 胡晶(2015, 153).

있다(胡晶 2015, 154). 중국의 '양화심층융합'이 미국의 '산업인터 넷', 독일의 '인더스트리 4.0'만큼 고유의 브랜드를 아직 가지고 있 지는 않으나 그것이 전략적 발전단계와 과정에서 부족함이 없고, 큰 틀에서 유사하게 진행되고 있다고 강조한다.

2. 양화융합 담론의 제도화: 〈중국제조 2025〉+〈인터넷플러스〉

중국의 양화융합 담론은 2015년 〈중국제조 2025〉〈인터넷플러스〉 등이 공표되면서 실천적 정책으로 구체화된다. 중국은 '4차 산업혁 명'이라는 추상적 담론보다는 독일의 〈인더스트리 4.0〉이라는 구체 적 사례, 〈중국제조 2025〉와 〈인터넷플러스〉라는 실질적 정책을 통 해 새로운 산업혁명 시대로 나아가는 중국만의 전략과 프로그램을 구체화하고 있다고 할 수 있다.

〈중국제조 2025〉는 독일에서 시작된 4차 산업혁명에 영향을 받아 2년간 다양한 전문가와 기술자, 연구자들에 의해 작성되었다 (최해옥 2016, 22). 이후 2015년 3월 중국전국인민대표대회 제12기 3차회의에서 리커창 총리의 정부업무보고를 통해 제기되고, 5월 국무원 명의로 공표되었다. 중앙정부가 각 시도 인민정부에 시달한 〈중국제조 2025〉 통지는 세계적으로 새로운 과학기술혁명과 산업구조의 변화가 진행되는 현 시점에 중국이 중대한 역사적 기회를 잘 활용하여 제조강국을 실현해야 한다고 강조한다.[10] 2010년 세계 최대의 제조업대국이 된 중국이 특수한 정책과 제도적 우세를 통해 제조대국에서 제조강국으로 업그레이드하겠다는 목표를 제시한 것이다(李金華 2015, 71).

중국제조 2025는 중국 경제가 임금과 원자재 비용이 상승하면서 제조업 위기를 겪고 있던 상황에서 독일의 인더스트리 4.0과 미국의 '재공업화' 전략에 자극을 받아 중국이 제조업과 정보통신의 융합을 통해 새로운 발전의 길을 모색하고자 한 것이다(王喜文 2016, 3). 독일의 인더스트리 4.0은 스마트제조가 주도하는 4차 산업혁명을 제시하는 데 반해 중국제조 2025는 정보화와 공업화의 심층융합과 산업 대변혁을 가속화한다는 것을 강조하나 4차 산업혁명이라는 개념을 언급하지는 않는다. 이것이 독일의 인더스트리 4.0과 중국제조 2025의 차이라고 할 수 있다(李金華 2015, 74).

---

10   中华人民共和国人民政府网, "国务院关于印发《中国制造2025》的通知." http://
      www.gov.cn/zhengce/content/2015-05/19/content_9784.htm

표 5-2. '중국제조 2025'의 구성표

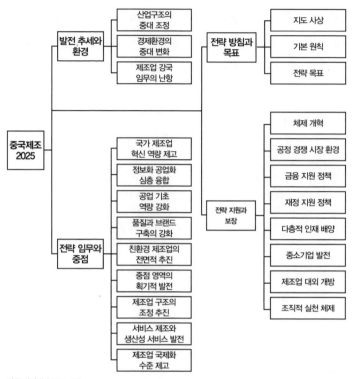

자료: 李金华(2015, 74).

중국제조 2025의 구성에서 보듯 독일의 인더스트리 4.0과 중국제조 2025는 중점을 두는 분야에서도 차이가 존재한다. 독일의 인더스트리 4.0이 제조업 생산방식, 생산환경, 안전보장, 제도구축, 노동자교육 등 인프라와 제도에 중점을 두고 있다면 중국제조 2025는 주로 특정한 산업 분야를 중점으로 한다. 중국제조 2025가 중점발전 영역으로 제시하는 분야는 대다수가 2010년 공표된 중점발전 '전략적 신흥산업(战略性新兴产业)'[11]에 속한다. 중국은

2017년 〈중국제조 2025〉의 종합적인 행동지침이라고 할 수 있는 〈1+X〉 계획체계를 통지하였다. 여기서 '1'은 〈중국제조 2025〉이고 X는 이의 실행계획으로 인공지능산업, 의약산업발전계획 등 총 11개의 구체적인 실행지침을 담고 있다.[12]

표 5-3. '인더스트리 4.0'과 '중국제조 2025'의 중점 발전영역 비교표

독일 'Industry 4.0'	중국 '중국제조 2025'
표준화와 개방표준의 참고구조	차세대 정보기술 산업
공구관리 시스템의 구축	첨단로봇과 컴퓨터제어 기계
기반시설의 전면적 제공	항공 우주 산업
설계 사이버시스템 등 전면적 안전조치	해양공정장비 및 고급 기술선박
디지털시대의 조직과 디자인 작업	선진적 교통설비
직업훈련교육과 발전	에너지 절약 및 신에너지 자동차
규정제도의 설립	전력장비
원재료, 인력, 재무자원의 효율성 제고	농기계 장비
	신재료
	바이오 의약품 고성능 의료 기계

자료: 李金华(2015, 75).

위의 표에서 보는 바와 같이 독일의 인더스트리 4.0이 기반시설과 제도, 교육 등 인프라와 체계에 관한 것이라면 중국제조 2025는 국가가 전략산업으로 육성하고자 하는 산업 분야를 중점 분야로 제시하고 있다. 중국은 제조업의 고속성장에도 불구하고 중국

---

11 전략적 신흥산업은 2016년 11월 국무원이 13차 5개년 계획의 일환으로 발표한 것이다. 中国政府网, "国务院关于印发"十三五"国家战略性新兴产业发展规划的通知."(2016.11.29.) http://www.gov.cn/zhengce/content/2016-12/19/content_5150090.htm (검색일: 2017.08.31.)

12 중국공업정보화부 웹사이트, 중화인민공화국工业和信息化部《中国制造2025》"1+X"规划体系全部发布" http://www.miit.gov.cn/n1146290/n4388791/c5483427/content.html

기업들은 브랜드 구축과 관리에 한계를 노정해왔다. 2014년도 500개의 세계 최고 브랜드 중 중국은 29개에 불과했다(Zhang et al. 2016, 101). 중국의 제조업 경쟁력은 세계의 유명한 브랜드들과 비교할 때 약하다는 것이다. 중국제조 2025는 핵심 분야에서 세계 최고 브랜드를 육성하고자 하는 의지가 담겨 있다.

중국제조 2025가 독일의 인더스트리 4.0과 일정한 차이에도 불구하고 스마트제조를 주요한 공략 방향으로 제시하는 등 여전히 제조업의 지능화, 정보화라는 큰 틀에서 공통점을 가지고 있다. 리커창 총리는 2016년 4월 독일 메르켈 총리와의 회담에서 '중국제조 2025'와 독일의 '인더스트리 4.0' 간의 전략적 협력을 통해 새로운 산업혁명과 산업구조를 함께 만들어가자고 제안했다(중국국무원 2016.06.14).[13] 2018년 1월 프랑스 마크롱 대통령의 방중 시에 중국과 프랑스는 중국제조 2025와 프랑스의 '미래공업계획'을 접목해 디지털경제, 인공지능, 선진제조업 등 모든 분야에서 협력키로 합의하였다(서울경제 2018.01.10). 중국제조 2025는 중국이 제조강국으로 부상하기 위한 3단계(三步走) 전략목표를 가지고 있다. 2025년까지의 1단계는 양화융합이 새로운 단계로 진입하여 제조업 전체의 질을 대폭 향상시키는 것이다. 2035년까지의 2단계는 중국제조업이 제조강국인 선진국 수준에 도달하는 것이다. 제3단계는 중국건국 100주년이 되는 2049년으로 세계 최고의 제조강국이 되는 것이다(王喜文 2016, 3). 중국제조 2025는 세계의 4차 산업혁명을 적극적으로 주도하면서 21세기 중엽 세계 1위의 대국이 되

---

13   中华人民共和国人民政府网 http://www.gov.cn/xinwen/2016-06/14/content_5082262.htm (검색일: 2017.08.29.)

겠다는 원대한 꿈을 실천해가는 주요한 자원이 되고 있다.

중국제조 2025와 함께 중국의 4차 산업혁명 시대를 이끄는 양대 전략의 하나인 〈인터넷플러스〉 개념 또한 2015년 12기 전인대 3차회의의 리커창총리 업무보고에서 제기되었다. 중국제조 2025의 핵심은 〈인터넷＋공업〉이다. 이것이 중국제조업의 새로운 전략사상이라는 것이다(王喜文 2016, 30). 2015년 7월 4일 국무원 명의로 공표된 〈인터넷플러스 행동 지도의견〉은 전 세계가 새로운 과학기술혁명과 산업혁명 과정에 있다고 강조한다. 인터넷과 각 영역의 융합발전이 무한한 잠재력을 가진 시대적 조류라고 규정하고 인터넷과 각 경제사회 분야의 융합을 추진하여, 2025년까지 네트워크화, 스마트화, 서비스화, 협동화의 '인터넷플러스' 생태체계의 완성을 목표로 한다.[14] 중국의 〈13차 5개년계획(2016-2020)〉 또한 인터넷플러스 행동계획을 분명히 하고 인터넷과 경제사회의 융합발전을 촉진할 것을 강조한다. 2015년 10월 18기 5중 전회의 "13차 5개년계획"에 대한 건의문은 40여 곳에서 정보화, 통신, 인터넷 등이 거론되었다. 〈건의〉 전문에서 인터넷(互联网)이 5차례, 빅데이터(大数据)가 2차례, 사물인터넷(物联网)이 1차례 거론되었고 "인터넷강국전략 추진, 고속, 이동, 통신의 새로운 세기의 정보기초를 건설한다"고 강조한 바 있다. 리커창 총리는 2016년 1월 27일 국무원 상무회의에서 '중국제조 2025'의 돌파구는 '인터넷플러스' 정책과의 융합발전에 있다고 강조했다. 그것이 중국 산업의 새로

---

14   中华人民共和国人民政府网, "国务院关于积极推进"互联网＋"行动的指导意见."
      (2017.07.04.) http://www.gov.cn/zhengce/content/2015-07/04/content_
      10002.htm

운 부활을 가속화할 것이라는 것이다. 이후 5월 4일 국무원 상무회의에서도 리커창 총리는 "'인터넷플러스'가 '중국제조 2025'에 중요한 지지대"라고 강조하면서 인터넷과 제조업의 융합은 중국 산업구조 혁신과 경쟁력 제고의 핵심전략임을 분명히 하였다.

3. 핵심전략의 구체화: "산업인터넷"과 "인공지능"

2012년 18차 당대회 이후 구체화된 중국의 정보화와 제조업의 융합이라는 양화융합발전 전략은 2017년 중국공산당 19차 당대회 이후 핵심전략 분야를 중심으로 구체적인 발전목표와 전략, 정책들이 제시되고 있다. 특히 새로운 산업혁명의 시대에 산업인터넷 플랫폼을 어떻게 성공적으로 구축하고 발전시키느냐가 중국 제조 강국과 인터넷 강국 건설 목표의 성공 여부를 가름하는 핵심으로 인식하면서 '산업인터넷(工业互联网, industrial internet)'이 강조되고 있다. 중국 공업정보화부가 발간한 〈중국산업인터넷플랫폼백서 2017〉은 2007년 세계금융위기 이후 세계가 새로운 산업혁명의 부흥기를 맞이하고 있다고 설명하면서 독일과 미국의 4차 산업혁명 전략이 모두 산업인터넷 발전에 역점을 두고 있다고 강조한다. 이 백서는 산업인터넷 플랫폼이 양화융합의 '샌드위치판'이라고 규정하고, 제1층은 정보기술회사가 지배하는 클라우드 기반 인프라 Iaas(Infrastructur as a Service)층으로 이미 중국은 텅쉰, 알리바바, 화웨이 등으로 이 분야에서 선진국과 대등한 수준에 이르렀다고 강조하고 있다. 제2층 중간층은 제조기업이 주도하는 PaaS(Platform as a Service)층으로 GE, 항공과학공사, 하이얼 등이 이에 해당하고, 제3층은 인터넷기업, 제조기업, 개발자 등 다양한 주체가 참여하여 개발한 산업 APP층이라고 설명한다.[15]

시진핑 주석은 19차 당대회 보고를 통해 "제조강국 건설, 선진제조업발전을 가속화하기 위해 인터넷, 빅데이터, 인공지능과 실질경제의 심층융합을 추진해야 한다"고 강조하였다.[16] 중국이 산업구조의 고도화를 위해 인터넷, 빅데이터, 인공지능 등 3가지를 제조업과 서비스 등 실물경제에 결합시키는 주요한 축으로 전략화하고 있음을 볼 수 있다. 이러한 19차 당대회의 기조에 따라 2017년 11월 27일 중국 국무원은 〈"인터넷＋선진제조업(互联网＋先进制造业)"심화와 산업인터넷(工业互联网) 발전 지도의견〉을 발표하였다.[17] 이 의견은 제조강국과 인터넷강국 동시 건설을 목표로 인터넷과 실물경제의 심도 깊은 융합을 추진한다는 내용을 담고 있다. 산업인터넷은 시스템을 통해 인터넷, 플랫폼, 안전이라는 3대 기능을 구축하여, 사람(人)-기계(机)-물(物)이 전면적으로 연결되는 새로운 형태의 네트워크 기반을 만들고 인공지능화 발전을 견인하여 새로운 업무형태와 응용방식을 만들어내어 제조강국과 인터넷강국 건설을 추진하는 중요한 기초라고 강조하고 있다. 이것이 전면적인 소강사회와 사회주의 현대화 건설의 주요한 뒷받침이 될 것이라는 것이다. 이 의견은 공급 측 구조개혁(供给侧结构性改革)[18]과

---

15   工业互联网产业联盟, 『工业互联网平台白皮书』(2017.12.1.), pp. 3-4. http://
      www.aii-alliance.org/index.php?m=content&c=index&a=show&catid=23&
      id=186
16   工业互联网产业联盟, 『工业互联网平台白皮书』(2017.12.1.), p. 1.
17   중공중앙 사이버안전과 정보화영도소조. http://www.cac.gov.cn/2017-10/30/
      c_1121879704.htm
18   공급 측 구조개혁(供给侧结构性改革)은 시진핑 총서기가 2015년 11월 중앙재정

'인터넷＋선진제조업' 추진강화를 위해 중국의 산업인터넷 발전과 관련한 규범과 지도를 내용으로 하고 있다.[19]

이 지도의견은 현실인식에서 오늘날 경제의 변화에 대해 '신산업혁명'과 '산업인터넷' 발전이 결합되는 역사적 시기로 규정하고 있다. 중국의 산업인터넷도 선진국들과 기본적으로 출발을 같이 하긴 하였으나 전체적으로 발전수준이 뒤처진다고 자체적으로 평가면서 산업인터넷발전을 가속화하기 위해 인터넷, 빅데이터, 인공지능과 실물경제의 심층 융합을 강조한다. 산업인터넷은 데이터화, 네트워크화, 지능화를 주요한 특징으로 하는 새로운 산업혁명의 중요한 기반으로 제조강국 건설의 중요한 기초라는 것이다. 또 다른 한편으로 산업인터넷은 디지털경제 공간을 확대하고 인터넷강국 건설에 주요한 기회를 제공한다고 인식한다.[20] 중국이 목표로 하는 제조강국과 인터넷강국 실현의 관건이 바로 산업인터넷이라고 강조하는 것이다.

중국은 산업인터넷 수준을 세계 선두로 끌어올리기 위한 단계별 목표를 제시한다. 2025년까지 전 지역과 분야에 걸쳐 산업인터넷 기초시설을 구축하고 국제수준의 산업인터넷플랫폼을 3~5개

영도소조 11차회의에서 처음 사용한 이후 보편화된 단어임. 공급 측 구조개혁은 안정적인 경제성장을 저해하고 있는 구조적인 문제를 해결하기 위해 노동력, 토지, 자본, 기술혁신 등 생산요소 측면의 효율성 제고를 강조하는 개념이다(진정미 2016. 28).

19 중국 국무원 웹페이지. "关于深化"互联网＋先进制造业"发展工业互联网的指导意见 http://www.gov.cn/zhengce/content/2017-11/27/content_5242582.htm# (검색일: 2017.12.27.)

20 중국 국무원 웹페이지. "关于深化"互联网＋先进制造业"发展工业互联网的指导意见 http://www.gov.cn/zhengce/content/2017-11/27/content_5242582.htm# (검색일: 2017.12.27.)

표 5-4. 산업인터넷 발전 단계별 전략과 목표[21]

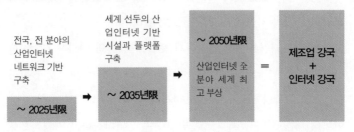

형성하고, 세계경쟁력을 갖춘 선두기업 그룹 육성을 목표로 한다. 그중 2018년부터 2020년까지 3년은 초기작업의 시기로 산업인터넷 플랫폼체계를 협력하여 집중 발전시키는 첫걸음을 떼는 시기이다. 2035년까지의 2단계는 국제적으로 선두에 서는 산업인터넷 네트워크 기초시설과 플랫폼을 구축하고 국제선진기술과 산업체계를 형성하여 산업인터넷이 산업 분야의 혁신역량, 안전보장역량을 제고시켜 글로벌 선두에 서겠다는 것이다. 궁극적으로 21세기 중엽에 산업인터넷 네트워크 기반이 전면적으로 경제사회발전을 뒷받침하고 산업인터넷 혁신발전역량이 산업체계와 융합응용 분야를 포괄하여 종합적 역량에서 세계 최고가 되겠다는 포부를 밝히고 있다.

　　중국의 산업혁신 과정에서 최고의 핵심전략 분야로 부상하고 있는 것이 인공지능이다. 중국제조 2025와 인터넷플러스 정책은 모두 스마트 제조를 주된 공략 방향으로 제시하면서 산업의 지능화에 주력하고 있다.[22] 특히 인공지능 분야는 중국의 핵심전략 산

21　위의 국무원 발표 '인터넷＋선진제조업 발전에 대한 지도의견' 문건 참조.
22　国务院, "国务院关于积极推进"互联网＋"行动的指导意见." (2015.07.04.) http://www.gov.cn/zhengce/content/2015-07/04/content_10002.htm

업으로 부상하고 있다. 최근 공산당 중앙과 국무원이 인공지능을 매우 중시하고 있는 상황에서 인공지능 제조업은 상당한 진전을 이루고 있으며 특히 인공지능 제조를 가속화하기 위해 다양한 수 단으로 인공지능화를 광범위하게 추진하고 있다.[23] 인공지능이 중 국 정부의 정책적 관심사로 공식화된 것은 2015년 7월 인공지능이 국무원의 〈인터넷＋행동지도의견(关于积极推进"互联网＋"行动的指 导意见)〉에 포함되면서부터라고 할 수 있다.[24] 이 지도의견은 인공 지능 발전을 위해 인공지능 제조 시범구를 설치하고 클라우드 컴 퓨팅, 사물인터넷, 인공지능로봇 등 기술을 산업공정과정에 응용 해야 한다고 제시하고 있다. 인공지능 분야의 국가전략화에는 중 국 유수의 인터넷기업들도 적극적인 역할을 하였다. 2015년 양회 에서 바이두(百度)의 리옌훙 회장은 '중국대뇌' 계획 설립을 제안 하였고, 2016년 양회에서는 커다쉰페이(科大讯飞股份有限公司)의 리 우칭펑 사장도 인공지능과 중국뇌계획을 가속화하기 위해 인공지 능 종합실험구를 만들어야 한다고 강조하였다. 2017년 양회에서 샤오미의 레이쥔 회장은 '지금은 모바일인터넷 시대에서 인공지능 시대로의 전환의 시기'라고 강조하면서 인공지능 산업의 국가전략 화를 제안하였다.[25] 이러한 민관의 전략적 고려 속에서 인공지능은

---

23 "四部门关于印发《"互联网＋"人工智能三年行动实施方案》的通知."(2016.05.23.) http://www.gov.cn/xinwen/2016-05/23/content_5075944.htm (검색일: 2018.01.03.)

24 중국 사이버안전과 정보화영도소조 판공실. "〈促进新一代人工智能产业发展三年 行动计划(2018-2020年)〉解读."(2017.12.26.) http://www.cac.gov.cn/2017- 12/26/c_1122166495.htm (검색일: 2017.12.27.)

25 新华网. 2017. "마화텅, 리옌훙, 레이쥔은 인공지능을 어떻게 보는가." http:// news.xinhuanet.com/finance/2017-03/07/c_129502956.html (검색일:

2016년 3월 통과된 13차 5개년 계획 요강에 포함되고, 7월 발표한 〈13차 5개년 계획 국가과학기술혁신계획("十三五"國家科技倉新計劃)〉에 차세대 정보기술의 중요한 항목으로 강조된다. 13차 5개년 계획의 〈科技创新2030-重大项目〉으로 "인공지능 2.0"이 포함된 것이다. 2016년 5월에는 공업정보화부와 과학기술부, 국가발전개혁위원회, 중앙사이버안전과정보화영도소조가 공동 제정한 〈"인터넷＋"인공지능 3년 행동실시방안("互联网＋"人工智能三年行动实施方案)〉이 발표되었다.[26] 2018년까지 인공지능 기본자원 및 혁신플랫폼을 구축하고 전반적인 기술 및 산업 발전의 기본적인 돌파구를 마련하여 응용프로그램과 시스템에서 선도국가가 되겠다는 목표를 밝혔다. 인공지능 번역, 안면인식 등 다양한 인공지능 상품을 발전시키고, 의료·건강·교육 등 인공지능화를 추진하고, 인공지능로봇 개발에 주력한다는 내용을 담고 있다. 특히 자금지원 면에서 중앙정부 예산, 전문기금, 산업고도화자금, 국가 중요 과학기술 연구계획 등 다양한 통로를 통해서 자금을 확보하고 엔젤투자, 벤처캐피탈, 창업투자기금과 자본시장 융자 등 다양한 자금 통로를 통해 다양한 사회의 투자를 유인한다는 계획을 제시하고 있다.

이후 2016년 9월 공업정보화부와 재정부는 공동으로 〈인공지능발전계획 2016-2020〉을 종합하면서 경제성장동력이면서 제조강국으로의 부상에 인공지능이 중요한 전략 산업이라고 강조하

2017.12.31.)
26   "四部门关于印发《"互联网＋"人工智能三年行动实施方案》的通知"(2016.05.23.)
      http://www.gov.cn/xinwen/2016-05/23/content_5075944.htm (검색일:
      2018.01.03.)

고 2020년까지의 1단계와, 2025년까지의 2단계로 인공지능 발전의 로드맵을 구체화하고 있다.[27] 이러한 인공지능산업 발전의 정책들은 인공지능이 2017년에 최초로 정부공작보고에 공식적으로 포함되면서 국가전략화의 수준으로 격상된다. 리커창 총리는 2017년 전인대 업무보고에서 인공지능을 핵심전략사업으로 강조하였다. 이후 중국은 7월 20일 〈새로운 세대 인공지능발전계획(新一代人工知能發展計劃)〉을 공산당과 국무원의 명의로 공식 발표했다. 인공지능 산업이 4차 산업혁명 시대를 열어가는 중국의 핵심적 국가전략으로서 자리매김하고 있음을 볼 수 있다. 중국은 2030년까지 인공지능 분야의 세계 최고 수준을 달성하겠다는 국가전략을 제시하였고, 그 첫 단계로 2020년까지 인공지능 핵심산업 규모를 1500억 위안(약 25조 2천억여 원), 관련 산업 규모를 1조 위안(약 168조 5천억여 원) 초과달성을 목표로 하였다. 두 번째 단계인 2025년까지 인공지능 기술과 응용에서 글로벌 선두 수준에 오르는 것을 목표로 한다. 제조, 의료, 도시, 농업, 국방 등 광범위한 영역에 적용되고 핵심산업 규모는 4000억 위안(약 67조 4천억여 원)을 초과하고, 관련 산업은 5조 위안(약 842조 7천억여 원)을 초과하는 것이다. 세 번째 단계인 2030년까지 인공지능 이론, 기술과 적용 등 전체 분야에서 글로벌 수준에 도달하고, 세계 주요 인공지능 혁신센터와 스마트경제, 스마트사회라는 명확한 성과를 얻는 것을 목표로 한다. 인공지능이 생활, 사회관리, 국방건설 각 방면에 광범위하고 심도 있

27 중국재정부(財政部) 웹사이트, "智能制造发展规划(2016-2020年)." (2016.9.28.)
http://jjs.mof.gov.cn/zhengwuxinxi/tongzhigonggao/201612/t20161207
_2476409.html (검색일: 2017.12.28.)

게 적용돼 핵심 기술, 관련 시스템, 플랫폼, 적용 등 산업 사슬과 고급 산업 직군으로 확산된다. 인공지능의 핵심 산업은 1조 위안, 관련 산업은 10조 위안(약 1680조여 원)에 이르는 것을 목표로 한다.[28]

중국 공업정보화부는 2017년 12월 14일 '〈신시대 AI산업발전 3개년 행동계획 2018-2020(促进新一代人工智能产业发展三年行动计划 2018-2020年)〉'을 발표하여 인공지능 발전계획을 실천하기 위해 단기적으로 무엇을 할 것인지를 구체적으로 제시하였다.[29] 12월 26일 중국공산당 중앙사이버안전과 정보화 영도소조는 이에 대한 해석을 따로 제시하였다. 중국제조 2025와 연계하여 3년 이내에 구체적인 행동계획을 담고 있다는 것이다. 이 행동계획에는 4개 분야 17개의 핵심영역이 제시되었다. 첫째는 인공지능자동차, 인공지능로봇, 인공지능무인기계, 의료영상진단체계, 안면인식체계, 음성인식체계, 번역체계, 인공지능가전제품 등이다. 두 번째는 인공지능 센서, 신경 네트워크 칩, 오픈 소스 오픈 플랫폼 및 기타 주요 분야의 개발에 중점을 두고 인공지능 산업 하드웨어 및 소프트웨어 기반의 개발을 도모하는 것이다. 셋째, 인공지능 제조의 발전을 심화시키는 것이다. 넷째는 산업 교육 자원, 표준 테스트 및 지적 재산 서비스 플랫폼, 지능형 네트워크 인프라, 네트워크 보안 및 기타 산업에 대한 공개 지원 시스템을 구축하여 인공지능 발전

---

28 중국 국무원웹사이트 中國政府網, 〈國務院關于印發新一代人工知能發展計劃 的通知〉(2017.07.28.) http://www.gov.cn/zhengce/content/2017-07/20/ content_5211996.htm

29 四部门关于印发《"互联网+"人工智能三年行动实施方案》的通知.(2016.05.23.) http://www.gov.cn/xinwen/2016-05/23/content_5075944.htm (검색일: 2018.01.03.)

의 환경을 개선하는 것이다.[30]

　　이렇듯 중국의 4차 산업혁명 담론은 단순히 경제구조와 산업의 변혁이라는 시대규정과 담론화를 넘어, 정부가 주도하는 명확한 단계별 목표와 전략, 비전과 정책, 그리고 구체적인 실행프로그램으로 구체화되면서 실질적인 경제성과를 내기 위한 실천으로 이어지고 있다. 중국 지도부에게 중국제조 2025, 인터넷플러스, 인공지능 등의 정책들은 중화인민공화국 건국 100주년이 되는 2049년, '중화민족의 위대한 부상' '세계 1위의 대국'을 목표로 하는 중국의 꿈을 실현하는 데 주요한 담론과 전략으로 자리 잡아 가고 있다.

IV 중국의 4차 산업혁명 추진 체계

1. 시장주도, 정부인도(市场主导, 政府引导) 원칙

〈중국제조 2025〉, 〈인터넷플러스〉, 〈인공지능제조발전계획 2016-2020〉, 〈인터넷＋선진제조업 심화와 산업인터넷 발전 지도의견〉 등 산업혁명과 관련된 중국의 주요 정책들은 모두 일관되게 기본원칙으로 '시장주도, 정부인도' 원칙을 내세우고 있다. 시장이 자원배분의 결정적 역할을 할 수 있도록 하고 기업의 주체적 지위를 강화하여 기업 활력과 창조력을 적극 발휘하도록 한다는 것이다.

30　　중국사이버안전과정보화영도소조판공실. "〈促进新一代人工智能产业发展三年行动计划(2018-2020年)〉解读."(2017.12.26.) http://www.cac.gov.cn/2017-12/26/c_1122166495.htm (검색일: 2017.12.27.)

정부의 역할은 전략연구와 계획수립의 역할을 강화하고 관련 정책들을 완비하고 기업 발전에 우호적인 환경을 제공하는 것이라고 강조한다(王喜文 2016, 45). 그러나 시장주도와 정부인도 원칙의 이면에는 여전히 정부의 적극적 역할에 대한 강조가 포함되어 있다. 정부가 계획을 수립하고 정책추진에 있어 적극적 역할을 해야 한다는 것과 공정한 시장경쟁의 환경을 조성하는 데 있어서의 역할 등이 강조된다.[31]

중국 정부는 2017년 11월 중국 인터넷기업의 대표주자로 알려진 BAT-바이두(百度), 알리바바(阿里巴巴), 텅쉰(腾讯), 그리고 음성인식 기술의 대표주자인 커다쉰페이(iFlyTek, 科大讯飞公司) 등 4개 기업이 참여하는 중국 인공지능 굴기의 대표팀을 조직하였다.[32] 또한 중국 과학기술부는 2017년 12월 15일 '신세대 인공지능발전계획 중대 과학기술항목' 관련 첫 회의를 갖고 인공지능 발전정책 관련 실무를 총괄할 '신세대 인공지능발전계획 추진 판공실(新一代人工智能发展规划推进办公室)' 설립을 선포하였다. 동시에 첫 번째 차세대 국가 인공지능 개방혁신 플랫폼 명단을 발표하면서 바이두에게는 '자율주행자동차 국가 인공지능 개방혁신 플랫폼' 구축을, 알리바바에게는 '시티브레인(城市大脑) 국가 인공지능 개방혁신 플랫폼' 건설을, 텅쉰에게는 '의료영상 국가 인공지능 개방혁신 플랫

---

31 工业和信息化部·财政部, 〈智能制造发展规划2016-2020年〉. http://jjs.mof.gov.cn/zhengwuxinxi/tongzhigonggao/201612/t20161207_2476409.html

32 South China Morning Post. "China recruits Baidu, Alibaba and Tencent to AI 'national team'" (2017.11.21.) http://www.scmp.com/tech/china-tech/article/2120913/china-recruits-baidu-alibaba-and-tencent-ai-national-team (검색일: 2017.12.26.)

폼' 건설을, 커다쉰페이에게는 '음성인식 국가 인공지능 개방혁신 플랫폼' 건설을 맡기기로 함으로써 국가가 중국의 인공지능 발전 계획을 설계하고 이미 성장한 핵심기업이 국가의 설계를 실행하는 민관연계의 인공지능 플랫폼의 거대망을 공식화하였다.[33]

중국 정부가 인공지능 플랫폼 구축의 대표기업들을 선정한 것은 인공지능 분야를 국가 차원의 핵심 전략산업으로 육성하겠다는 의지와 민간기업을 국가전략의 중요한 실행자로 참여시켜 인공지능 관련 기술과 플랫폼 확대를 가속화하겠다는 전략으로 이해할 수 있다. 미국 등 서구 국가들이 정부연구소나 R&D예산 확대 등 간접적 방법으로 4차 산업혁명을 이끌어가는 데 비해 중국은 정부가 직접 민간기업에 대한 지원을 통해 전략산업을 육성하고 민간기업에게 국가 발전전략의 주요한 임무를 맡기는 등 중국의 당국가체제가 반영된 특유의 추진구조를 구축해 가고 있다. 중국은 2008년 금융위기 이후 개최된 2009년 전인대에서 정부의 직접 개입을 통한 재정투자 확대 및 적극적인 산업정책의 추진을 강조하였다. 중국은 10대산업 진흥계획을 통과시켜, 자동차, 철강, 기계설비, 방직업, 조선, 전자정보, 경공업, 석유화학, 비철금속, 물류업 등 10대산업에 대해 내수 및 수출확대, 재정 및 금융지원, 기술혁신 지원, 기업 M&A 추진, 낙후시설 도태 등을 주요 내용으로 하는 진흥계획을 추진함으로써 산업구조의 고도화를 도모하는 것이다(오승렬 2009, 63). 최근 중국 정부가 중국 제조업의 고도화와 인공지능, 스마트카 등 전략산업과 관련하여 민관 협력체를 구축하

---

33   中国证券报·中证网(2017.12.15.) http://www.cs.com.cn/xwzx/201712/t2017
      1215_5624941_5.html?_da0.12929119291751645 (검색일: 2017.12.26.)

고 어젠다를 주도해가는 모습은 중국의 국가주도형 경제정책, 산업 보호주의가 4차 산업혁명 시대에도 여전히 주요한 경제전략의 특징이 되고 있음을 보여주고 있다. 중국은 시장주도 원칙을 강조하고 있으나 여전히 정부의 인도라는 틀 속에서 시장의 주도를 촉진한다. 중국은 국가제조강국건설영도소조 산하에 산업인터넷전담팀을 설립하고 산업인터넷과 관련한 중요 과제들을 통솔한다. 신시대 인공지능발전계획 추진 판공실을 설립하여 인공지능 관련 전략과 정책을 총괄한다. 4차 산업혁명 시대의 핵심정책들은 여전히 중국 공산당과 정부의 영도와 관리의 영역이다. 중국 인터넷 기업들의 재정적 기술적 경쟁력이 높아지는 상황에서 중국의 4차 산업혁명은 그 어느 때보다 기업의 역할이 클 뿐만 아니라 정부가 기업의 역량에 의존할 수밖에 없다. 그러나 이러한 시장에 대한 중시, 기업에 대한 의존은 시장의 자율성 확대라기보다는 국가전략적 필요에 의해 시장의 역할이 확대되는 것으로 볼 수 있다.

2. 정부 차원의 4차 산업혁명 추진구조

중국은 4차 산업혁명 시대의 제조업 혁신에 가장 중요한 것 중의 하나가 정부의 역할이라고 인식한다. 독일의 인더스트리 4.0도 '산학연용(产学研用)'의 각 분야의 대표로 구성된 추진조직이 있었고 실제 정부가 산학연협력을 지원하는 구조가 있었던 만큼 중국도 선진국의 '정산학연용(政产学研用)' 협력모델을 벤치마킹하여 정부가 산학연협력을 주도하고 지지하는 방식으로 발전을 촉진해야 한다고 강조한다(吳智慧 2015, 7). 중국은 제조업 혁신, 산업인터넷,

인공지능 등 핵심적인 전략과 정책들을 수립하고 실행해가는 데 있어서 항상 이를 담당하고 통솔할 정부 차원의 체계와 조직을 구축하는 것을 중요한 임무로 제시하고 필요한 조직과 체계를 만들어가고 있다.

중국 정부는 양화융합의 전략이 부상한 2007년 17차 당대회 이후인 2008년 3월 공업화와 정보화의 융합이라는 양화융합의 기조에 따른 국무원 부처개혁방안에 의거하여 중국공업정보화부(中华人民共和国工业和信息化部, 工信部)를 신설하였다. 공업정보화부의 주요 역할은 기획, 산업정책과 표준, 공업 분야 일상활동 감독, 중대한 기술발전과 자주혁신 촉진, 통신업 관리, 정보화건설 추진 주도, 국가정보안전 보호 등이다. 2008년 부처개혁 이전에 산업관리는 국가발전개혁위원회(国家发展和改革委员会), 국방과학기술공업위원회(国防科学技术工业委员会), 정보산업부(信息产业部)로 분산 관리되면서 산업의 협력발전에 한계를 노정해 왔었다. 따라서 이 세 조직과 국무원 산하 정보화업무담당실(信息化工作办公室)에 분산되었던 산업 관련 업무를 통합한 것이다. 정부에서 제조업과 인터넷을 융합시키는 양화융합의 핵심 지도체계는 신설된 공업정보화부, 국가발전개혁위원회, 과학기술부 공동으로 추진되고 있다.[34] 중국은 2017년 7월 20일 최초로 국가 단위의 발전계획인 〈新인공지능발전계획(新一代人工知能發展計劃)〉을 공식화하면서 인공지능과 관련한 구체적인 국가전략과 체제를 갖추기 시작한다. 중국 과학기

---

34 국무원이 2015년 7월 공표한 〈인터넷＋행동지도의견〉에는 제조업의 정보화를 견인하는 핵심부처로 이 3개 부처를 적시하고 있다. http://www.gov.cn/zhengce/content/2015-07/04/content_10002.htm

술부는 2017년 12월 15일 '신세대 인공지능발전계획 추진 판공실 (新一代人工智能发展规划推进办公室)'을 공식 설립하였다. 인공지능 판공실은 과기부, 공업정보화부(工信部), 국가발전개혁위(发改委), 중국과학원(中科院), 중국공정원(工程院), 군사위 과학기술위원회 (军委科技委), 중국과학기술협회(中国科协) 등 15개 부처로 구성되어 인공지능 발전계획과 중대 과학기술항목 추진을 책임진다. 또한 중국 정부는 신세대 인공지능전략자문위원회도 구성하여 민관학의 광범위한 자문기구도 구축하였다.[35] 자문위원회는 판윈홍(潘 云鶴) 중국공정원 연구원이 조장을 맡아 운영한다.

당국가체제인 중국에서 주요한 국정과제는 대체로 '영도소조 (領導小組)'를 신설하여 중대정책 결정체계를 일원화하고 추진력을 강화하게 된다. 4차 산업혁명의 시대에 기술혁신과 산업혁명의 중요성이 부상하면서 중국의 당과 정부는 지속적으로 중앙의 통솔력과 추진력을 담보하기 위해 영도소조를 적극 활용하고 있다. 중국은 2012년에 '국가과학기술체제개혁과 혁신체계건설영도조소(國家科技體制改革和倉新體系建設領導小組)'를 설립하여 과학기술 혁신에 있어서 국가의 지도와 지원을 통한 정책추진의 기반을 확립하였다. 최근 중국은 인공지능산업 발전에 대한 정부의 역할을 중시하면서 국가과학기술체제 개혁과 혁신체제영도소조가 중요 정책과 실행을 통솔하도록 명시하였고, 인공지능 발전에 대한 우호적 여론 조성의 중요성을 강조하면서 전통적 매체와 신매체 등을 적극 활용한 선전활동을 중요한 과제로 제시하였다. 2015년 6월에

---

35   中国证券报·中证网(2017.12.15.) http://www.cs.com.cn/xwzx/201712/t2017
1215_5624941_5.html?_da0.12929119291751645 (검색일: 2017.12.26.)

는 중국제조 2025의 실천을 위해 '국가제조강국건설영도소조(国家制造强国建设领导小组)'를 신설하였다. 조장은 마카이(马凯) 국무원 부총리가 맡고, 공업정보화부 장관, 국무원 부비서장, 국가발전개혁위원회 부주임, 과기부 차관, 재정부 차관 등이 부조장을 담당한다. 위원으로는 교육부, 공업정보화부, 인력자원사회보장부, 환경부, 교통부, 상무부 차관, 위생계획위 부주임, 인민은행 부행장, 국가자원위 부주임, 세무총국, 공상총국, 품질검사총국, 안전감독총국, 지식재산권국의 부국장, 공정원 부원장, 은행감독회, 증권감독회, 보험감독회 부주석, 에너지국 부국장, 국방과학기술공업국 국장 등이 참여한다. 사무국은 공업정보화부 내에 설치하여 공업정보화부 차관이 주임을 맡아 일상적인 영도소조 업무를 지원한다. 국가제조강국건설영도소조는 산하에 전문위원회를 구성하여 4차 산업혁명 시대 핵심적인 전략산업 육성을 통솔한다. 국가제조강국건설영도소조는 2017년 9월 7일 '스마트카 산업발전 전문위원회(车联网产业发展专项委员会)'를 신설하고 1차회의를 개최한 바 있다. 위원회는 20개 부처와 조직이 참여하여 스마트카 산업발전 전략, 정책, 조치 들을 수립하고 중요한 문제들을 해결하고 관련 상황을 감독하면서 산업발전을 지휘하는 책임을 가지고 있다.[36] 위원회 신설은 스마트카 산업발전의 기초가 될 것이라고 강조하고 관련 정책제도, 기술표준, 기초설비 등 문제를 협력 해결하는 것을 과제로 제시하였다. 전문위원회가 중국의 제도와 체제의 장점을 활용

36　공업정보화부 웹사이트. "国家制造强国建设领导小组车联网产业发展专项委员会第一次全体会议召开." (2017.09.07.) http://www.miit.gov.cn/n1146290/n1146397/c5786920/content.html (검색일: 2017.12.18.)

하여 스마트카 산업발전의 중요한 플랫폼을 구축하는 주요한 역할을 하게 된다는 것이다.[37] 2017년 11월 국무원이 발표한 '인터넷＋선진제조업, 산업인터넷 발전 지도의견'에서도 산업인터넷 발전을 주도하는 정부 조직의 신설이 명시되어 있다. 국가제조강국건설영도소조 산하에 산업인터넷 전담조직을 신설하여 관련 중요 업무를 관장하도록 한다는 것이다. 산업인터넷 전략전문가 자문위원회를 구축하여 관련 연구를 진행하도록 하여 산업인터넷 중대 정책결정과 추진에 있어서 필요한 자문을 얻고, 〈산업인터넷발전행동계획 2018-2020〉을 제정할 것을 강조하고 있다.[38]

새로운 산업혁명의 시대를 주도하기 위한 정부 부처의 통합과 신설, 영도조직의 신설 등은 '중국공산당 영도원칙'과 '사회주의 체제 유지'를 견지하는 중국특색의 사회주의 시장경제의 원칙이 4차 산업시대에도 여전히 견지되고 있음을 보여주는 것이라고 할 수 있다. 양화융합, 산업인터넷, 중국제조 2025, 인터넷플러스 등 모든 4차 산업혁명 관련 정부정책들에서 가장 먼저 강조되고 있는 것이 지도사상이다. 지도사상은 중국공산당 전국대표대회와 중앙위원회 전체회의의 정신, 중국특색의 발전전략을 강조한다. 지도사상과 함께 당과 정부 주도의 정책 거버넌스가 지속적으로 확대 강화되고 있는 추세는 당국가체제와 사회주의 시장경제가 여전히 투영되고 있는 중국식 4차 산업혁명의 특징이라고 할 수 있다.

---

37   공업정보화부(2017.09.07.)
38   国务院, "国务院关于深化"互联网＋先进制造业"发展工业互联网的指导意见." (2017.11.19.) http://www.gov.cn/zhengce/content/2017-11/27/content_5242582.htm

3. 정부주도 민관협력연맹의 확대 강화

중국의 국가–사회 관계, 시민단체의 특징 중 하나가 국가가 직접 주도해서 만들고 지원하고, 관리하는 정부주도 비정부단체 (Government-organized non-government organizations, GONGOs) 의 존재이다. 산업 분야에서도 이런 정부 주도 비정부단체는 국가가 제시하는 정책지침과 국가의 영향력이 효과적으로 기업활동과 시장에 침투될 수 있도록 매개체 역할을 하는 것은 물론, 국가정책의 홍보와 소통, 현장과의 네트워크 등 국가정책이 성공적으로 추진되는 데 있어서 중요한 역할을 한다. 4차 산업혁명의 시대는 민간기업의 기술력과 자본력, 네트워크력이 뛰어난 만큼, 단순히 국가의 정책을 관철하거나 연계하던 과거의 역할을 넘어 민간기업이 주도적으로 정부 정책을 수립하고 실천해갈 수 있도록 하는 체제를 구조화하는 조직으로 역할하고 있다. 중국이 양화융합, 산업인터넷, 인공지능 등 4차 산업혁명의 핵심 비전과 정책들을 뒷받침하는 민관협력의 네트워크들을 지속적으로 신설하고 이를 국가정책의 실행조직으로 만들어가는 모습 또한 중국 특색의 국가사회관계의 반영이라고 할 수 있다.

1) 중국양화융합서비스연맹(中国两化融合服务联盟)

4차 산업혁명 시대에도 중국이 국가전략의 추진동력을 강화하기 위해 정부주도 비정부단체 혹은 정부주도 민관협력체를 적극적으로 만들고 활용하는 전략이 여전히 유효하게 작동하고 있음을 볼 수 있다. 가장 대표적인 조직이 2013년 설립된 중국양화융합서비스연맹(中国两化融合服务联盟, China Service Alliace for Integration of Informationization and Industrialization, CSAIII)이다. 중국 공업 정보화부는 이 연맹이 양화심층융합 행동계획(2013-2018)을 실시하는 주체라고 명확히 규정하고 연맹 내에 양화융합관리체계 실천위원회를 설립하였다.[39] 2013년 중국의 '양화융합정책'을 홍보하고 소통하는 핵심 기관으로, 중국 공업정보화부의 지도와 지원하에 양화융합과 관련된 분야의 기업과 산업단위들이 자발적으로 참여하여 구성한 전국적인 비영리 사회조직을 표방한다. 이 연맹은 비영리 사회조직을 표방하지만 실제 조직의 모습은 정부의 지도와 관리하에 운영되는 준정부조직의 모습을 가지고 있다. 이 연맹은 지도위원회와 전문가위원회, 이사회 등으로 구성되는데 지도위원회 주임을 공업정보화부 전차관이 맡고 있으며 중국공산당 중앙사이버안전과 정보화영도소조 국장, 공업정보화부 산하 기관장 등이 맡는다. 지도위원들은 전국 성급의 경제와 정보위원회 주임들로 구성된다. 이사회는 공업정보화부 전자과학기술정보연구소가 이사장 단위를 담당하고 부이사장은 정부연구소와 국유기업과 대학, 이사그룹에 하이얼, 중싱(中興) 등 민간기업이 참여하고 있다.

2) 산업인터넷산업연맹(工业互联网产业联盟)

중국 정부는 또한 '중국제조 2025'와 '인터넷플러스' 융합발전 추진을 뒷받침하고 지원하기 위해 2016년 2월 1일 공업정보화부의 지도하에 〈산업인터넷산업연맹(工业互联网产业联盟, Alliance of

---

39   中国信息化和工业化融合服务平台. http://www.cspiii.com/lmgy/ (검색일: 2017.09.06.)

Industrial Internet)〉대회를 개최하고 조직을 출범시켰다. 산업인터넷연맹은 중국양화융합서비스연맹과 마찬가지로 지도위원회와 이사회를 상위조직으로 두고 있으며 지도위원회 주임과 부주임은 각각 공업정보화부 장관, 차관이 맡고 있다. 이사회에는 중국통신연구원 원장이 이사장을 맡고, 부이사장은 중국항공과학산업진흥공사(中国航天科工集团公司), 차이나텔레콤(中国电信集团公司) 부사장 겸 당조(黨組)위원, 하이얼, 화웨이, 알리바바, 중국전자정보산업공사, 중국다탕공사(中国大唐集团公司), 중국인터넷협회 사무처장 등이 참여하고 있다. 이사회에는 텅쉰, 폭스콘, 치후360(奇虎360科技有限公司) 등 민간기업과 대학, 연구기관 들이 참여하고 있다.[40] 사무국도 중국정보통신연구원은 물론 화웨이, 하이얼 등 민간기업의 인사들로 구성되어 있다. 회원들도 제조기업, 통신기업, 대학 및 연구기관, 통신보안기업, 투자기관 등 200여 개의 기업과 연구기관들이 참여하고 있다. 이 연맹은 최근 산업인터넷 관련 다양한 회의를 개최하고 2017년 한 해에만 공업정보화부의 지도 아래 〈산업인터넷 플랫폼 백서(工业互联网平台白皮书)〉, 〈산업인터넷성숙도평가백서(工业互联网成熟度评估白皮书)〉〈산업빅데이터기술 및 응용백서(中国工业大数据技术与应用白皮书)〉 등 7개의 백서를 발간하는 등 활발한 활동을 벌이고 있다.

3) 중국 인공지능 산업발전연맹(中国人工智能产业发展联盟)

중국이 인공지능 분야를 핵심적 전략산업 분야로 설정하면서 이

40　工业互联网产业联盟. http://www.aii-alliance.org/index.php?m=content&c=index&a=show&catid=15&id=4 (검색일: 2018.01.02.)

에 대한 정부 주도 사회조직 또한 탄생한다. '중국 인공지능 산업 발전연맹(中国人工智能产业发展联盟, AIIA)'이 2017년 10월 13일에 북경에서 AI기술력과 산업네트워크 구축 등을 목표로 창립된 것이다. 〈인터넷플러스+ 인공지능 3년 행동실천방안("互联网+"人工智能三年行动实施方案)〉에 따라 관련부처인 국가발전개혁위원회, 과학기술부, 공업정보화부, 중앙사이버안전과 정보화영도소조의 공동지도하에 성립되었다고 밝히고 있어 이 연맹 또한 정부 주도와 관리하에 존재하는 전략산업 분야의 민관협력체라고 할 수 있다. 중국공정원 연구원인 판윈롱(潘云鹤)이 이사장이다. 상무부이사

표 5-5. 중국인공지능산업발전연맹 이사회 명단

직위	성명	소속/직위
이사장	판윈롱(潘云鹤)	중국공정원(中国工程院) 연구원
상무부이사장	정난닝(郑南宁)	중국공정원 연구원, 시안교통대학 교수
부이사장 (14명)	천 춘(陈 纯)	중국공정원 연구원, 저장대학 교수
	쉐치쿤(薛其坤)	칭화대학(清华大学) 부총장
	쉬 보(徐 波)	중국과학원(中科院) 자동화연구소소장
	왕하이펑(王海峰)	바이두(北京百度网讯科技有限公司) 부회장
	옌쉐이청(颜水成)	치후360인공지능연구원(奇虎360人工智能研究)원장
	후 위(胡 郁)	커다쉰페이(科大讯飞股份有限公司) 집행총재
	야오싱(姚 星)	텅쉰(深圳市腾讯计算机系统有限公司) 부회장
	리우송(刘 松)	알리바바(阿里巴巴中国有限公司) 부회장
	쉬 팡(徐 方)	시아순 로봇오토메이션(沈阳新松机器人自动化股份有限公司) 최고기술책임자(CTO)
	왕시위(王喜瑜)	중싱통신(中兴通讯股份有限公司) 부회장
	장송타오(蒋松涛)	INESA(上海仪电（集团）有限公司) 부회장
	왕지예(王继业)	중국전력과학연구원(中国电力科学研究院) 부원장
	천궈잉(陈国瑛)	우주항공공사(航天科工集团) 과학기술질량부 부장
	장 용(张 涌)	중국인터넷통신기술연구원(中国联通网络技术研究院)원장

장 1인과 부이사장 14인으로 구성된 이사회는 중국의 최고 인터넷 기업인 바이두, 텅쉰, 알리바바 등은 물론 음성인식과 의료분야 인공지능 산업의 대표라고 할 수 있는 커다쉰페이, 시아순까지 인공지능산업 분야 선두기업의 최고경영자들이 모두 참여하고 있다. 또한 중국 정부 국책연구소와 국유기업, 칭화대 등 교육기관들이 참여하여 '정부 주도 산(産)-학(學)-연(研)'의 거버넌스를 보여주고 있다.

인공지능산업발전연맹 이사로는 130여 명의 기업인과 국책기관 연구원, 대학연구진 등이 다양하게 포함되어 있다. 이사회 이외에도 전문가위원회를 별도로 두어 가오원(高文) 중국공정원연구원이 주임을 맡고, 중국과학원, 중국정보통신연구원 등 국책연구기관 연구책임자 14명이 부주임을 맡아 전문가위원회를 운영한다. 전문가위원회 위원에도 알리바바와 완다그룹 등 민간기업, 대학, 국책연구원 등 50여 명의 연구인력이 참여하고 있다. 이렇듯 이사회와 전문가위원회가 산학연의 통합적 거버넌스를 구축하고 있으면서 한편으로 이 연맹을 실무적으로 운영하고 뒷받침하는 기관은 모두 국책연구기관에서 담당하고 있다.[41] 연맹의 사무국이 총괄국인 중국정보통신연구원 이외에도 부국장으로 바이두, 화웨이, 커다쉰페이, 하이얼 등 민간기업들이 참여하고 있고 각 팀별로 정부연구소

41 중국인공지능산업발전연맹 조직과 관련하여서는 아직 공식홈페이지가 존재하지 않아, 바이두 검색을 통해 조사한 내용임. (검색일: 2017.12.26.) https://baike.baidu.com/item/%E4%B8%AD%E5%9B%BD%E4%BA%BA%E5%B7%A5%E6%99%BA%E8%83%BD%E4%BA%A7%E4%B8%9A%E5%8F%91%E5%B1%95%E8%81%94%E7%9B%9F/22162171?fromtitle=AIIA&fromid=22162439&fr=aladdin

와 대학, 민간기업의 전문가들이 함께 참여하고 있어 향후 인공지능산업 발전을 위한 중요한 협업네트워크가 될 것으로 보인다.

V 결론

4차 산업혁명에 대한 중국의 인식과 담론은 중국이 항상 강조하듯이 중국특색의 사상과 체제가 반영되어 있다. 이 연구는 당국가체제인 중국이 중국특색의 체제를 활용하여 어떻게 국가가 4차 산업혁명 시대의 담론과 전략을 주도하고 어떻게 전략산업을 특정하고 이를 추진하기 위한 정부 주도의 거버넌스를 구축해 가는지 구체적으로 살펴보았다. 이를 통해 중국은 4차 산업혁명 시대에도 여전히 당과 정부가 기획하고, 지시하고 통솔하는 국가주도형 경제발전을 추진해 가고 있으며, 자국 기업을 중심으로 4차 산업육성 전략을 전개하는 보호주의적 산업정책을 추진해 가고 있음을 볼 수 있다. 중국은 1978년 개혁개방 이후 견지되고 있는 '1개 중심(경제발전), 2개 기본점(개혁개방/4항기본원칙[42])' 원칙을 4차 산업혁명 시대에도 견고히 유지할 것이며, 적극적인 자국기업 육성전략을 통해 중국주도(China Initiative), 중국중심(Sino-centrism)의 4차 산업혁명의 생태계를 만들어갈 것이다.

중국에게 4차 산업혁명 시대는 21세기 중엽 '중화민족의 부

42 　중국의 '1개 중심 2개 기본점(一個中心, 兩個基本点)' 원칙은 덩샤오핑이 1978년 개혁개방 이후 개혁개방에도 불구하고 〈사회주의, 공산당 영도, 프롤레타리아 독재, 마르크스레닌주의와 마오쩌둥사상〉 등 4개 기본원칙의 견지를 강조한 것이다.

흥'을 완성시킬 수 있는 역사적 시기이다. 이미 중국은 4차 산업혁명 시대를 주도할 수 있는 기술력을 빠르게 확보해가고 있다. 2015년 세계지적재산권기구(World Intellectual Property Organization, WIPO) 산하 기구인 국제특허조약(PCT)에 특허를 가장 많이 신청한 나라는 미국, 일본, 중국, 한국, 영국 순이었다. 이 중에서도 증가 속도가 가장 빠른 나라가 중국(14.6%)이었다(심춘수 2017, 20). 2016년 중국의 특허출원양은 전년 대비 44.7% 증가해 누계 기준 110만 3000건으로 미국과 일본에 이어 세 번째로 100만 건을 넘어섰다. 중국의 중싱과 화웨이는 특허출원양에서 각각 1위와 2위를 차지했고, 세계지적재산권기구는 중국의 PCT 특허출원양이 2년 뒤 세계 1위로 올라설 것으로 전망했다.[43] 중국은 2016년부터 세계인공지능대회(世界智能制造大会)를 주최하고, 2017년 12월에는 중국인공지능그린북(中国智能制造绿皮书)을 공표했다.[44] 2018년에는 북경에서 세계스마트시티대회도 개최된다. 중국이 4차 산업혁명 시대의 기술력을 제고하면서 글로벌 이니셔티브 경쟁에 적극 나서고 있는 모습이다.

중국의 꿈과 4차 산업혁명 시대가 어떻게 접목될 것인지, 그리고 그것이 중국의 대내적 경제사회와 정치사회에 어떠한 변화를 초래하게 될 것인지 나아가 세계질서와 체제에 어떠한 영향을 미

---

43   아주경제(2017.05.24.). "ZTE, 화웨이, 오포…'짝퉁천국'서 '특허강국', 달라진 중국." http://www.ajunews.com/view/20170524085526033 (검색일: 2017. 12.23.)
44   중국공업정보화부 웹페이지. "中国智能制造绿皮书(2017)正式发布." http://www.miit.gov.cn/n973401/n4965332/n4965342/c5406901/content.html (검색일: 2017.12.27.)

칠 것인지는 불명확하다. 그러나, 중국이 지속적으로 견지하고 있는 당국가체제와 사상적 결속이 4차 산업혁명 시대의 자동화와 지능화, 네트워크화 등의 흐름 속에서 더 많은 도전과 모순에 직면할 수 있다는 것은 분명해 보인다. 최근 텅쉰이 도입한 인공지능 로봇 베이비Q가 "공산당이 좋은가"라는 질문에 '아니오'라고 답하고, 사용자가 "공산당 만세"라고 묻자 '그렇게 부패하고 무가치한 정치 제도가 오래 간다고 생각합니까'라고 회답하면서 서비스를 중단한 것은 4차 산업혁명 시대가 중국에게 국가의 자율성과 통제력을 타협해야 하는 새로운 사회를 요구할 수도 있음을 보여주는 사례라고 할 수 있다. 중국의 4차 산업혁명 시대 전략은 단순히 제조업의 혁신을 넘어 기존의 정치, 노동, 사회, 문화 등 다양한 정치사회의 변화를 고민하고 대응해야 한다는 점에서 4차 산업혁명 시대는 중국에게 더욱 전면적이고 심층적인 변화의 시대가 될 수 있다.

참고문헌

박준기·윤종석·이현태. 2017. "중국 전기자동차 산업발전과 전망: 중국 정부의
산업육성정책 평가를 중심으로."『현대중국연구』 18(4), 101-140.
백서인. 2017. "중국의 인공지능 발전 동향과 과제."『과학기술정책』 27(9), 12-17.
신주식. 2007. "중국 사회주의 시장경제의 이론논쟁에 관한 연구."『현대중국연구』
8(2), 173-213.
심춘수. 2017. "중국의 4차산업혁명 대응현황과 과제."『한국멀티미디어 학회지』
21(1·2), 18-22.
오승렬. 2009. "시사초점; 중국 전인대 개최 국가주도 경제운영··보호주의 강화."
『통일한국』 304, 62-64.
윤대상. 2016. "중국-로봇산업의 발전 세계 최대 공업로봇 시장 전략 산업화, 제조업
돌파구로 활용."『CHINDIA Plus』 117, 52-53.
임강희·양정학. 2015. "중국의 인공지능 프로젝트, '중국대뇌(中國大腦)' 계획."
『국방과 기술』 437, 54-63.
진정미. 2016. "중국경제 위기론과 '공급측 개혁'의 상관성 연구."『한중사회과학연구』
41, 23-57.
최해옥. 2016. "연결되는 공장, '중국제조 2025'."『과학기술정책』 26(8), 2016.8.20-
25.
중국 전기자동차 산업발전과 전망: 중국 정부의 산업육성정책 평가를 중심으로

Chen, Shanzhi; Xu, Hui; Liu, Dake. 2014 "The development trend and future of
IOTs in China." *China Communications* 11 (9).
Dong, Xuebing; Chang, Yaping; Wang, Yawei; Yan, Jun. 2017. "Understanding
usage of Internet of Things (IOT) systems in China : Cognitive experience
and affect experience as moderator." *Information Technology & People* 30
(1): 117-138.
Hu, Bo; Wang, Hucheng. 2014. "A Vision of IoT: Applications, Challenges, and
Opportunities With China Perspective." *IEEE Internet of Things Journal* 1
(4): 349-359.
Jin, Aileen. Sep 2015. "Made in China 2025: Chinese government aims at
Industry 4.0 implementation." *Control Engineering*. Barrington: 1-4.
Kuan, Chung Lin; Shyu, Joseph Z.; Kun Ding. 2017. "A Cross-Strait Comparison
of Innovation Policy under Industry 4.0 and Sustainability Development
Transition." *Sustainability* 9. 786: 1-17.
Lan, Xiang. 2015. "Industry 4.0: China's New Opportunities." *Beijing Review*
2015/01/04.
Zhang, Xianhui; Peek, William; Pikas, Bohdan; Lee, Tenpao. 2016. "The

Transformation and Upgrading of the Chinese Manufacturing Industry :
Based on "German Industry 4.0" "*The Journal of Applied Business and
Economic* 18 (5): 97-105.

王喜文. 2016. 『中国制造 2025 解读』. 北京: 机械工业出版社。

马化腾. 2016. 『分享经济: 供给侧改革的新经济方案』. 北京: 中信出版社.

乌镇智库.网易科技网. 2016. 『全球人工智能发展报告 2016』.

工业互联网产业联盟. 2017. 『工业互联网平台白皮书』.

工业互联网产业联盟. 2017. 『工业大数据技术与应用白皮书』.

胡晶. 2015. "工业互联网'工业4.0'和'两化'深度融合的比较研究" 『学术交流』 250 (1):
151-158.

邓泳红张其仔."中国应对第四次工业革命的战略选择."中州学刊.2015年06期: 23-28.

孙乐强. 2017. "后金融危机时代的工业革命与国家发展战略的转型 –
"第四次工业革命"对中国的挑战与机遇."天津社会科学. 2017年01期: 12-20.

张有奎. 2017. "唯物史观视域下的第四次工业革命及其文化意义."天津社会科学.
2017年02期.

张海平. 2014. "关于"第四次工业革命"的探讨." 流体传动与控制. 2014年02期.
1-3.安宇宏. 2016. "第四次工业革命."宏观经济管理. 2016年07期. 83.

周嘉昕. 2017. "第四次工业革命": 一个马克思主义的分析"天津社会科学. 2017年01期.
4-11.

张璐晶. 2017. "2017夏季达沃斯论坛前瞻:直面第四次工业革命的挑战
人工智能和生物技术的道德困境备受关注."中国经济周刊. 2017年25期.

王彬, 白瀚文. 2016. ""工业4.0"正悄无声息地向我们走来 —
兼论"工业4.0"对实现中国梦的 伟大意义"经济师. 2016年12期. 27-28.

高歌. 2017. "德国"工业4.0"对我国制造业创新发展的启示."中国特色社会主义研究.
2017年02期. 41-47.

黄群慧. 2013. "中国的工业化进程:阶段'特征与前景."经济与管理. 2013年07期. 5-11.

李金华. 2015. "德国"工业4.0"与"中国制造2025"的比较及启示"中国地质大学学报.
2015年05期. 71-79.

王喜文. 2013. "工业4.0:智能工业"物联网技术. 2013年12期. 3-6.

黄群慧. 贺俊. 2013. "第三次工业革命"与中国经济发展战略调整 —
技术经济范式转变的视角"中国工业经济. 2013年01期

吴智慧. 2015. "工业4.0:传统制造业转型升级的新思维与新模式."家具. 2015年 01期.

李云志. 2014. ""工业4.0"时代的管理架构研究."管理观察. 2014年 24期

丁纯, 李君扬. 2014. "德国"工业4.0"内容'动因与前景及其启示."德国研究. 2014年 04期.

胡杰. 2015. "从德国"工业4.0"看中国未来制造业的发展."民营科技. 2015年 12期.

黄阳华. 2015. "德国"工业4.0"计划及其对我国产业创新的启示."经济社会体制比较.
2015年 2期.

贺正楚. 潘红玉 . 2015. "德国"工业4.0"与"中国制造2025"."长沙理工大学学报. 2015年

　　3期.

兰建平. 2015. "工业4.0对浙江产业转型的影响及对策思考." 统计科学与实践. 2015年 4期.

李政新. 2015. "德国工业 "4.0" 对河南工业升级的启示." 区域经济评论. 2015年 2期.

李培楠,万劲波. 2014. "工业互联网发展与 "两化" 深度融合." 中国科学院院刊
　　2014年02期.

黄英艺. 2015. "德国 "工业4.0" 战略对泉州制造转型升级的启示." 泉州师范学院学报.
　　2015.

智慧工厂. 2017. "工业4.0时代的工业物联网分析/ 工业4.0时代的新宠 — 人工智能"
　　2017年05期.

检察风云. 2016. "当 "中国制造2025" 遇上 "德国工业4.0" 2016年 22期.

胡鞍钢. "中国赶上第四次工业革命发动期." 北京日报. 2013/02/25.

李盛明, 王佳. "共话第四次工业革命的前景" 光明日报. 2017/03/25.

对外经贸实务. "在第四次工业革命中实现包容性增长 — 李克强总理在2017年大连夏季
　　达沃斯论坛上致辞" 2017/07/10.

곽배성. "중국 AI 기술, 미국을 추월할까." 『POSRI 이슈브리프』 (2017/12/14).
　　https://www.posri.re.kr/ko/board/content/14881 (검색일: 2017.12.25.)

王飞跃. "工业 4.0,皇后的新衣？", 中国科学报(2014.11.02.) http://www.gkong.com/
　　item/news/2014/11/81495.html (검색일: 2017.08.28.)

필자 소개

차정미 Cha, Jung-Mi

연세대학교 통일연구원(Yonsei Institute for North Korean Studies) 전문연구원
연세대학교 중어중문학과 졸업, 연세대학교 정치학 박사

논저 『중국은 우리에게 무엇인가』(공저), 「1980년대 한중관계 태동기, 정부–비정부 협력외교의 발전과정」, 「중국 특색의 사이버 안보 담론과 전략, 제도 분석」, "China's threat perception and Response Strategy toward THAAD deployment in South Korea: Focusing on Power, Identity, and Geopolitics Factors."

이메일 newgeneration21@hanmail.net

제6장

4차 산업혁명의 한국적 담론과
대응전략 진단

The Fourth Industrial Revolution in South Korea
— Discourse and Implications of Response Strategies

윤정현 | 과학기술정책연구원(STEPI) 전문연구원

* 이 글은 『국가정책연구』 34(1), 21-53에 게재된 "한국사회의 4차 산업혁명 수용과정과 대응전략의 시사점"을 수정·보완하여 작성하였음.

현재 4차 산업혁명 이슈는 한국 사회의 성장 패러다임을 주도하는 가장 핵심적인 원동력이다. 여기에는 고착화된 저성장의 위기를 타개하기 위한 실천 수단으로서 4차 산업혁명 담론을 주도해온 정부와 언론의 역할이 자리하고 있었다. 그러나 이러한 정부 주도적 접근이 얼마나 효과적일지에 대해서는 많은 의구심이 제기되고 있다. 필자는 그 이유로 4차 산업혁명의 한국적 수용 과정에서 사회 구성원들의 다양한 참여가 부재한 협소한 담론 환경과 기술 우선주의의 한계점에 대해 지적한다. 특히, 한국 정부의 4차 산업혁명 대응 전략에는 암묵적으로 산업진흥, 기술개발 중심적 담론이 자리하고 있었으며 급속한 변화의 부작용을 완화하기 위한 윤리적·사회적 논의는 상대적으로 지체되어 있었다. 이는 결국 사회 전반의 수용성 제고와 적극적인 대응에 커다란 난제로 작용할 가능성이 높다. 관건은 4차 산업혁명을 둘러싼 기술과 제도, 사회적 문제에 대한 균형 있는 접근을 시도함으로써 글로벌 차원에서 벌어지고 있는 4차 산업혁명의 담론을 비판적으로 재해석하고 우리의 현실에 맞게 구체화하는 일이다. 한국 사회의 제한된 4차 산업혁명 담론과 전략의 한계를 극복하기 위해서는 다양한 관점을 수용하고, 사회적 공진화를 위한 노력이 뒤따라야 할 것이다.

The Korean government has accepted and led 'The Fourth Industrial Revolution' discourse as a way to overcome as a way to overcome low growth. However, there are a lot of suspicions about how effective this government-wide attempt will be. I point out some limitations following of the narrow environment of discourse lacking various participation of members in the process of accepting the Fourth Industrial Revolution in Korea, and approach placing a high priority on intelligent information technology.

In response to the Fourth Industrial Revolution in Korea, the government established strategies stressing on industrial improvement and technology development tacitly. Meanwhile, ethical and social discussions to mitigate the adverse effects of technology development and industrialization were relatively delayed. In particular, the environment lacking the various participation and communication of members in the policy-making can lead to a social aversion against the rapid change of the Fourth Industrial Revolution. Consequently, it is more likely to have a great difficulty in encouraging people to accept social changes on the whole and actively responding to those changes.

KEYWORDS 4차 산업혁명 the fourth industrial revolution, 지능정보사회 intelligent information society, 4차 산업혁명위원회 presidential committee on fourth industrial revolution

I 서론

최근 대한민국 어디에서나 4차 산업혁명이 주목받고 있다. 학계와 산업계를 가리지 않고 4차 산업혁명의 전문가를 자처하는 사람들로 넘쳐난다. 지난 대선 때는 '4차 산업혁명을 누가 가장 잘 이해하고 있으며 성공적으로 이끌 것인가?'가 각 후보자를 평가하는 기준이 되기도 하였다. 이러한 과정에서 출범한 새 정부는 공식적으로 '4차 산업혁명위원회'를 대통령 직속으로 설치하고 주관부처로 과학기술정보통신부(구 미래창조과학부)를 선정하였다. 그러나 4차 산업혁명에 대한 논란은 여전히 지속되고 있다. 우선 그 용어의 정의가 모호하며 학술적 근거가 여전히 부족하고 세계적으로 통용되는 용어도 아니기 때문이다. 일각에서는 지난 정권의 '창조경제' 처럼 한시적으로 유행하다 잊히는 구호가 될 수 있다는 우려도 제기되고 있다.

실제로 국내외 4차 산업혁명 회의론자들은 최근의 변화들이 에너지원, 기반기술, 경제사회 구조의 대전환을 가져온 앞서의 산업혁명에 비해 아직까지는 단절적 변혁을 보여주는 증거가 없다고 반론한다. 적어도 현재 시점에서 이를 단정하기에는 섣부르다는 것이다. 게다가 4차 산업혁명이라는 용어의 정의 또한 여전히 모호한 상태이다. 이 용어를 처음 제안한 슈밥(Klaus Schwab) 세계경제포럼 회장조차 4차 산업혁명의 명확한 실체에 대해서는 충분한 논거를 제시하지 못한 바 있다. 때문에 학계와 산업계에서는 이를 어렴풋이 빅데이터와 인공지능 기술이 핵심이 되어 만물을 연결시키고 생산시스템 전반으로 확대해 나가는 사회적 변화 정도로 짐작할 뿐이다.

이러한 논쟁 가운데 한국 사회에서 4차 산업혁명이라는 단어가 화두가 된 지 벌써 2년이 지났다. 그러나 여전히 정부는 모호한 개념적 논쟁을 넘어 구체적인 전략을 마련하는 데 어려움을 겪고 있다. 지난 정부에서 발표된 '제조업 혁신 3.0'과 '지능정보사회 종합대책'뿐만 아니라 현 정부의 '4차 산업혁명위원회'가 제안한 기술중심적 핵심 의제를 보더라도 범정부 차원에서 주도하고 있는 이러한 접근이 얼마나 효과적일지에 대해서는 다각적인 시각에서의 검토가 필요하다. 특히, 정책의 추진 과정에서 시민과 사회의 소통과 참여가 부재한 환경은 4차 산업혁명이라는 급격한 변화에 대한 사회적 거부감으로 이어질 수 있으며 향후 사회 전반의 수용성 제고와 적극적인 대응에 커다란 난제로 작용할 가능성이 높다. 이는 글로벌 차원에서 벌어지고 있는 4차 산업혁명 담론을 비판적으로 재해석하고 우리의 현실에 맞게 구체화하는 시도가 부족하였음을 시사한다. 지속가능한 '한국형 4차 산업혁명 전략'으로 자리매김하기 위해서는 기술과 제도, 사회적 문제에 대한 보다 균형 있는 접근이 필요하다.

이러한 맥락에서 이 글은 4차 산업혁명의 한국적 수용 과정에서 나타난 정부와 사회의 담론적 한계와 실천 전략의 문제들에 대해 비판적으로 고찰하고자 한다. 이 글의 구성은 다음과 같다. II절에서는 국내의 4차 산업혁명 담론이 주도하는 한국 사회의 위기론과 여기에 암묵적으로 전제된 산업주의적, 계도적, 비관주의적 관점을 짚어본다. III절에서는 이러한 담론적 기반 위에 수립된 정부의 대표적인 4차 산업혁명 대응전략을 '제조업 혁신 3.0', '지능정보사회 중장기 종합대책', '4차 산업혁명 대응계획'을 중심으로 살펴본다. IV절에서는 위의 분석 내용을 토대로 한국의 4차 산업혁명 담론과 전략이 가진 한계들을 상대적으로 지체된 법, 제도, 윤리적 논의구조를 통해 살펴본다. 결론에서는 한국 사회의 제한된 4차 산업혁명 담론이 가진 정책의 한계를 극복하기 위하여 국가가 전략적으로 나아갈 방향을 명확히 제시하고, 사회적 합의를 담아낸 공동체의 의제를 발굴해내는 지속적인 소통 노력이 필요함을 주장하고자 한다.

II 한국 사회의 '4차 산업혁명' 수용 배경과 담론 전개

1. 저성장·사회문제의 위기론 대두

최근 한국 사회의 위기론은 '저성장'과 '사회문제 심화'라는 두 가지 주요 난제에 기인하고 있다. 지난 수십 년간 유지되었던 한국 사회의 성장동력이 지속적으로 하락하고 있는 반면, 저출산 고령화의 부정적 영향은 본격화되면서 새로운 변화를 모색해야 할 시점에 놓인 것이다. 저성장 측면에서는, 그간 한국 사회를 뒷받침한 자본투입 성장이 저하되고 성장 주체의 다양성도 취약해지면서 지속가능한 성장 기반이 위협받고 있다는 분석이 제기된다(우천식 외 2017, 36). 실제로 지난 10년간 국가의 성장 엔진을 주도했던 산업 부문과 경제 행위자의 폭이 협소해진 현상이 관찰되는데, 2000년 대만 하더라도 산업 각 부문에는 경쟁력 있는 대기업과 벤처기업들이 다수 포진해 있었다. 특히, 이들은 선제적으로 대응하였던 정보통신 분야뿐만 아니라 자동차, 조선, 철강, 화학 등 다양한 부문에서 영향력을 확대하고 있었다. 이 때문에 당시와 비교하여 오늘날의 한국은 조선과 철강 등 중추 산업에서 이미 성장의 벽에 부딪힌 지 오래라는 우려가 제기된다. 경쟁력을 유지하고 있는 주력 산업 부문도 자동차, 반도체, 휴대폰 정도로 포트폴리오가 매우 협소해진 것이 사실이다. 10년 전에는 눈에 띄지 않았던 구글과 페이스북, 애플 등이 주도하고 있는 데이터 정보혁명의 시대에서 수십 년간 성장을 견인해왔던 한국의 전통 대기업들이 그 역할을 충실히 해낼 가능성이 있는지는 미지수라는 분석인 것이다(롤랜드 버거 2017, 13). 특히, 이들 부문이 과거만큼 고용 및 성장에 기여하지 못하고 있다는 점도 역시 위기요인으로 손꼽힌다. 반면, 전통적인 대기업들을 국내 중소기업 벤처 생태계의 작은 후발 주자들이 대체할 수 있는가에 대해서는 여전히 많은 불확실성이 존재한다.

위기의 또 다른 한 축인 사회적 측면에서는 인구고령화 문제와 양극화, 실업 등의 문제가 제기된다. 이미 한국 사회는 인구 절벽이 현실화되었으며 복지사회의 기초 생활권을 조성해야 하는 급박한 숙제를 미룰 수 없게 되었다. 현재 한국의 고령화 속도는 세계 최고의 수준인 연간 4.15%로 OECD 국가 평균의 4배에 달한다. 지난해 이미 65세 이상 인구가 인구의 14%를 초과하는 '고령사회'에 진입했으며 이런 추세라면 10년 뒤 '초고령사회'에 진입하게 될 것으로 예측된다(우천식 외 2017, 36-37). 이뿐만이 아니다. 생산가능인구는 당장 2018년부터 줄어들게 되며, 이는 장기적으로 한국 경제를 만성적으로 침체시키는 요소가 될 것으로 분석되고 있다.

지난 10년 동안 정부는 저출산·고령사회에 대비한 대책에 약 80조 원 이상의 재원을 투입하였지만 가시적인 출산율 제고에는 실패했다. 부양·복지비용 증가 등에 따른 재정 부담과 노동력 부족 등은 중장기적인 국가 성장동력을 저해할 뿐만 아니라 국민이 체감하는 삶의 질과 행복 지수를 급격히 저하시키고 있다. 충분한 대비가 부족한 상황에서 급속한 고령화는 당장 부족한 요양 서비스 공급 문제와 노인 빈곤 이슈를 유발하고 있다. 특히, 이들에 대한

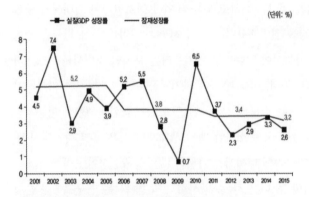

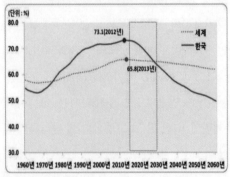

그림 6-1. 한국의 최근 성장잠재력 및 생산가능인구 비중의 변화 전망

자료: 강환구 외(2016); 통계청, 총 인구에 대한 생산가능인구 구성비(2015).

복지는 세대간, 계층 간의 갈등을 더욱 더 심화시킬 것이라는 비관적인 전망도 제기된다.

고도성장기를 지난 한국 사회가 경제·사회의 구조적이면서도 복합적인 위기에 직면해 있다는 사실은 진보·보수 정권에 상관없이 핵심 의제로 부상한 지 오래다. 이러한 상황에서 2016년 다보스포럼에서 등장한 '4차 산업혁명'은 그 개념적 모호성에도 불구하고 산업, 경제, 사회를 가리지 않는 전방위적 변화의 키워드로 주목받으면서 한국 사회가 직면한 복합적인 문제를 해결해줄지도 모른다는 기대감 속에 매우 빠르게 확산되었던 것이다.[1]

2. 정치권과 언론을 통한 '4차 산업혁명' 용어의 확산

국내에서 4차 산업혁명의 이슈가 대중적으로까지 광범위하게 확산된 배경으로 2016년 3월 서울에서 열린 바둑 인공지능 프로그램인 '알파고(AlphaGo)'와 이세돌 9단의 대국을 빼놓을 수 없을 것이다. 기계가 넘볼 수 없는 인간만의 지적 게임이라 여겼던 바둑에서 알파고가 낙승을 거둔 사건은 단순히 바둑에서 나타난 인공지능 기술의 성과에 대한 충격으로 끝나지 않았기 때문이다. 바둑뿐만 아니라 수많은 일자리 영역에서 곧 인간을 대체할 수많은 '알파

---

1   우리나라 외에 정부 차원에서 이 용어를 적극 수용한 경우는 독일과 일본 정도이다. 독일은 4차 산업혁명 개념의 기원이 되는 '인더스트리 4.0'을 제안한 국가인데, 인더스트리 4.0과 4차 산업혁명을 종종 혼용하고 있다. 일본은 'Society 5.0' 개념을 자체적으로 제안한 이후 그 내용이 4차 산업혁명과 유사함을 인지한 후에는 4차 산업혁명이라는 용어를 적극 수용해서 정책에 활용하고 있다. 일본에 대해서는 최해옥·최병삼·김석관(2017) 참조.

고'들이 등장하게 될 것이라는 전망이 쏟아졌으며 모든 언론에서 그것이 초래할 긍정적 효과와 부정적 효과를 앞다투어 예측하였다. 이는 곧 한국 사회의 새로운 기술혁신이 필요하다는 주문과 함께 변화의 흐름에 제대로 활용하고 대응하기 위해서는 결국 4차 산업혁명이라는 패러다임을 받아들여야 한다는 압력으로 작용하는 신호탄이 되었다. 4차 산업혁명이라는 용어가 등장한 지 불과 석 달이 채 안 된 2016년 4월, 미래창조과학부가 중심이 되어 범부처 합동으로 4차 산업혁명에 대한 TF를 구성하였으며, 종합적인 대응책을 골몰하기 시작했다. 그리고 2017년 대선 시기에는 각 후보들이 경쟁적으로 4차 산업혁명 관련 공약을 발표했으며, 새로 출범한 문재인 정부에서는 아예 '4차 산업혁명위원회'라는 이름을 명시한 민·관 합동 자문기구가 운영되고 있기 때문이다. 이제 한국 사회에서 4차 산업혁명은 정책 현장에서건 대중 사회에서건 매우 익숙한 용어가 된 셈이다.

실제로 4차 산업혁명에 대한 국내의 관심은 인터넷 검색결과를 보더라도 다른 국가에 비해 두드러지게 높다는 사실이 드러난다. 2018년 1월 1일 현재, 구글 검색창에 '4차 산업혁명'을 입력해 보면 66만 건의 검색결과가 나타나는데, 이는 '4th Industrial Revolution(fourth industrial revolution 포함)'으로 검색했을 때 제공되는 164만 건의 무려 1/3이 넘는 수치이다.[2] 반면, 그에 앞서 4차 산업혁명이라는 화두를 촉발시킨 'AI'와 'Internet of Things',

---

2   같은 조건에서 'Industry 4.0'을 입력할 경우 약 1억 개의 검색결과가 나타난다(한국어 검색결과는 33만 건). 이는 국내와 달리 국외에서는 사실상 '4차 산업혁명'을 의미하는 보편적 용어로 Industry 4.0이 보다 널리 쓰이고 있음을 알 수 있다.

'big data'의 경우, 각각 21억 건, 3억 3천만 건, 3억 4천만 건이 넘게 검색된 것에 비해, 이를 한국어 '인공지능', '사물인터넷', '빅데이터'로 검색한 결과는 각각 938만 건과 46만 건, 62만 건으로 영문검색의 약 1/20에 불과한 것으로 나타났다. 이는 국내의 관심이 '4차 산업혁명'의 근간이 되는 핵심 기술보다는 개념적인 용어 자체에 매몰되어 있다는 점을 시사한다(박병원·윤정현 2017, 7). 실제로 인공지능의 산업적 측면을 다룬 스탠퍼드대 보고서에는 4차 산업혁명이라는 단어가 한 번도 등장하지 않으며, 백악관이 2016년에 두 차례 발간한 인공지능 보고서에도 딱 한 번 언급될 뿐이다. 심지어 2017년 1월 미국 국가정보위원회가 펴낸 2035년 세계동향 분석 보고서조차 4차 산업혁명에 대한 언급은 없다(이인식 2017, 7).

이렇듯 개념적 정의가 합의되지 않은 4차 산업혁명이라는 용어가 한국 사회에서 매우 빠르게 국가적인 의제로 부상한 배경에는 정치권과 언론을 중심으로 현재 나타나고 있는 변화가 기술 산업 중심의 정보화를 넘어 경제 사회구조에도 수혜를 가져올 것이라는 믿음이 자리 잡고 있기 때문이다. 국회는 다보스 포럼 이후 채 반년도 되기 전에 주요 3당의 산·학·연 전문가 출신 비례대표 의원들이 주도한 '국회 4차 산업혁명 포럼'을 출범시켰으며, 'ICT 법제 개선 토론회'를 시작으로 4차 산업혁명에 대한 범국가적, 범국민적 인식 제고에 나서기 시작했다.[3] 여야를 막론하고 포럼에 참

---

3   "우리는 모든 것이 연결되고, 융합하는 지능정보사회를 맞이하고 있다. 4차 산업혁명 혁신에 대한 보편적 인식을 국민과 함께 넓혀서 바람직한 생태계가 조성되도록 앞장설 것(새누리당 송희경 의원)", "4차 산업혁명과 알파고 시대에 대비한 인재를 키워낼 수 있는 방안을 찾고, 인재 양성의 체계적인 시스템을 구축하는 일에 최선을 다해야 한다(더불어민주당 박경미 의원)."

여한 의원들은 "4차 산업혁명이 거스를 수 없는 대세이며, 과학기술을 통한 미래 먹거리 문제를 넘어 교육과 산업부문, 노동부문의 구조개혁으로 이어가기 위한 논의가 필요함"을 강조하였다. 그 외에도 20대 국회에서는 4차 산업혁명을 연구하는 국회 내 모임이 세 개나 설립된 바 있다(이인식 2017, 188).

또 다른 한 축인 언론 역시 정치권의 구호에 적극적으로 호응하여 '4차 산업혁명' 관련 뉴스를 반복적으로 노출해왔다. 실제로 '4차 산업혁명'과 관련된 소재의 뉴스는 2013년 11건에서 2017년 약 2만 건으로 기하급수적인 증가를 보였음이 관찰된다(김평호 2018, 8). 이 과정에서 4차 산업혁명은 새로운 경제적 부가가치 창출의 기회이자 사회 개조의 수단으로 자리 잡았다. 즉, 선진국과의 신기술 경쟁을 위한 체질개선 요구와 함께 한국 사회에서의 4차 산업혁명론은 산업과 경제, 나아가 사회와 정치 전반의 패러다임을 변모시킬 수 있는 혁명적 요소로 주창된 것이다.

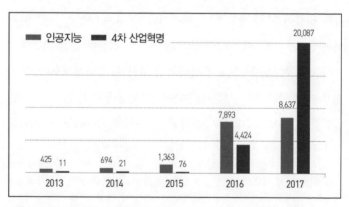

그림 6-2. 인공지능/4차 산업혁명 관련 국내 뉴스 건수(2017.11.30 기준)
자료: 김평호, 한국언론진흥재단 언론기사 데이터베이스 자료 요약(2018).

물론, 4차 산업혁명이 결국 무엇을 지향하는지에 대해서는 사회 전반의 논의가 지속될 필요가 있는 것이 사실이다. 한국 사회에서 진행 중인 4차 산업혁명 담론은 진지한 사회적 성찰과 숙고를 반영하기에는 여전히 부족한 상황이기 때문이다(심우민 2017, 14). 결국, '4차 산업혁명'이라는 용어는 학술적 차원에서 타당성을 확증받지 못하였지만 정치권과 언론의 강조에 힘입어 한국 사회 전반의 위기를 타개해줄 혁신의 키워드로 자리 잡아갔다.

3. 한국 사회의 '4차 산업혁명' 담론 지형의 전개

담론은 사람들이 생각하는 방식과 내용을 규율하는 추상적인 권력이자, 동시에 허용된 범위 내에서 행동양식을 구성하도록 하는 물리적 권력으로 작동한다(김평호 2018, 8-9). 그러나 담론이 일반 시민들이 바라는 삶의 가치와 직결된 문화적 형태를 구성하지 못한다면, 실체를 갖지 못하고 사상누각에 머무르게 된다. 따라서 국가 차원의 정책 의제가 담론을 통해 사회에 착근하기 위해서는 구성원 간의 지속적인 소통을 통해 공진화하는 과정을 거쳐야만 한다. 여기서 주목해야 할 요소는 한국 사회에서 벌어지는 4차 산업혁명의 담론의 생성 과정이다. 그 이유는 담론이 가진 강력한 현실 구성력을 감안할 때, 누가, 어떠한 관점에서 이를 주도하느냐에 따라 그 지향점과 파급력이 다르게 나타날 수 있기 때문이다.

다보스에서 제기된 '4차 산업혁명 선언'은 암묵적인 두 가지 전제에 기초하고 있었다. '과학기술의 발전은 경제발전으로 이어진다'는 신념과 '자본의 축적은 결국 사회 전반에 고루 확산된다'

는 신념이다(이종관 2017, 35). 이 두 가지 전제는 4차 산업혁명을 거대한 기회의 이미지로 손쉽게 변모시켰으며 이를 갈망하는 사회에서 더욱 신속하게 소비되었다. 특히 한국 사회가 수십 년 동안 추구해온 정부 중심의 '성장과 추격' 전략이 더 이상 유지되기 어려워진 상황에서, 선진국이 새롭게 주도하는 '4차 산업혁명론'의 등장은 또 다른 의미에서 '익숙한' 충격이자 '추종해야 할' 방향으로 다가올 수밖에 없었다.

정치권과 언론은 누구보다도 이를 재빨리 포착하여 사회에 확산시켰다. 이 과정에서 알파고 사건 이후 한국 사회에서 벌어졌던 인공지능을 포함한 일련의 4차 산업혁명 담론들은 수용자인 시민의 관점을 배제한 채 공급자인 정부의 관점을 비대칭적으로 반영하게 되었다고 볼 수 있다. 그 결과 새로운 산업과 비즈니스 창출의 기회로 바라보는 '산업적 담론(industrial visions)'과 사회 구성원 모두가 자기계발을 통해 변화된 환경에 적응할 것을 요구하는 '생존기술의 담론(personal development techniques)'이 지배하게 된 것이다(김평호 2017).

그러나 여기서 나타나는 공통적인 문제는 4차 산업혁명을 대표하는 신기술들이 현실의 구조적 문제를 어떻게 해결 또는 개선할 수 있을지에 대해 답을 주지 못한다는 사실이다. 예를 들어, 자동화와 일자리 대체라는 노동 변화에 대한 많은 이야기들은 문제의 심각성을 드러내기보다는 그것이 인공지능과 함께 오는 당연한 사회적 귀결인 것으로 간주해왔다. 이러한 산업적 담론은 또 다시 대중으로 하여금 자기계발을 압박하는 '생존기술의 담론'을 구성하는 기제가 되었다. 한국 사회의 이 두 가지 주류적 4차 산업혁명 담론은 결과적으로 미래에 대한 사회 구성원들의 불안감을 낳는 데 기여했고, 궁극적으로 4차 산업혁명의 시대를 '기계가 인간을 압도하는 시대'로 투영하는 '비관적 담론'을 낳게 하였다.

한국 사회의 4차 산업혁명 담론이 갖는 근본적인 문제점은 첫째, 주도하는 집단과 수용하는 집단 간의 희망하는 미래상이 다른 데 기인한 바가 크다. 이는 향후 해결되지 않는 논쟁과 대립의 요소로 작용할 가능성이 있다. 둘째, 양자의 정보 격차, 대응 역량의 차이 역시 비대칭적인 담론형성의 결과를 낳았다고 볼 수 있다. 정보의 충분한 공유가 이루어지지 않는다면, 앞으로도 국내의 4차 산업혁명 담론은 공급자의 논리, 다시 말해 정치권의 논리와 거대 자본의 논리에 맞춰 전개될 가능성이 높다. 이 때문에 한국 사회의 4차 산업혁명 전략은 경제·사회 시스템 전반의 혁신을 위한 수단임에도 불구하고 이를 사회에 강제하는 과정에서 그 자체가 목표인 것처럼 변질된 측면이 있다. 물론, 시민사회가 4차 산업혁명의 담론을 주체적으로 생성하여 기존의 지배적인 담론과 경쟁할 만큼 준비가 되었다고는 말하기 어려울 것이다. 하지만, 사회 구성원 대다수를 논의에서 소외시키거나 고려하지 않는 행위는 자칫 엘리티즘에 기반한 제한된 담론을 형성하게 하는 오류에 빠지게 할 수도 있다(김헌식 2017, 12). 무엇보다도 정책대상자들의 문화가치와 프레임이 일반시민의 문화가치 갈등과 괴리될수록 의도했던 정책적 목표는 달성하기 어려워진다. 이러한 맥락에서 한국 사회에서 벌어진 4차 산업혁명론은 산업과 국가 정책의 의지가 보다 반영된 제한된 프레임의 한계에서 출발했으며, 반대로 이는 시민과 사회가 상대적으로 부재한 문제를 노정함으로써 4차 산업혁명의 사회적 수용성의 근본적 문제를 배태하고 있었다고 볼 수 있을 것이다.

III 4차 산업혁명 대응을 위한 정부의 추진 전략

1. '제조업 혁신 3.0' 전략

4차 산업혁명과 알파고 붐이 불기 이전부터 한국 정부는 제조업과 지능정보화를 접목시킨 새로운 전략의 필요성을 고민해왔다. 이는 40여 년간 한국 경제의 성장과 고용, 혁신을 창출해온 제조업 부문이 IT와 소프트웨어, 서비스, 산업 간 융복합업 패러다임 변화에 맞춰 새로운 진화를 해야 하는 환경에 놓였기 때문이다(산업통상자원부 2014, 2). 특히, 고비용 생산구조에 따른 국내 생산기반 축소와 경쟁력 약화에 국가차원에서 적극 대응할 필요가 제기되면서 정부는 2014년 6월 민·관 합동으로 추진된 '제조업 혁신 3.0'[4] 전략을 발표하였다. 제조업 혁신 3.0 전략의 핵심은 제조업과 정보통신기술을 융합해 생산현장의 생산성과 제품의 경쟁력을 높이고, 창의적인 스마트융합 신제품을 조기에 사업화하여 신산업 창출을 앞당기는 것이다. 즉, 선진국에서 이미 시작되고 있는 스마트 산업혁명을 주도적으로 도입하여 제조업 생태계 전반을 근본적으로 혁신한다는 정부의 계획이었다(김의중 2015, 75).

---

4   제조업 혁신 1.0이 '경공업 중심 수입대체형 전략'을, 제조업 혁신 2.0이 '조립·장치산업 추격형 전략'이었다면 제조업 혁신 3.0은 '융합·신산업 선도형 전략'을 표방하였다. 산업통상자원부(2014), p. 2.

추진 배경을 살펴보면, 현재 한국의 상황은 세계 일류 수준의 제조업 생태계와 IT 기반을 보유하고 있으므로 다양한 수요에 대응한 신산업 발전이 가능한 반면, 스마트 혁명의 촉매역할을 하는 핵심 기술과 창의적인 시제품을 상용화하는 역량이 선진국에 비해 취약하므로 그 체질을 개선해야 한다는 진단에 기초하고 있었다. 또한, 제조업 소프트파워의 수준이 현저히 부족하므로 전략의 추진 과정에서 이들에 대한 역량의 제고 역시 필요할 것이라는 내용도 담고 있었다(관계부처 합동 2015, 4-5).

그러나, 제조업 혁신 3.0은 박근혜 정부의 국정목표였던 '창조경제'를 뒷받침하는 실천수단으로서도 중요한 기능을 하였다고 볼 수 있다. 박근혜 정부 출범과 함께 등장한 키워드인 '창조경제'는 사실 첨단기술과 산업, 문화, 인프라 확충 등과 융합한 새로운 접근을 통해 일자리를 늘려 경제성장의 동력을 지속하겠다는 경제 패러다임이다. 즉, '기존에 성장하던 방식'에서 탈피하고 민간 등 경제활동 참여주체들이 가지고 있는 다양한 아이디어와 과학기술적 성과를 접목시켜 변화의 동력으로 활용하자는 것이었다(손석호 2017, 8-9). 그러나 창조경제는 처음부터 실체적으로 모호한 구호에 불과하지 않느냐는 비판이 끊이지 않았는데, 실제 각 부처들은 이를 이어받아 실천전략 및 계획들을 발표했지만 창조경제가 의미하는 바를 명쾌하게 설명하며 구체화하는 데 상당한 어려움을 겪어왔기 때문이다.

제조업 생태계를 근본적으로 혁신하는 데서 창조경제의 방향성을 찾고자 했던 제조업 3.0 전략은 창조경제가 안고 있던 모호성의 딜레마를 어느 정도 해소해준 것도 사실이다. 특히, 4차 산업혁명이라는 용어를 담고 있지는 않았지만, 그 근간이 되는 '스마트 공장'과 같은 핵심 기술 시스템의 패러다임 변환을 포착하고 있었다는 점을 눈여겨 볼 필요가 있다.[5] 보다 신속하게 전환에 성공한다면 지금껏 순조롭게 유지해왔던 주력산업의 경쟁력을 획기적으로 높이는 것 역시 가능하다고 보았기 때문이다.[6]

나아가 제조업 3.0 전략은 핵심 전략을 의제화한 뒤 세부 과제와 후속 대책을 명시함으로써 창조경제를 보다 구체화하는 데 기여했다. 이러한 과정을 거쳐 정부는 2017년까지 가시적 성과창출을 위해 '융합형 신제조업 창출', '주력산업 핵심역량 강화', '제조혁신기반 고도화'라는 세 가지 의제를 내놓을 수 있었기 때문이다. 또한 의제 달성을 위해 제조업과 IT의 고도화된 융합을 추진하며, 생산현장과 제품, 지역산업뿐만 아니라 항공기, 무인자동차, 로봇 등 하이테크 제조업의 역량을 강화하는 세부 방안도 제시하게 되었다.

물론 여기에 대한 비판도 제기되었다. 대표적으로 정부에서 하고자 하는 방향의 제조업 혁신 3.0은 결국 기존의 공장자동화를 조금 더 발전시킨 것으로 보이는데 여기에 과연 '혁신적 생산 시스템', '스마트 공장'이라는 용어를 붙이는 것이 타당하냐는 질문이었다. 정부는 2020년까지 생산과정을 지능화·최적화하여 1만 개

---

5   "제조업과 IT, 소프트웨어, 서비스, 타 산업과의 융복합이 확산중이고, 3D프린팅, 스마트공장 등 새로운 생산방식이 등장하고 있는 가운데, 선진국들은 제조업의 중요성에 주목하고 제조업 르네상스 전략을 추진중", 산업통상자원부(2014), p. 2.

6   "세계 최고 수준의 IT인프라와 튼튼한 제조업 기반을 바탕으로 창조경제 구현의 중심인 제조업의 역량을 강화하는 우리 제조업의 퀀텀점프가 필요한 시점", 산업통상자원부(2014), p. 2.

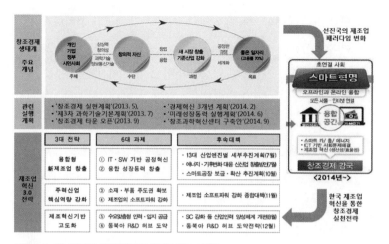

그림 6-3. 창조경제의 실천정책으로서 제조업 3.0 전략

자료: 산업통상자원부(2014), 관계부처 합동(2016)를 토대로 재구성.

공장의 스마트화를 목표로 하고 있는데, 전문가들은 적어도 스마트 공장을 제시하려면, 기존의 생산 방식과는 확연한 단절을 보여줘야 한다는 점을 지적하였다. 즉, 빅데이터를 활용한 소비 패턴의 예측이 가능함으로써 효율성의 극대화를 낳고, 나아가 실시간 맞춤형 소량생산 사회로의 전환까지 야기시키는 전환이 아닌 언술적인 선언에 불과한 것은 아닌가에 대한 비판이었다.

우선, '민·관 공동'을 표방하기는 하였지만 대부분의 핵심적인 권한은 여전히 정부가 쥐고 있었다. 물론, 외견상으로는 민관 합동 '제조혁신위원회'가 구성되고 민간경제단체, 협회, 주요 대기업·중견기업·중소기업의 분과별(IT융합, 공정혁신, 소프트파워, 주력산업) 전문가들이 다수 참여하는 등 추진 조직의 수적인 우위를 민간이 점하고 있었던 것도 사실이다. 그러나 전략의 추진 방안에 명시된 정부의 역할은 단지 기업의 혁신 산업 투자를 위한 우호적인 환경 조성에만 머물지 않았다. 시범 사업 특구를 설치하거나 아이디어 상품의 상용화 단계를 축소하는 권한은 물론이고, 2017년까지 단기간에 기업들이 달성해야 할 스마트 혁신 산업 부문을 설정하거나 투자 규모와 연구개발 인력 수를 명시하는 등, 명백히 정부가 전면에서 컨트롤하는 방식으로 접근하였기 때문이다.[7]

또한, 제조업 생태계를 근본적으로 혁신하는 데 방점을 두었지만, 이를 위한 생산 시스템의 제도적 개선 방안에 대한 구체성은 미흡하였다. 즉, 제조업 혁신을 가로막는 한국 사회의 규제, 나아가 사회·문화적 문제에 대한 대응방안은 현저히 부족했던 것이다. 특히, 제조업 혁신의 성과를 어떻게 사회에 확산하고 선순환 구조를 만들 것인가에 대한 고민까지는 나아가지 못했다는 점에서 제조업 혁신 3.0 전략은 명칭 그대로 '제조업을 위한', '제조업 분야의 경쟁력과 파급력 확산'을 우선한 정부주도형 전략이었다고 평가할 수 있다.

2. '지능정보사회 중장기 종합대책'

4차 산업혁명이라는 개념적 논쟁이 불붙는 가운데 2016년 12월 발표된 '지능정보사회 중장기 종합대책'은 4차 산업혁명의 동인으로서 지능정보기술의 우선적인 육성과 광범위한 활용을 목표로 한 것이었다. 제조업 혁신 3.0 전략과 마찬가지로 정부가 국민과 기업

---

7   특히, 삼성·현대·LG 등 대기업들과 협력사들을 연계한 제조현장의 스마트화 방안의 경우, 2021년까지 스마트 공장 1만 개의 확산을 목표로 제시한 것이 대표적이다.

에 지능정보사회의 도래를 시급히 알리고 비즈니스나 교육, 복지 등 다양한 분야에 활용할 것을 주문하며, 사회 전체를 선도한다는 목적을 띠고 있었다(김정원 2017, 76).

하지만 지능정보사회 중장기 종합대책은 두 가지 측면에서 제조업 혁신 3.0 전략과의 차이점을 보인다. 첫째, 지능정보기술이 제조업 혁신을 위한 '수단'이 아닌 산업과 사회의 '지능정보화'라는 목표 자체가 되었다. 지능정보기술과 산업사회는 상호 유기적으로 연결되어 사회 전반의 혁신적 변화를 초래하므로 전 산업의 지능정보화를 추구한다면 지능정보산업 생태계가 조성되고 국가 경쟁력 또한 확보되리라 보았기 때문이다(관계부처합동 2016, 18-19).[8] 또한 지능정보기술로 인한 변화의 전망을 산업구조, 국내 경제 및 고용효과 등의 영역으로 구분하여 고찰하였는데, 만약 이것이 현실화될 경우 2030년이 되면 총 경제적 효과와 신규매출 및 비용절감, 소비자 후생 증대가 최대 460조 원에 이를 것으로 예상하였다. 또한, 상당부분의 일자리가 자동화의 영향을 받겠지만 지능정보기술 분야에서 약 80만 명 규모의 신규 일자리가 창출됨으로써 저성장으로 인한 문제를 해결해 줄 것으로 기대하였다(관계부처합동 2016, 10).

둘째, 제조업 3.0 전략이 제조업 시스템 부문 전반의 혁신을 목표로 하였다면, 지능정보사회 중장기 종합대책은 지능정보기술

---

8   "공공서비스 및 민간산업 전반에 지능정보기술 도입을 조기 확산하여 생산성 향상 및 국가 경쟁력 확보", "제조, 의료, 금융 등 기존 산업이 데이터와 지능정보기술에 기반한 맞춤형 제조·서비스 산업으로 변모하여 고부가가치를 창출", 관계부처합동(2016), p. 20.

의 효과가 산업적 측면뿐만 아니라 삶의 질 측면까지 확대되도록 비전과 목표의 범위를 확대하였다. 즉, 기술 산업 정책과 국민적 이해에 기반한 사회 정책(고용, 교육, 복지 등)을 균형 있게 추진, 인간 중심의 미래사회를 구현한다는 정책 방향을 설정한 것이다(관계부처합동 2016, 18). 정부는 기술 측면과 산업 측면, 사회적 측면으로 세분화하여 정책을 추진하였는데, 특히 사회부문에서는 데이터 기술을 중심으로 네트워크 효과를 극대화하여 업그레이드된 공공서비스(의료, 국방, 치안, 행정 등)를 제공할 것임을 명시하였다. 다시 말해 산업 영역뿐만 아니라 고용과 복지, 교육 등 사회 부문 전반에 긍정적인 효과가 미칠 될 것임을 상정한 것이다.

지능정보사회 중장기 종합대책은 기업·국민이 주도하고 정부와 학계가 지원하는 파트너십을 마련을 강조하고 있다. 이는 4차 산업혁명의 확산에 대해 기업과 국민이 스스로 경쟁력을 강화·주도(market-leading)할 수밖에 없으며, 정부와 학계는 원천기술 개발과 우수인력 양성 등의 기반 조성에 집중하는 것이 효율적이라고 보았기 때문이다. 하지만 단순한 시장실패를 보전하는 역할을 넘어 시장에 강력한 '신호(signal)'를 전달하고 기술·산업·사회를 포괄하는 주도적인 정책 추진의 역할 역시 필요함을 강조하고 있었다. '지능정보사회 중장기 종합대책' 역시 민·관 공동 추진을 명시하고 있었지만, 사실상 정부가 민간 및 사회 전반을 총체적으로 선도하는 역할을 맡고 있었던 것이다. 이는 국방·치안·행정 등 공공 분야에 지능정보기술을 선제적으로 도입하여 초기 시장을 창출하고, 규제를 완화하며 창업지원 등 민간의 지능정보화를 촉진한다는 계획에서도 잘 드러난다(관계부처합동 2016, 21). 추가적으로 국가 차원의 체계적인 변화는 행정부뿐 아니라 법을 제·개정하고 판단하는 입법·사법부의 인식 공유와 협력이 필수적이므로 입법·행정·사법부가 참여하는 '지능정보사회 범정부 포럼'을 구성하기도 하였다. 즉, 제조업 혁신 3.0 전략에서 상대적으로 관심을 덜 가졌던 제도적 실행방안을 강화한 측면이 있다.

그러나 종합대책에 나타난 전망과 정책방향은 지능정보기술과 관련하여 논의되고 있는 대부분의 쟁점들을 포함하고 있지만, 장기적 기술낙관론에 입각한 기술개발과 산업진흥에 초점을 맞추고 있었다(심우민 2017).[9] 즉, 지능정보 중장기적인 정책의 지향점과 세부 달성 목표 간에는 여전히 큰 괴리가 존재했던 것이다. 또한 비전 및 추진전략에는 자동화에 따른 일자리 상실과 같은 어두운 측면에 대해 사회의 불안감을 불식시키려는 노력이 드러난다.[10] 제조업 혁신 3.0 전략과 마찬가지로 정부는 ICT특별법에 근거한 '정보통신전략위원회'[11]를 출범시킨 후, 지자체 및 시민대표, 기업 등 민간위원이 보다 폭넓게 참여할 수 있는 '지능정보사회 전략위원회'로 확대·개편한 바 있다(관계부처합동 2016, 48). 여기에는 미래부 장관과 민간 전문가를 공동위원장으로 하고, 기획재정부·교육부·국방부·행정안전부 등 관계부처 차관급 10명 안팎과 민간

---

9   사회정책 문제를 정책 목표의 한 축으로 상정하고 있지만 여기에는 교육, 노동 문제, 양극화, 프라이버시 문제 등 매우 다양한 분야의 쟁점들이 망라되어 있기 때문에, 기술 및 산업적 기대효과에 비해 세부적인 실천 방안은 미흡하다고 보아야 할 것이다.

10   추진체계에 별도로 명시한 '국민의 걱정'이라는 사회적 요구사항에 일자리 상실과 기술의 안전한 이용을 명시하였다. 관계부처합동(2016), p. 16.

11   정부위원(12명)[위원장(총리), 간사(미래부장관), 각부 장관], 민간위원(13명)]으로 구성.

자문가 20명 안팎으로 구성된 '지능정보사회 민관합동 추진협의회'가 구성되어 있다(김정원 2017, 74). 하지만, 이를 실천하기 위한 추진체계에 나타난 정부의 역할은 산업 진흥과 규제, 선도형 부문 투자, 인프라 조성에 이르기까지 여전히 민간을 압도하는 비대칭적 지위를 보여주었다.[12]

종합하면, 지능정보사회 중장기 종합대책에는 기술적 측면, 산업적 측면, 사회적 측면의 목표와 전략과제가 골고루 담겨 있기는 하지만 그 내용적 측면을 들여다보면 우선순위와 비중에서 분명한 차이를 보인다. 사회적 측면의 정책 과제의 경우, '소프트웨어 교육 확대 등 창의적·핵심인재 양성을 촉진하는 교육체제 전환', '노동 유연성 확대', '신산업을 이끌 핵심 인력양성 추진' 등과 같이 산업 발전을 우선하는 요소로서 정책 목표가 설정되어 있는 것이다. 물론, 취약계층 등에 대한 사회보장제도를 강화하고 사이버 위협 등 역기능에도 대비해 나간다는 내용을 담고 있지만 이는 그 자체가 목적이 아닌 지능정보기술 개발의 사회적 확산에 따른 기대효과로 이해하는 측면이 크다. 즉, 추진과제의 맥락상 '지능정보사회 중장기 종합대책'에서 사회문제의 해결은 후순위라 볼 수 있으며 지능정보기술의 발달에 따른 확대 적용을 통해 자연스럽게 해결될 수 있다고 보는, 이른바 기술개발의 '낙수 효과'를 전제한 것이 특징이라 할 수 있다.

---

12 주체별 역할에서 정부는 "진흥정책(창업 지원, 테스트베드 등)과 역기능에 대응하는 규제정책(공정경쟁, 개인정보보호) 등을 추진하며 공공서비스의 지능정보화를 통해 민간투자의 마중물 역할을 수행한다", "기업가 정신함양, 인적자원 양성, 지능정보문화 확산 등 사회인프라를 조성한다", 관계부처합동(2016), p. 16.

3. 혁신 성장과 '4차 산업혁명 대응계획'

지능정보사회 중장기 종합대책에 이어 2017년 11월 발표된 '4차 산업혁명 대응계획'은 단순히 4차 산업혁명으로 표방되는 기술·산업 패러다임 전환에 대비하기 정책이 아니었다. 그보다 반년 앞서 출범한 신정부의 새로운 국정목표인 '혁신성장'[13]과 긴밀히 연계되어 있었기 때문이다. 4차 산업혁명 대응계획이 혁신성장을 근간에 두고 있던 배경에는 양극화, 주거 및 환경문제, 안전 이슈 등 고질적으로 안고 있던 사회문제의 지표들의 악화가 보여주듯이 산업화를 이끈 지금까지의 추격형 성장방식이 국민 삶의 질 개선에 기여하지 못했다는 반성이 제기됐기 때문이다(관계부처합동 2017a: 1). 경제성장의 과실이 특정 계층과 부문에만 집중된다면 더 이상의 낙수 효과는 기대하기 어렵다는 진단과 함께, 대다수 국민이 체감할 수 있는 삶의 질과 직결된 새로운 성장 패러다임이 필요하다는 인식이 확산되었다.

이러한 배경에서 출범한 4차 산업혁명 대응계획은 문재인 정부의 새로운 국정목표인 '혁신성장'을 구체화하고 뒷받침하기 위한 범정부 차원의 실천도구로 볼 수 있을 것이다. 개념적 논쟁을 낳았던 그간의 4차 산업혁명 용어에 대한 총론 위주의 접근에서

---

13 기업의 공급 측면을 강조하여 기업이 기술혁신을 통하여 새로운 기술을 발명하면 이를 통해 신산업이 발굴되기 때문에 새로운 일자리를 필요로 하게 되고, 따라서 가계소득 증가와 기업의 일자리 수요 증가 모두를 기대할 수 있는 공급 측면의 경제성장정책을 의미한다. 신산업 발굴을 통해 일자리를 늘려야 하므로 비즈니스나 창업을 막는 규제의 과감한 철폐가 전제된다. KTV 국민방송, "문재인 정부 브랜드 혁신성장 핵심은?", 2017. 12. 10.

탈피하여, 산업 및 사회 부문에 실질적 효과가 미치도록 하는 데 방점을 둔 종합적인 지원 정책이기도 하였다(관계부처합동 2017b, 1). 즉, 신기술을 개발하고 이를 사회적으로 확산하기 위해서는 보다 정교한 제도적 뒷받침이 필요하다는 인식이 반영되어 있다. 산업현장뿐만 아니라 시장, 가계 등 관련 기술이 구현, 활용되는 과정에서 나타나는 다양한 부문 간의 이해관계를 조정하고 선순환 구조를 정착시키기 위한 방안에 좀 더 초점을 맞추었던 것이다. 대상과 연관된 분야를 함께 아우르는 정책들을 한 번에 묶어서 제공하는 '패키지 지원 방식'이 대표적이다.[14] 계획에는 어느 한 분야의 기술 발전이 그 분야만의 발전에 그치지 않고 모든 산업에 영향을 미치며, 더 나아가 사회 전체에 전방위적 변화를 추동한다는 4차 산업혁명의 특성을 강조하고 있기 때문이다. 특히 계획의 세부 내용을 살펴보면 데이터를 기반으로 한 주요 기술개발은 그것이 적용될 의료, 제조, 교통, 복지, 에너지, 환경, 안전, 국방 등 12개 분야의 제도적 보완 부분과 긴밀히 연계되어 있으며, 이와 관련된 각 분야의 규제문제를 2022년까지 완료함을 목표로 담고 있다(정책공감 2017). 이 같은 배경에서 추진된 4차 산업혁명 대응계획은 크게 ① 지능화 혁신 프로젝트 추진, ② 성장동력 기술력 확보, ③ 산업 인프라-생태계 조성, ④ 미래사회 변화 대응이라는 4대 전략과제로 이루어졌다.

4차 산업혁명 대응계획이 앞선 '제조업 혁신 3.0 전략' 및 '지

---

14 "특히, 이번 계획은 과거와 달리 단순 기술개발이나 사업별 지원방식에서 탈피, '기술+데이터+인프라+확산+제도개선' 등을 연계하는 패키지 지원 방식으로 추진한다." 관계부처합동(2016), p. 4.

능정보사회 중장기 종합대책'과의 근본적인 차이는 무엇인가? 첫 번째 특징으로, 성장동력 확보와 사회문제의 병렬적 접근을 들 수 있다. 문재인 정부는 4차 산업혁명에 대한 정부의 기본 토대를 '사람 중심 경제'[15]에 두고 이를 반복적으로 표명하였는데, 앞선 전략들 역시 기존 성장방식에서 탈피한 새로운 성장 패러다임의 전환을 표방하고 있지만, '혁신성장을 위한 사람중심'에서 볼 수 있듯이 성장활력 제고와 경제 성장의 혜택이 어떤 특정 부문에 머물지 않고 사회에 광범위하게 확산되게 한다는 것을 핵심 목표로 설정

그림 6-4. 산업혁신과 사회문제 동시해결을 위한 4차 산업혁명 대응계획 전략

자료: 관계부처합동(2016), p. 21.

---

15 경제정책의 중심을 국민과 가계에 두고 경제성장의 과실을 국민과 함께 누리는 경제를 의미하며 일자리, 소득주도 혁신성장, 공정경제의 축으로 이루어져 있다. 4차 산업혁명위원회, 대통령직속 4차 산업혁명위원회 출범식, 2017. 11. 28.

한 점이다. 다시 말해, 사회문제의 해결을 기술개발이나 산업생태계 조성과 선·후 순위 없이 같은 중요한 목표로 설정하고 동시에 달성하고자 했다는 점에서 사회적 파급효과를 우선순위와 낙수효과로 달성하고자 했던 앞서의 두 종합계획과 구별된다. 기존과 같이 지능정보기술 역량이 성장동력과 사회혁신의 근간을 이루기는 하지만 이는 핵심 수단이며, 결국 목표는 일상의 삶 질과 관련된 영역에 얼마나 기여할 수 있는가였다. 4차 산업혁명 대응계획은 현 정부가 강조한 4차 산업혁명에 대한 정부의 대응초점, '사람중심 경제'로의 전환을 목표로 하고 있으며 이를 위해 사회부문의 문제 해결을 동시적 추진을 필요로 하게 된 것이다.

두 번째 특징으로, '규제혁신'의 관점에서의 제도 개선의 중요성이 보다 강조되었다. 4차 산업혁명위원회는 기존에 주어진 역할과 책임뿐만 아니라 4차 산업혁명을 이끌어가는 컨트롤타워로서의 책무와 추가적으로 규제와 제도를 혁신하기 위한 사회적 합의 도출의 역할도 부여받았다. 특히, 4차 산업혁명위원회는 혁신적인 창업과 신산업 창출이 이루어지도록 정부와 민간을 조율해주는 것을 최우선 역할이라 표명한 바 있다(관계부처합동 2017b), 이를 위해 정부는 각 부문별 목표 달성을 통해 민간의 혁신역량을 강화할 수 있도록 시장 환경 개선, 새로운 생태계의 조력자 역할을 수행할 것을 대응계획에 명시했다. '규제혁신'은 어느 정권이나 화두였지만 쉽게 해결되지 않았던 이유는 사안마다 복잡한 이해관계가 얽혀있기 때문이다. 산업 간의 경계가 더욱 모호해진 4차 산업혁명의 시대에서 이러한 문제는 더 심화될 수밖에 없다. 이에 따라 공론화가 필요한 영역에서 정답을 찾아가는 이른바 '사회적 합의'를 도출하는 것이 중요해진다. 따라서 4차 산업혁명위원회는 네거티브 규제, 규제 샌드박스, 규제 프리존 등 제도 정비와 개선에 앞서 민·관 관계의 중간에서 사회적 합의를 도출하는데 보다 중요한 역할을 할 것임을 명시하였다. 이는 기존 산업과 4차 산업혁명으로 생긴 기술 사이의 충돌이 발생할 가능성이 높아지고 있으며, 따라서 이를 생산적으로 전환시킬 수 있느냐가 쟁점이 되었다. 즉, 민·관의 이해관계자들이 각자의 관심을 교류하면서 합의의 토대를 마련하는 소통 과정이 보다 중요해진 것이다. 소통 과정은 향후 규제혁신과 제도정비로 이루어지고, 나아가 4차 산업혁명의 변화를 능동적으로 수용할 수 있는 사회적 시스템 확립에도 중요한 요소이므로, 위원회는 이를 과학기술 혁신위원회, 산업경제 혁신위원회, 사회제도 혁신위원회로 나누어 각 부문에서의 이해관계의 조정을 담당토록 하였다(4차 산업혁명위원회 2017, 3).

세 번째 특징은, 민간 부문의 추진 주체로 벤처, 스타트업 등이 전면에 등장하였다는 점이다. 이들은 보다 활발한 창업과 아이디어를 실험하는 주체로서 그 동안 대기업이 견인했던 민간의 성장동력을 상당부분 이어받을 것으로 기대되었다. 이를 위해 중소기업을 위한 규제완화와 제도 정비안이 마련되었으며 특구조성 및 금융지원의 세부 대책 등이 제시되었다. 또한, 4차 산업혁명의 변화된 환경을 반영한 종사자 보호 강화 방안이 마련됨으로써 혁신의 주체가 되는 중소기업에 근무하는 이들을 위한 사회안전망의 보완 대책 역시 후속적으로 추진되었다(관계부처합동 2017, 49).

그러나 이전의 범정부 종합대책이 보여주었던 접근 방식의 유사한 한계점 역시 상당부분 발견된다. 먼저, 고질적인 사회문제 해결을 핵심목표로 선정하였지만, 상당수의 실행방안은 현장에서 체감하기에 여전히 갈 길이 먼 신기술 플랫폼 구축 계획들로 채워졌기 때문이다. 거주 환경과 직결된 도시 문제만 보더라도, '스마트 시티 통합 플랫폼 구축', '빅데이터 기반의 도시운영 테스트베드 체계 마련', '스마트 도시재생 뉴딜 정책' 등, 당장 체감하기 어려울 뿐만 아니라 제도적으로도 지자체들과의 오랜 기간 협의가 필요한 구상들을 담고 있다. 즉, 중장기적으로 볼 때, 연구개발의 가치가 있는 이슈임은 분명하지만, 상당한 시간을 요하는 내용들이 많으며, 효과성을 고려한 기술의 '활용'보다는 여전히 '신기술 개발'의 유혹에서 벗어나지 못한 측면이 있다. 이는 기대를 모으고 새롭게 출범한 4차 산업혁명위원회가 과연 이전의 계획과 차별화된 성과를 보일 수 있을 것인가에 대해 의구심을 갖게 하는 요소로 작용한다. 특히 우선순위에 따른 전략적 선택과 집중보다는 기초과학을 포함하여 모든 분야를 가리지 않고 기술력을 향상해야 한다는 강박을 떨치지 못한 점도 지적된다.[16] 2018년 1월 현재, 위원회를 구성하는 20명의 민간 전문가 중 비이공계 쪽 전문가는 2명에 불과한 점도 다양한 측면의 요소를 고려한 투자와 접근을 어렵게 하는 요소라 볼 수 있다.

둘째, 4차 산업혁명위원회는 민간이 주도하고 정부가 조정·지원하는 균형 있는 파트너십을 강조하고 있지만 여전히 정부는

16　"4차 산업혁명은 실체가 모호하며 범위도 매우 넓은 것이 사실이다. 하지만, 기초과학을 포함해서 모든 과학기술과 인공지능, 사물인터넷, 빅데이터 AR, VR을 가리지 않고, 세계 최고 수준의 기술력을 확보해야 한다." 4차 산업혁명위원회, 대통령직속 4차 산업혁명위원회 출범식 과기정통부장관 모두발언, 2017. 11. 28.

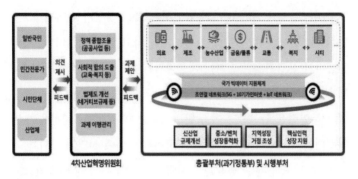

그림 6-5. 정부-민간의 조정자로서 4차 산업혁명위원회의 포지셔닝 전략

자료: 관계부처합동(2016), p. 21.

지배적 역할을 할 수밖에 없는 구조를 형성하고 있다. 광범위한 투자와 지원책뿐만 아니라 위원회 출범과 함께 강조한 사회적 합의를 위한 소통 창구마저 '일자리위원회', '국가교육위원회', '사회보장위원회' 등 정부 주도의 위원회가 전방위적으로 홍보하고 견인해가는 형식이기 때문이다. 즉, 여전히 정부는 '조정자'라기보다는 '컨트롤 타워'에 가까운 역할을 수행하고 있는 것이다. 물론, 수많은 규제의 혼선 속에서 전략적 일관성을 위한 정책 간의 조정이 필요하며 이는 사실 4차 산업혁명위원회 같은 범정부 기구가 고민해야 하는 사안이기도 하다. 기술개발과 서비스 창출에 민간이 주력하는 과정에서 나타나는 사회적 문제들에 대응하기 위한 정책들을 조화시킬 필요성이 제기되기 때문이다. 그러나 문제는 이러한 접근법이 기존과 같은 단순한 물리적 조합에 기반한 부처합동 방식을 벗어나지 못했다는 데 있다. 그 결과 국가 차원의 의제를 표방하고 있지만 사실상 각 정부부처별 사업의 묶음과 같은 형태로서의 한계를 보일 수밖에 없었던 것이다.

마지막으로 여전히 사회 혁신의 변화를 정부가 신속한 '인재 양성'과 '범국민적인 계도'를 통해 접근하고 있다는 점이다. 계획 안은 4차 산업혁명의 변화에 대응하기 위해서는 관련 분야의 과학 기술인력이 필수적이므로 '신산업 기술융합형 인재'를 위주로 해 당 전문인력을 양성하고 이를 위해 초·중·고·대학교 과정을 개선 하겠다는 내용을 담고 있다. 또한 사회적 변화에 시민과 사회가 적 응할 수 있도록 세부 정책을 펼치되, 상당부분은 현장에서 필요로 하는 인적자원을 양성하는 데 초점을 맞추었다. 그 예가 2022년까 지 5만 명을 대상으로 스마트 공장 등 직무 전환 교육을 실시해야 한다는 계획이다(관계부처합동 2016, 46-47). 이러한 점에서 취약한 제조업 시장의 위축을 보완하고자 미국 정부가 시도한 '첨단제조 파트너십(Advanced Manufacturing Partnership, AMP)'[17]과 같은 프 로그램을 눈여겨 볼 필요가 있다. AMP는 전통적으로 민간 중심의 자율적인 산업발전이 이루어지는 환경에서 정부 주도의 계획적 정 책을 지양하고 민간 시장 메커니즘의 부족한 부분을 맞춤형 연구 소 건립이라는 간접적 지원을 펼쳤는데, 이를 통해 '한 발 물러선 후원자로서 정부의 역할'을 성공적으로 보여준 사례가 되었기 때 문이다. 주요 제조시설이 경쟁력 상실로 해외로 빠져나가는 이른 바 '오프쇼어링(off-shoring)' 현상을 오랜 기간 겪으며 미국 정부 는 계획적인 시장 개입 정책보다는 해당 산업 메커니즘의 부족한 부분을 다양한 연구소 건립을 지원하는 방식으로 접근했다. 이에

---

17 첨단제조파트너십 프로그램은 R&D투자, 인프라확충, 제조산업 주체들 간의 협 력 등을 토대로 제조산업 전반의 활성화 및 변화를 도모하는 것을 목표로 하고 있 다(한국산업기술진흥원, 2014).

따라 기업 스스로가 새로운 아이디어를 창출하고 실험할 수 있도록 하였으며, 현재 최소 9개의 연구소가 설립되어 주요 분야를 지원하고 있으며 향후에는 45개 이상으로 확대될 것으로 발표된 바 있다(김승현·김만진 2016, 109).

IV 한국 정부의 4차 산업혁명 전략의 한계와 시사점

1. 한국적 토양에 대한 재해석 과정의 미비

4차 산업혁명 담론을 거대한 패러다임 전환의 기회로 내세우는 정부와 언론, 효율적인 비즈니스 모델에 주목하는 기업, 그리고 그것이 일상의 삶의 질 개선에 과연 어떠한 의미를 갖는지를 질문하는 시민 간에는 여전히 4차 산업혁명에 대한 이해의 간극이 크다. 이러한 현실은 한국 사회가 당면한 구조적인 문제와 관련하여 4차 산업혁명이 어떤 측면에서 기회와 위협이 되는지, 재해석과 방향성의 논의가 우선해야 함을 시사한다. 4차 산업혁명으로 상징되는 변화는 글로벌 차원에서의 광범위한 현상임에는 분명하지만, 그것이 갖는 의미는 각 국가가 처한 환경적 맥락에 따라 다르게 나타날 것이기 때문이다. 심지어 한 국가 공동체 안에서도 기능과 역할에 따라 긍정적, 혹은 부정적 파급력으로 나뉠 수밖에 없다. 따라서 이러한 과정을 생략한 채 막연한 성장동력 확보와 경쟁력 강화의 구호로만 접근한다면, 본질적인 문제의 해결을 더욱 요원하게 만들고 공동체 내 이해관계를 더 심화시키는 역효과를 낳을 수도 있을 것이다.

문제는 현재까지 추진된 4차 산업혁명 전략들이 한국적 당면 과제와 사회적·제도적 특수성을 반영한 실천 가능한 의제로 발전되지 못했다는 데 있다. 우선, 변화를 태동시킨 주요 선도국의 경제적·사회적 동인에 대한 맥락은 간과된 채, 원론적인 기술변화와 사회적 트렌드의 집합체로서 급히 수입되었던 점을 지적할 수 있다. 독일, 미국, 일본 등 주요 선진국에서 전개되고 있는 산업 전반의 기술혁신 구조에 초점을 맞춘 나머지 이를 태동시킨 각국의 사회·제도적 맥락과 산업 생태계의 특수성에 대한 정밀한 분석 과정이 생략돼버린 것이다. 인공지능과 사물인터넷, 빅데이터라는 공통적인 씨앗이 뿌려졌음에도 불구하고 왜 각기 다른 접근방식으로 4차 산업혁명의 변화를 구현하게 되었는지 정책이 뿌리내린 토양과 문화적 자양분에 대한 고려가 미흡했던 측면이 있다.

예컨대, 한국 사회에 4차 산업혁명의 모티브를 제공한 독일의 'Industrie 4.0'에는 기존 제조업이 서비스화 되어가는 과정을 어떻게 능동적으로 대처하고 그 과정에서 노동 불안정성을 어떻게 완화시키는 동시에 효율화할 것인가의 고민을 담고 있지만 이러한 배경은 제조업의 정보·디지털화 현상을 상징하는 키워드로서 '스마트공장(smart factory)'에 가려졌다. 물론, 스마트공장 역시 단순한 기술키워드라고 볼 수는 없다. 자동화와 데이터 교환, 노동자와 로봇의 역할분담이 매우 섬세하게 조정되는 공간이기 때문이다.

그럼에도 불구하고 국내에 수용된 4차 산업혁명의 의미는 다보스 포럼의 선언의 원론적 의미 이상으로 나아가지 못했다는 점에서 한계를 보인다. 그 결과, 범정부 차원에서 상위의 전략적 목표를 관통하는 의제에 따라 실천방안들이 제시되기보다는 부처별 기능과 제한된 관심 범위만을 담은 파편적 정책들의 종합판과 같은 형태를 띠게 될 수밖에 없었던 것이다. 결국, 현실적 환경에 비추어 선진국의 4차 산업혁명론을 어떤 방식으로 재해석하여 구현할지, 그리고 사회 각 부문과 일상에 어떠한 결실로 전달할지에 대해 추진계획과 논의가 구체화돼야 했지만, 피상적인 언급 수준에 머무르게 된 것이다. 각각의 종합대책에 드러나는 접근방식에는 이러한 과정이 생략된 채, 선진국들의 기술개발 성과와 경쟁력에 초점을 맞춘 산업화 서비스 논리에 치우치게 된 점을 부인하기 어렵다.

또한, 범정부 차원에서, 혹은 부처 차원에서 전개되는 추진 전략 간에는 상위의 목표를 공유하고 연속성과 상호보완적인 관계가 되어야 한다. 이러한 점에서 일본 정부의 사례는 복수의 정책 내 최상위 목적과 세부시책 간의 위상관계와 연계성을 어떻게 조화시켰는지 보여준다. 경재재생과 발전을 위한 '일본 재흥전략', 과학기술혁신시스템 개선을 위한 '과학기술이노베이션종합전략' 간의 상호보완적 특성이 그것이다. 예로써, 특정기술 중심의 세부전략인 '로봇 신전략' 등은 일견 목적성이 다른 각각의 전략으로 보일 수 있다. 그러나 실질적으로는 고령화에 따른 노동력 부족이라는 일본 사회의 고질적 문제를 해결하기 위한 접근 방향과 수단을 다양화한 도구로 기능하였다. 로봇 신전략에는 단순히 제조업 생산 현장에 적용되는 로봇을 넘어 의료·간병, 농업·건설·인프라 현장에서 만연한 인력부족의 문제를 어떻게 해소할 것인지, 그리고 부가가치 향상과 생산성 강화를 위한 동력을 어떻게 확보해갈 것인지를 구체적으로 고민하고 있기 때문이다(김승현·김만진 2016, 110). 반면, 국내의 대표적인 4차 산업혁명 대비 종합계획에는 각각의 신기술이 주도하는 사회적 기대효과들이 나열되지만 '창조경제 구현을 위한…'과 '지능정보사회 구현을 위한…', '혁신성장을 위한 사람중심의…'라는 각각의 수식어에서 볼 수 있듯이 상호 연계성은 물론, 공통된 비전과 목표를 관통하는 일관된 방향성이 부재함이 드러난다.

국내 정치 환경의 특징과 법·제도에서의 불확실성 역시 4차 산업혁명 정책들이 현장에 착근하지 못하는 원인 중의 하나이다. 사실 4차 산업혁명이 화두가 되기 이전부터 국내에서는 지능정보기술 관련 법·규제가 남발되어 왔다. 이는 입법논의를 활성화시키는 동시에 혼선을 가져오기도 한다(심우민 2018, 17). 또한 일반 국민들에게 국가의 정책적 지향점을 반복적으로 알린다는 측면에서 긍정적 효과도 있지만, 구체적인 분석과 대안이 전제되지 않은 대책 제시는 오히려 정책 수신자인 국민들의 피로감을 가중시키게 될 수도 있기 때문이다. 나아가 입법 논의지형을 어지럽히는 결과를 발생시킬 위험이 있다(심우민 2017, 16-17). 특히, 행정부와 입법부에서 지능정보사회, 4차 산업혁명, 인공지능을 키워드로 지속적으로 발의되고 있는 법률안만 보더라도 기존 법령 체계와의 조화 가능성을 고려하지 못한 상태에서 법안들이 양산되고 있는 모습을 노출하고 있다.

정당 간의 극한적 대립이 빈번하고 정권을 초월한 장기 비전 수립이 어려운 국내 정치 환경 역시 불확실성을 높이는 요소가 되고 있다. 5년 단임의 대통령제를 가진 한국의 정치 시스템에서는 다른 어떤 민주국가보다도 단기간에 가시적인 성과를 요구하는 압박이 부처에 주어질 수밖에 없기 때문이다. 반면, 여전히 법·제도적 기반이 미비한 여건에서 수많은 이해당사자들을 설득하고 나아가야 하는 정부의 부담은 그대로인 점도 4차 산업혁명 정책의 사회적 수용성을 제약하는 원인으로 작동한다고 볼 수 있을 것이다.

2. 산업진흥, 기술개발 중심적 담론과 법·윤리 논의의 지체

4차 산업혁명이라는 용어가 최근 국가적 측면에서 주목받고 있는 가장 큰 이유는 과거 IT기술의 발전이 보여주었듯이 인공지능을 비롯한 신기술의 발전이 결국은 국가경쟁력과 산업 발전에 절대적인 전환점을 제공해 줄 것이라는 믿음 때문일 수도 있다. 그러나 보다 본질적으로 살펴보면 현재의 4차 산업혁명의 변화를 추동하는 신기술들은 국가 및 사회의 구조적 변화에 직접적인 영향력을 미칠 가능성이 높은 것들이다. 따라서 이러한 기술 환경과 사회 혁신에 대응하기 위해서는 전통적인 정책적·규범적 담론 절차를 혁신하는 데에서부터 시작해야 할 필요가 있다(심우민 2018, 14).

　　제조업 3.0 전략과 지능정보사회 중장기 대책에서 보듯이 한국 사회를 지배했던 초기의 4차 산업혁명 담론은 4차 산업혁명의 접근 방식을 뒷받침하는 사회적 맥락과 경험 과정이 생략되었기 때문에 기술 시각과 산업 육성 논리로 흐를 수밖에 없었다. 물론 4차 산업혁명 이슈의 부상기에는 그 개념에 대한 설명과 신기술의 적용·확산을 목표로 한 접근이 효율적으로 보일 수 있다. 그러나 사회적 논의가 본격화되고, 추진계획이 시행되는 시점부터는 신기술의 사회적 침투에 따라 발생될 수 있는 갈등 조정과 제도적 혁신에도 초점을 맞춰야 한다. 기술 혁신뿐만 아니라 이를 뒷받침하는 시스템 혁신이 수반되어야 비로소 신기술의 발전에 따른 사회적 공진화가 가능하기 때문이다. 그러나 현재까지 관찰되는 한국 사회의 4차 산업혁명 접근방향은 신기술 확산을 목표로 한 도입기의 시각에서 벗어나지 못한 측면이 있다. 그 결과 산업진흥과 기술개발 위주의 담론은 끊임없이 재생산되는 데 비해, 사회적 발전에 필요한 위한 조정과 법·윤리적 논의는 상대적으로 지체되는 한계점이 드러났던 것이다.

특히 사회 구성원 간의 윤리나 가치관, 사회적 문화 등은 한국적 현실과 차이가 있기 때문에 사회로의 착근이 어려울 수밖에 없었다. 특히 한국경제가 압축된 발전을 경험해온 짧은 시간 동안, 시민의 성숙도, 사회적 합의 등에 대한 심도 깊은 논의 등을 충분히 경험하지 못한 점은 4차 산업담론이 균형적 시각에서 펼쳐지지 못하고 정부중심적인 시각을 비대칭적으로 반영하는 결과로 이어졌다. 4차 산업혁명은 결국 누가 주도해야 하며, 어떠한 역할에 초점을 맞춰야 하는지, 핵심적인 몇 가지 기술개발로 충분한지에 대한 고민이 의제화되지 못한다면 지난 정부의 수많은 위원회와 조직들이 보여왔던 한계를 그대로 답습하게 될 가능성이 있다.

4차 산업혁명은 표면적으로는 기술적 충격이지만 그 파급력은 사회, 경제 전반으로 확산된다. 따라서 정부는 이 점을 이해하고 전체를 살펴봄으로써 시스템을 개선시킬 수 있는 장기적 의제를 제시해야 한다. 그러나 현실에서는 이러한 의제에 대한 고민보다 소관부처에 대한 과제 배분에 주력하는 구조를 벗어나지 못했으며, 시스템 차원에서의 기획과 설계보다는 저마다 파편적인 사업·과제들을 나열하고 있다. 방향성 측면에서도 사회와 경제를 포함하는 상위의 근본적인 변화보다는 기술적 충격에 따른 ICT 분야의 발전을 위한 기제로 활용했던 한계가 있다. 그 결과 한국의 4차 산업혁명에 대한 정부전략은 공통적으로 현재의 제도·규제의 개선 수준에 머무르게 되었다고 볼 수 있다.

지능정보사회로의 전환에 대비한 규범체계 구축은 새로운 정보사회가 공정하고 안전하게 작동할 수 있도록 사회운영의 원리 및 규범 인프라를 확보하기 위한 시급한 과제이기도 하다(이원태 2017, 33). 또한 산업진흥과 신기술 개발 자체가 목적이 되지 않기 위해서도 보다 다양한 분야의 전문가들과 함께 기술혁신의 성과를 사회적으로 어떻게 확산할 수 있을지에 대한 심도 깊은 논의가 이루어져야 한다. 하지만 앞 절에서 살펴본 바와 같이 국내 정부 위원회 내에는 산업·경제 논의를 넘어 현상 이면의 사회적 문제들을 짚어줄 비이공계 출신의 전문가 집단이 극소수에 불과하다. 이 때문에 디지털 융합의 부가가치를 강조하면서도 여기서 파생될 사회문제와 윤리적 쟁점에 대해서는 논의가 이루어지지 문제가 발생하는 것이다. 이는 관련 이슈에 있어서도 이해관계자들의 견해를 균형적으로 반영하지 못하게 하고 사회의 건강한 담론 형성을 제약하는 결과를 낳는다.

실제로 지능정보사회를 대비한 전면적인 법·제도 재설계 및 기본법안 논의에는 사회·윤리적 쟁점에 대한 구체적인 논의가 빠져 있다. 주로 디지털기반산업기본법(2017. 2. 23)이나 ICT특별법(2017. 3. 7), 소프트웨어진흥법(2017. 3. 30) 등 개별 법제 개정을 통한 산업진흥에 관한 내용이 주를 이루고 있기 때문이다. 그 결과 지능정보사회 관련 법제 이슈의 범람에도 불구하고 새로운 규범체계의 사회적 합의가 더 어려워지는 역설적 상황이 발생하는 것이다. 지능정보기술의 급속한 발전이 초래할 다양한 이해관계자 갈등 문제나 윤리적, 법적인 이슈, 개인정보보안 및 안전 문제를 체계적으로 법제화·개선하는 논의는 4차 산업혁명 대응 초기나 현재나 여전히 부족한 상황이다. 현재 법규범적 논의에 있어 중요한 것은 변화하는 상황에 관한 면밀한 분석과 추적을 통해 향후의 상황을 예측하기 위한 지속적인 방안을 찾는 것이다. 앞서 이를 추진하고 있는 EU와 미국의 경우, 기술개발과 산업화에 대한 투자와 함께, 향후 급격하게 전개된 변화에 윤리적·규범적으로 대응하기 위한 영향평가와 분석 작업을 함께 수행하고 있다. 4차 산업혁명에 대비한 지능정보사회 규범체계는 정부뿐만 아니라 개발자, 사업자, 사용자와 시민 모두에게 적용되는 규범이기도 하다. 따라서 종합적인 윤리 가이드라인을 통해 시민 또는 사용자들의 참여와 권한 강화와 관련한 원칙들을 산업화에 지체되지 않도록 적용 확대시켜야 하는 숙제도 제기된다(이원태 2017, 24).

3. 정부와 민간의 균형 있는 역할분담의 문제

한국 정부의 4차 산업혁명 추진 방향에 나타나는 세 번째 문제는 현실 속에 나타나는 민·관 역할의 비대칭적 구조를 도외시한 채, 기계적인 역할 분담에 초점을 맞추었다는 점이다. 즉, 정부가 강점을 갖고, 민간이 유리한 분야와 프로세스에 정교한 배분을 모색하는 것이 필요하지만 권한과 책임 이양의 문제들이 이 같은 현실적 고려 없이 추진된 경우가 빈번했다. 민간 중심 연구개발 투자에 대한 과도한 의존이 대표적이다. 지난 박근혜 정부에서 미래창조과학부는 제조업 3.0 전략과 지능정보사회 중장기 종합대책을 통해 전략부문에 대한 민간, 특히 대기업의 과감한 투자를 주문했다. 현정부에서는 그 역할을 디지털 벤처기업, 중소기업이 주도해야 한다고 본다. 그리고 4차 산업혁명의 핵심기술 확보를 위해 대기업이든 중소기업이든 연구 집단이든, 정부는 후견인으로서 최소한의 역할만을 수행하면 된다는 주장이 제기된다. 민간이 주도해가는 시스템 구성을 뒷받침만 해주면 스스로 혁신적 연구개발에 투자할 것이라는 기대는 과연 타당한 것인가?

이러한 명제가 맞다면 그만큼 민간부분의 역량이 정부를 압도할 만큼 충분해야 한다. 그러나 국내의 여건에서는 유명 대학이나 기업이라도 불확실성이 높고, 실패 가능성이 높은 기술 분야에 대규모 투자를 감행하기가 쉽지 않다. 응용연구의 기반이 되는 기초, 임상연구와 프로세스 전 과정을 포함한 사회 부문에 종합적 차원에서 접근이 가능한 주체는 여전히 정부의 연구개발 투자다. 이러한 점에서 적어도 국내에서 '민간이 주도해가는 혁신'이라는 표현은 아직까지 현실과 유리된 부분이 존재하는 것이 사실이다. 특히 기획에 필요한 큰 구상과 공간을 마련해주는 데 있어 정부는 민간보다 훨씬 유리한 위치에 있다. 관련된 정보와 이해당사자를 소집할 수 있는 권한이 있으며, 전략의 실행 단계에서 민간 창의성을 극대화 하도록 세제, 제도, 규제의 권한을 합리적으로 행사할 수도 있다. 아직까지 정부의 연구개발(R&D) 규모 역시 상당하다는 점도 무시할 수 없다. 현재 정부의 R&D는 국가 전체의 1/4 정도이지만, 필요한 육성 분야의 마중물 역할을 하기에는 충분한 규모이다. 때문에 정부는 지금까지 '기획자'이자 '실행자'로서 두 가지 핵심 역할 모두를 수행해왔던 것이다(윤정현·박병원 2017, 6-7). 이러한 점에서 상황적 고려 없이 민간에 주도권을 무조건적으로 위임하려했던 시도는 효과적인 접근이라 말하기 어려울 것이다.

또 다른 측면에서, 지능정보기술들이 기존의 산업 경계를 허물고 있는 가운데 발생되는 사회생산과 분배체제의 변화는 여전히 적극적인 관리자로서 정부의 역할을 요구하고 있다. 즉, 플랫폼 지배력과 풍부한 데이터를 확보한 행위자를 중심으로 기존의 생산과 분배가 재편되는 과정에서 지배력을 갖춘 어느 한 쪽으로의 독과점을 감시해야 할 필요성이 제기되기 때문이다. 플랫폼 지배력은 자본력이나 기술력이 강한 소수에게 형성되고, 소프트웨어 기반적인 사고나 기술도 단시일 내에 경쟁자들을 양성할 수 있는 요소는 아니다. 이렇게 새롭게 정의되는 부와 자원이 기존 시스템 행위자들의 공존을 위협할 정도로 편중되면, 정부는 세제나 재정을 통해서 그 충격을 완화할 수 있도록 나서야만 한다. 즉, 새로운 시스템으로의 전환 과정에서의 높은 불확실성은 정부의 비중 있는 역할을 계속적으로 필요로 할 수밖에 없다. 이러한 현실을 감안한 정부와 민간의 균형 있는 역할 분담이 정립되어야 할 것이다.

V 결론

지금까지 살펴본 바와 같이 국내의 4차 산업혁명 논의 구조는 기술 공급 중심의 결정론적 시각과 한국 사회의 발전 경로에 대한 진단 부재, 그리고 고도의 자동화가 제기하는 비관적 미래에 대한 우려가 자리하고 있다. 특히, 기술발전이 초래할 수 있는 부정적인 측면에 대한 균형 있는 접근이 부족하며 특히 윤리적 이슈에 대한 논의가 시급한 실정임을 보여준다. 따라서 현 시점에 요구되는 핵심적 관건은 4차 산업혁명을 둘러싼 기술과 제도, 사회적 문제에 대한 균형 있는 접근을 시도함으로써 글로벌 차원에서 벌어지고 있는 4차 산업혁명의 담론을 비판적으로 재해석하고, 우리의 현실에 맞게 구체화하는 일이다.

논란의 소지는 있지만, 여전히 4차 산업혁명 이슈는 한국의 경제사회적 패러다임을 주도하는 가장 핵심적인 원동력이다. 따라서 그 본질을 이해하는 동시에 혁신적인 시스템으로의 전환 기제로 활용해야 할 필요성이 제기되고 있다. 이 글은 국내 4차 산업혁명의 담론환경에 기반했던 협소한 담론적 시각을 극복하고 실효적인 대책을 마련하기 위한 접근방법을 찾고자 했다. 최근 정부가 발표해온 일련의 4차 산업혁명 대응정책들에 공통적으로 나타났던 문제는 정부 주도의 제한된 논의 구조에 비해 시민과 사회의 소통과 참여가 상대적으로 불균형한 관점을 반영하고 있었다는 점이다. 이는 향후 4차 산업혁명이라는 급격한 변화에 대한 사회적 거부감으로 이어질 수 있으며 사회 전반의 수용성 제고와 적극적인 대응에 커다란 난제로 작용할 가능성이 높다.

아직 4차 산업혁명의 글로벌 패러다임의 흐름이 어떻게 전개될지 모르고 누가 승자가 될지 불확실한 상황에서 정부와 민간이 취해야 할 전략은 자명하다. 이른바 4차 산업혁명의 신기술 개발에 대한 성급한 추진보다는 우리가 직면한 본질적 문제에 대한 이해와 객관적인 역량 진단을 토대로 실효적인 접근방법을 모색해야 한다. 무엇보다도 정부는 사회 구성원들의 참여를 높이고 소통을 강화할 수 있는 방안에 대해 시급히 고민해야 할 것이다.

지금은 과거의 추격형 전략으로부터 탈피하여 한국형 혁신 시스템으로의 전환을 위한 새로운 접근이 요구되는 매우 중요한 시점이다. 정부는 이른바 '탈추격'으로의 전환을 부르짖지만, 기존의 관성적인 제도와 문화는 그것이 여전히 쉽게 극복하기 어려운 장애물임을 반증하고 있다. 현재 우리에게 시급한 것은 이른바 4차 산업혁명의 물결이 우리 사회 전반에 어떤 의미를 가질 것인지 객관적인 시각에서 성찰하는 것이다. 나아가 이에 효과적으로 대비하기 위한 정부와 민간의 역할을 어떻게 정립할 것이지 고민해야 한다. 과거처럼 정부가 모든 것을 계획·실행하는 전지적 역할을 기대한다거나 반대로 민간에 모든 것을 위임하고 과도한 책무성을 요구하는 접근은 바람직한 민·관 파트너십 정립에 장애요인으로 작용할 수 있다. 그러한 과거의 실수를 다시 밟지 않으려면 국가가 전략적으로 나아갈 방향을 명확히 제시하고, 사회적 합의를 담아낸 의제를 발굴해내는 전일적(holistic approach)'인 접근이 더욱 시급하다. 이는 결국 한 정권 차원의 로드맵으로만 달성될 수 있는 것이 아니며, 사회 전반의 참여를 통해 점진적으로 나가야 하는 과정이기도 하다.

참고문헌

강환구 외. 2016.『우리 경제의 성장 잠재력 추정결과』, 한국은행.

과학기술정보통신부. 2017.『4차 산업혁명 대비 초연결지능형 네트워크 구축전략(안)』.

관계부처합동. 2015.『제조업 혁신 3.0 전략 실행대책: 창조경제 구현을 위한 제조업의 스마트 혁신 추진방안』.

_____. 2016.『제4차 산업혁명에 대응한 지능정보사회 중장기 종합대책』.

_____. 2017a.『4차 산업혁명 대응을 위한 기본정책방향』.

_____. 2017b.『혁신성장을 위한 사람 중심의 4차 산업혁명 대응계획』.

김승현 외. 2015.『중저기술 산업의 혁신특성 분석과 발전방향』, 과학기술정책연구원.

김승현·김만진. 2016.『차세대 생산혁명을 대비한 제조업 혁신정책과 도전과제』, 과학기술정책연구원.

김의중. 2015. "우리나라 제조업의 미래 제조업혁신 3.0전략."『KIET 산업경제』, 산업연구원.

김정원. 2017. "지능정보사회 중장기 종합대책의 수립 배경과 주요 내용."『KIET 산업경제』, 산업연구원.

김평호. 2018. "다가오는 인공지능 시대, 한국 사회의 담론적 한계 극복을 위하여."『Future Horizon』, Winter 2018, Vol. 35.

김헌식. 2017. "4차 산업혁명시대: 문화적 가치의 현상과 해석."『Future Horizon』, Autumn 2017, Vol. 34.

롤랜드 버거(Berger, Roland). 2017. *The Fourth Industrial Revolution*. 김정희·조원영 역,『이미 와 있는 미래』, 서울: 다산.

박병원·윤정현. 2017. "4차 산업혁명: 아직 말하지 않은 것들."『Future Horizon』, Summer 2017, Vol. 33.

박상욱. 2018. "R&D 혁신 환경을 위한 제언."『Future Horizon』, Winter 2018, Vol. 35.

산업통상자원부. 2014. "창조경제 구현을 위한 제조업 혁신 3.0 전략." 2016. 6. 26.

4차산업혁명위원회. 2017. "4차 산업혁명위원회 운영세칙 제정안."『제1차 4차 산업혁명위원회 제1호 안건』, 2017. 10. 11.

서동진. 2017. "지리멸렬한 기술 유토피아: 4차 산업혁명이라는 이데올로기."『창작과 비평 177호』, 서울: 창비.

손석호. 2017. "창조경제, 어디를 지향해야 하나?: 창의적 사회로의 진전을 위한 디딤돌이 되어야 한다."『Future Horizon』, Winter 2017, Vol. 31.

송민정. 2017. "4차 산업혁명이 인터넷 플랫폼 기업에 던지는 메시지." Hello T 첨단뉴스, 2017. 6. 15.

심우민. 2017. 「지능정보사회 중장기 종합대책」의 의미와 입법과제."『이슈와 논점』 1249. 2017. 1. 26.

_____. 2018. "새로운 법규범 정립 방안 모색."『Future Horizon』, Winter 2018, Vol.

35.

심진보·최병철·노유나·하영욱. 2017.『대한민국 제4차 산업혁명』. 서울: 콘텐츠하다.

양현채. 2017. "키워드 네트워크 분석을 이용한 산업혁명 논의 동향." STEPI WORKING PAPER SERIES. February 2017.

_____. 2017. "4차 산업혁명의 현재와 미래: 키워드 네트워크 분석을 이용한 산업혁명 논의 동향." STEPI WORKING PAPER SERIES. March 2017.

우천식·박병원·윤정현. 2017. "비전 2030을 넘어: 새로운 대체 비전 추진을 위하여."『Future Horizon』, Summer 2017, Vol. 33.

윤일영. 2017.『제조업과 ICT의 융합, 4차 산업혁명』. 융합 Weekly TIP, 융합연구정책센터. 2017. 1. 2.

윤정현·박병원· 2018. "4차 산업혁명, 아직 말하지 않은 것들: 사회적 수용성과 대응역량 강화 방안."『Future Horizon』, Winter 2018, Vol. 35.

이민형·안두현·정미애·이혜진·고영주·변영지. 2012.『연구성과 제고를 위한 정부출연연구기관 역할 및 운영체계 효율화방안』. 과학기술정책연구원.

이원태. 2017. "4차 산업혁명과 지능정보사회의 규범 재정립."『KISDI Premium Report』 17(10).

이은민. 2016. "제4차 산업혁명과 산업구조적 변화." 정보통신정책연구원.

이인식. 2017.『4차 산업혁명은 없다』. 파주: 살림.

이종관. 2017. "4차 산업혁명의 본질적 가치를 위해 가야할 길."『Future Horizon』, Winter 2017, Vol. 34.

임미진. 2017. "'4차 산업혁명' 개념정리 안 되면 창조경제 재탕될 수도." (Hello T 첨단뉴스: 2017년 5월 23일).

정보통신진흥센터. 2016. "주요 선진국의 제4차 산업혁명 정책동향: 미국, 독일, 일본, 중국."『해외 ICT R&D 정책동향』 4.

조윤정. 2017. "한국형 4차 산업혁명 대응전략",『산업은행조사월보』 736.

주대영. 2016. "4차 산업혁명의 변화 동인과 주요국의 대응."『KIET 산업동향 브리프』 4월호.

최혜옥·최병삼·김석관. 2017. "일본의 제4차 산업혁명 대응정책과 시사점."『동향과 이슈』 Vol. 30. 2017. 5. 23.

클라우스 슈밥(Schwab, Claus). 2016. The Fourth Industrial Revolution. 송경진 역.『클라우스 슈밥의 제4차 산업혁명』. 서울: 새로운 현재.

한국산업기술진흥원. 2014. "미국 첨단제조업 촉진 방안 보고서."『산업기술정책브리프』 55.

한국표준협회. 2016.『4차 산업혁명을 리드하는 일본 정부의 추진 전략과 정책 시사점』. KSA Policy Study 2016-7호.

한석희·조형식·홍대순 공저. 2017.『인더스트리 4.0』. 서울: 페이퍼로드.

현대경제연구원. 2016.『4차 산업혁명의 등장과 시사점』. Weekly Economic Review 통권 705호.

KT경제경영연구소. 2017.『한국형 4차 산업혁명의 미래』. 서울: 한스 미디어.

KTV 국민방송. 2017. "문재인 정부 브랜드 혁신성장 핵심은?" 2017. 12. 10.

Rifkin, Jeremy. 2014. *The Zero Marginal Cost Society: The Internet of Things, the Collaborative Commons, and the Eclipse of Capitalism*. Palgrave Macmillan.
Perez, Carlota. 2002. *Technological Revolutions and Financial Capital: The Dynamics of Bubbles and Golden Ages*. Edward Elgar.

기획재정부 블로그 https://mosfnet.blog.me
대통령직속 4차 산업혁명위원회 https://www.4th-ir.go.kr/
대한민국 정부 블로그 「정책공감」 https://blog.naver.com/hellopolicy
통계청 http://kostat.go

필자 소개

윤정현 Junghyun Yoon

과학기술정책연구원 (Science and Technology Policy Institute, STEPI) 전문연구원
가톨릭대학교 심리학과 졸업, 서울대학교 정치외교학부 외교학 박사과정 수료

논저 「초국경적 대기오염 이슈와 글로벌 거버넌스: 인도네시아 연무(haze) 해결을 위한 싱가포르의 대응전략」, 「폭탄테러와 아세안의 재난 거버넌스」, "Indonesia's Crisis Response Strategies: The Indian Ocean Tsunami of 2004."

이메일 yjh5791@stepi.re.kr

제7장

역사적 전환기 E. H. 카의 혁명 연구

Revolution as E. H. Carr's Leitmotif in the 20th Century
Transitional Europe

우희원 | 서울대학교 정치외교학부 석사과정

오늘날 국제정치학계의 E. H. 카 연구는 그의 가장 중요한 연구 업적이라 할 러시아 혁명 및 소비에트사 관련 저술들이 다뤄지지 않은 채 진행되고 있다. 이 논문은 이러한 학계의 연구 현황에 문제를 제기하고, 카라는 한 인물이 저술한 다양한 주제의 저서들을 학문 분과에 구애되거나 편향되지 않고 읽음으로써 카에 대한 이해를 진척하려는 의도 아래 작성된 것이다. 즉, 그의 학문 연구 활동이 비롯된 가장 원초적인 문제의식에 주목하면서 동시에 그러한 문제의식이 다양한 주제의 저서들로 결실을 이루어 가는 모습에 주목한다. 카가 지녔던 문제의식은 좁게는 역사적 사건으로서 러시아 혁명과 이후 소비에트 러시아의 역사, 넓게는 20세기 서유럽에서 발생하고 있던 역사적 전환이라고 할 수 있다. 이 중에서도 특히 광의의 차원에서 이해한 카의 문제의식은 그의 저서 대부분을 관통하는 가장 중요한 지점이기도 하다. 이 논문은 광의의 차원에서 카가 보여준 문제의식에 주목하고 이에 대한 학문적 관심이 어떻게 카의 여러 저서에 직간접적으로 반영되고 있는지를 밝히고자 한다. 이러한 작업을 통해 카 본인이나 그의 저서가 지닌 가장 근원적인 문제의식에 접근하는 것은 물론, 그의 다양한 저서들이 공통된 주제 의식 위에 어떻게 상호연관성을 가지는지 확인할 수 있다. 그 결과 카라는 인물에 대한 이해를 진전시키는 성과는 물론, 그를 통해 궁극적으로는 20세기 서유럽이 처해 있던 역사적 맥락과 시대적 배경에 접근하는 기회 또한 획득할 수 있다.

Studies on E. H. Carr within international relations department these days lack his most important research achievement in the Russian Revolution and the Soviet history. This study tries to bring his studies on revolution and international relations altogether without discriminating certain books of his so as to further our understanding on Carr. That means we focus on his most nascent and original theme of research that occupies most of his œuvre and on how it was developed into his actual writings. Narrowly, it could be the Russian Revolution as a critical event in history and the subsequent course of the Soviet history while, in a much broader perspective, it must be a transition, or revolution, which was in progress in the context of the 20th century Western Europe. The latter is the actual leitmotif of Carr's which his writings mostly share and repeat. To supplement and reinvigorate the hitherto incomplete studies on Carr, this study will pay attention to the latter, the revolution in the 20th century transitional Europe, to which his thoughts and writings, whether directly or indirectly, are connected. Through this work, it can be possible to catch his leitmotif and to see how his diverse books are related to it, as well as to each other. Finally, not only can we more thoroughly understand Carr, one of the most important scholars in International Relations, but also, from his writings, we can finally face the 20th century Europe where international relations studies were first initiated.

KEYWORDS E. H. 카 E. H. Carr, 혁명 revolution, 자유주의 시대 The Victorian Age, 역사적 전환기 transitional period, 사회적 민주주의 social democracy, 대중 민주주의 mass democracy

I 서론

이 논문은 에드워드 H. 카(Edward Hallett Carr, 1892-1982)의 혁명 연구를 국제정치학계에 소개하기 위한 것이다. 카는 20세기 역사적 전환기를 경험한 인물로, 역사적 사건으로서 혁명과 혁명 관련 인물들에 관해 방대한 저술과 연구 업적을 남겼다. 카는 자신의 전 (全) 학문 생애에 걸쳐 20세기 혁명 연구를 진행하였고 그 결과 혁명과 관련된 풍성한 연구 업적을 남겼기에 그의 학문 연구상 가장 중요한 주제를 혁명이라고 말하는 데 아무런 어폐가 없다.

하지만 오랫동안 국제정치학계에서는 카의 중요한 연구 성과라 할 수 있는 혁명 및 혁명가 연구를 제대로 소화해내지 못했다. 카의 수많은 저서 중 기껏해야 국제정치학과 관련된 일부 저서들을 피상적으로 읽어내는 데 그치고 만 것이다. 즉, 현재까지도 국제정치학계 내에서 카의 혁명 연구라는 특정 주제는 학계에서 그가 지닌 위상에도 불구하고 충분히 연구되지 않은 채로 남아 있다. 그동안 카가 남긴 국제정치 관련 연구와 혁명 연구는 한 사람에 의해 진행된 연구임에도 불구하고 상호 간에 배타적인 모습을 띠었다. 최선의 결론은 카의 전체 학문 연구 기간이 세 개의 서로 다른 시기로 구분된다는 것 정도였고 국제정치학계는 카의 전체 저서 목록(œuvre) 중 일부만을 제한적으로 다루는 데 만족해야 했다 (Cox 2001, lix~lxiii; Halliday 2000, 258~279).

그러나 취사 선택적 독해는 카 이해의 측면에서 다른 곳보다도 국제정치학계에 더 해로운 영향을 끼쳤다. 카의 전체 학문 활동 기간에서 국제정치학이 차지하는 비중에 비해 그가 국제정치학계에 남긴 영향력이 월등히 커지면서 국제정치학계 내 카에 대한 몰이해는 일파만파로 확대 재생산되었다. 그뿐만 아니라 일생의 학문 여정과 다양한 저서를 통해 카가 보여준 "라이트모티프"(leitmotif)로서 혁명이라는 연구 주제가 그동안 국제정치학이 이룩한 카 연구 성과에 충분히 반영되지 못하고 있는 학계의 현실은 이 논문이 비롯된 직접적인 계기이다(Halliday 2000, 258).

동시에, 그동안 학계는 카의 저서가 탄생한 배경으로서 20세기 유럽이라는 시공간과 그 역사적 맥락에 대해 충분한 관심을 표하지 않았는데, 그 결과 카가 자신의 저서 여러 권에서 반복적으로 강조한 20세기라는 시대 배경의 역사적 의미와 중요성이 온전히 전달되지 못했다. 카가 외교관 혹은 학자로 활동했던 20세기 유럽은 '역사적 전환기'라 부를 만한 시기였다. 유례없는 세계대전이 두 차례나 발생한 것은 물론, 카에 의거하면 1917년 러시아 혁명으로 세계사는 새로운 시대로 진입했다.

이 논문은 카의 분석과 설명에 근거하여 20세기 서유럽이 처한 시대적 배경과 역사적 맥락을 이해하는 데 주력하고자 한다. 즉, 혁명이라는 실제 사건을 서술하기보다도 혁명이라는 사건의 서술과 해석을 통해 카가 당대를 어떻게 바라보고 있었는지 카의 사고를 이해하는 데 논문은 집중할 것이다(Carr 1961, 23). 20세기라는 전환과 변동의 시기에 당대 지식인이자 학자 중 하나였던 카가 혁명 연구를 통해 어떤 현실 분석과 새로운 도덕을 제공했는지 살펴보는 것은 그 자체로 의미 있는 작업이 될 것이다. 동시에, 역사적 전환기로서 20세기 유럽이라는 시공간에서 왜 카가 혁명 연구에 매진했는가를 살펴보는 과정도 함께 진행된다. 이처럼 카의 학문 연구에서 중요한 배경이 된 20세기 역사적 전환과 카의 혁명 연구를 살펴보는 것이 특별히 국제정치학계에 줄 수 있는 함의가 있다면 무엇인지도 글 말미에서 결론 내리도록 한다.

II 역사적 전환기로서 20세기

1. 세계대전과 혁명

당대 국제정치를 논한 카의 대표 저서로서 *The Twenty Years' Crisis 1919-1939*(이하 TTYC로 약칭)와 *Conditions of Peace*(이하 CP로 약칭) 두 권은 공통적으로 전후 세계 정책에 대해 다루고 있는 책들이다. 지금까지 국제정치학계는 TTYC가 전간기에 성행했던 특정 사조, 즉 이상주의(utopianism)에 대한 비판을 목적으로 저술된 책이라고만 설명해 왔는데 저서 전체가 보여주는 핵심 문제의식에 훨씬 미치지 못하는 이해라고 할 수 있다. TTYC의 핵심은 전체적으로 보았을 때 전쟁을 동반하지 않는 평화적인 국제질서의 교체에 있다. 전후 세계 정책에 대한 카의 조언을 살펴보기에 앞서 우선은 기존의 전후 정책이 가진 문제점이 무엇이었는지 카의 문제 분석과 비판을 개괄하도록 한다.

　세계대전기 국제정치에 대한 카의 비판은 베르사유 조약(The Versailles Treaty)에 대한 비판에서부터 출발한다. 카가 베르사유 조약의 문제점으로 지적한 지점은 다음과 같다. 첫째, 이 조약이 선험적인 전제와 이상적이고 관념적인 믿음에 근거한다는 점이다(Carr 1939, 31~53; 1943, 242). 둘째, 그러나 그보다도 더욱 중요하게는 전쟁으로 분출된 20세기 초 서구 사회의 혁명적 변화들을 외면한 채 기득권 국가들이 구시대로의 회귀를 시도했다는 것이다(Carr 1939, 287; 1943, ix~xxiv; 3~14). 이처럼 카가 베르사유 조약에 대해 가지는 불만을 이해하고 나면 그가 1차 대전 이후의 역사적 맥락을 나폴레옹 전쟁 이후의 역사적 맥락과 일치한다고 지적했던 이유나 나치즘의 등장과 세계대전의 발생은 원인이라기보다는 "증상"에 해당한다고 주장한 사정도 이해할 수 있다(Carr 1939, 288).

나폴레옹 전쟁 이후의 빈 체제가 유럽 내에서 프랑스 혁명을 계기로 확산된 혁명적 사상으로서 자유주의(liberalism)를 억압하는 역할을 했다면, 1차 대전 이후 유럽에서는 당시 확산 중이던 또 다른 혁명적 움직임과 변화에 대해 베르사유 체제가 같은 역할을 했다는 것이 카의 기본적인 분석이다. 즉, 전쟁 이후 전 유럽에 혁명적 움직임이 부상한 상황에서 그 움직임을 저지하기 위한 반동적 체제가 확립되었다는 점이 나폴레옹 전쟁 이후 유럽의 상황과 1차 대전 이후 유럽의 상황 각각에서 카가 찾을 수 있는 공통점이었다. 차이점이 있다면 빈 체제는 훌륭하게 국가 간 전쟁을 억제한 반면, 베르사유 체제는 결국 또 한 차례의 세계대전으로 종말을 맞이했다는 것이다. 이때, 베르사유 체제를 종속시킨 추축국의 등장과 2차 대전의 발생은 역사적 우연이 작용한 결과라거나 아니면 단순히 추축국 지도자 개인의 야욕과 충동에서 발생한 결과가 아니며 분명한 병원(病原)을 가진 병리적 증후에 해당하였다. 따라서 카는 2차 대전이라는 병리 증상을 발생시킨 당시 유럽 내부의 근본적인 문제로 눈을 돌리게 된다.

카가 생각하기에 병리 증상이 발생한 근본 원인은 어디에 있었는가? 그것은 바로 20세기에 들어서면서 자유주의가 구시대적인 사상으로 전락하고 자유주의에 대항하는 혁명적 움직임이 태동하게 된 상황에 있었다. 그리고 카가 보기에 20세기는 그러한 혁명적인 변화가 구체적이고 본격적으로 광범위한 영역에서 영향을 발휘하기 시작한 시기였다. TTYC 역시 그러한 변화를 강하게 의식한 채 쓰인 저서이다. 이어서 소개할 CP에도 동일한 의식이 반영되어 있는 것은 마찬가지이며 당시 혁명을 비롯한 여러 변화의 사례들은 카가 지적하는 평화 관련 근본 문제들과 불가분의 관계를 맺고 있었다. 초판본의 서문에서 카는 향후 세계사가 평화의 시대로 재귀했을 때 평화 유지를 위해 평화와 관련 있는 더욱 근본적인 문제들에 대해 고심할 것을 촉구했다(Carr 1939, ix~x; 1943, vii).

그렇다면 카는 왜 TTYC에서 이상주의에 대한 비판을 감행했고 이러한 지점은 그의 다른 국제정치학 저서인 CP와 어떤 연관성을 갖는가? TTYC의 제2부, "The International Crisis"에서 카는 세계대전의 재발 원인을 1차 대전 이후 이미 폐기되었어야 마땅한 구시대적 사조, 곧 자유주의의 국제적인 적용 및 변용에서 찾았다(Carr 1939, 36~37). 19세기 영국식 자유주의는 20세기에 들어 시대적 변화의 흐름에서 괴리되고 도태됨으로써 현실을 망각한 이상주의의 성격을 띠었고 그 결과 국제적 차원의 효과적인 위기관리 실패로 이어졌다. 카의 비판에 따르면 19세기식 자유주의의 재등장 배경에는 어디까지나 승전국의 하나인 영국이 전쟁 후에도 자국의 기득권을 옹호하고 유지하기 위한 방편으로서 과거 자국의 번영에 일조했던 사조인 자유주의를 재활용한 측면이 강하게 작용했다(Carr 1939, 102~112). 1차 대전 이후 자유주의가 이상주의의 형태로 재부흥하는 것을 비판적으로 바라본 카로서는 2차 대전이 종결된 후에도 똑같은 현상이 일어날 것을 우려하지 않을 수 없었다. 결국 평화 관련 더욱 근본적인 문제는 19세기 영국식 자유주의가 더 이상 세계사의 전개와 상승 작용을 일으킬 수 없다는 사실을 자각하는 것이 평화 유지를 위한 수순이라는 데 있었다.

그러나 카가 초판 서문에서 지적하고 있는 더욱 근본적인 문제는 이상주의화된 자유주의를 시대착오적인 것으로 비판하고 국제정치 영역에서 몰아내는 것만으로 모두 해결되지 않았다. 그가 순진무구하게 이상주의가 모습을 감추는 대로 세계 평화가 자연스레 확보될 것이라고 생각했던 것은 아니며 더욱이 카가 이상주의의 가치와 쓸모를 전면에서 부정한 것은 아니었기 때문이다. TTYC의 의미를 이상주의 비판으로만 축소하는 것은 그동안 국제정치학계가 TTYC 이해에서 보여준 잘못된 관례였을 뿐이다. 결국 2차 대전 이후 평화와 관련된 근본적인 문제는 평화적인 국제질서의 교체라는 문제로 되돌아온다(사카이 데쓰야 2010, 57~70).

평화적 질서 교체에 대한 카의 생각은 TTYC의 제4부 제13장 "Peaceful Change"에서 다루어지고 있다. 평화적인 국제질서의 교체에 관하여 이 장에서 특기할 만한 것은 카가 영국학파보다 앞서 "국제사회"(international society)의 존재 가능성과 그 개념을 암시하였다는 점이다. TTYC에서 카는 세계정부의 존재 가능성에 대해서는 시종일관 비관적이고 비판적인 입장을 취하지만 전 지구 단위에서 정부의 모습 대신 사회 혹은 공동체의 모습을 띠는 것은 가능할 것이라고 보았다(Carr 1939, 269).

국가들이 전 지구적인 단위에서 하나의 사회 안에 포섭되면, 그 안에서 초반에는 강대국과 강대국에 대항하는 불만 국가 간 전쟁이 불가피하더라도 차차 평화적인 협력과 합의의 과정이 모색되고 발생하게 된다. 여기서 카는 국내적 차원에서 발생하는 사용자와 노동자 간의 권력 관계 혹은 알력 관계에 빗대어 국제적 차원에서의 강대국과 불만 국가 간의 관계를 설명하기도 한다(Carr 1939, 270). 국내 차원에서 사용자와 노동자의 관계는 늘 긴장 관계를 보이며, 극단적인 경우까지 갔을 때 노동자에 의한 국내적 혁명 가능성이 배제될 수 없듯이 국제정치 차원에서도 국가 간 긴장 관계와 전쟁 가능성은 카가 보기에 늘 편재성(遍在性)을 띠었다.

결국 TTYC를 통해 카가 말하고자 했던 바는 국제정치에서 강대국과 불만 국가 간의 관계를 초반에는 전쟁이 일부는 불가피하다고 해도 마침내는 전쟁 없이 풀어갈 수 있도록 일정한 평화적 절차를 마련하자는 데 있었다. 카가 초판 서문에서 고민했던 평화 관련 더욱 근본적인 문제들 역시 평화적 변경(peaceful change) 방식에 관한 문제였다. TTYC의 결론에서 다시 한번 강조되고 있는 것도 결국 기득권 중심적인 구질서의 변경과 전후 신질서 구축을 주도할 수 있는 새로운 형태 내지는 단위의 힘(power), 그리고 도덕(morality)이었다. 힘과 도덕이라는 정치의 두 요소는 카가 TTYC 전체를 통해 강조하고 있는 지점이다. 평화적 변경 과정에서도 반드시 함께 고려되어야 할 중요한 2대 요소로서 힘과 도덕의 두 요소는 동등하게 중요성을 가진다(Carr 1939, 118~119; 123~130; 266~284).

TTYC에 이어서, CP는 카가 교수이자 학자로서 본업을 변경한 이후 출간된 네 번째 책이었다. 흔히 카의 첫 국제정치학 저서를 1939년도 저서로 생각하고 국제정치학계에서도 이 책만을 주요하게 취급하지만, 카가 1936년 애버리스트위스 대학(Aberystwyth University)에서 교수직을 맡은 후로 처음 출간한 국제정치학 관련 저서는 1937년도에 나온 *International Relations between the Two World Wars 1919-1939*(원제: *International Relations Since the Peace Treaties*)였다. 따라서 *Conditions of Peace*는 그가 학자가 된 이후 국제정치와 관련하여 저술한 네 번째 책이 된다. 왜냐면 TTYC가 출판된 1939년 같은 해에 영국 대외 정책을 분석한 *Britain: A Study of Foreign Policy from the Versailles Treaty to the Outbreak of War*이라는 저서도 출간되었기 때문이다. 발매 시기로 보았을 때, TTYC와 3년이라는 시차 그리고 2차 세계대전의 발발 직전과 후라는 시대 배경상의 차이가 있을지 몰라도 TTYC 그리고 CP 이 두 권의 책은 많은 유사점과 연관성을 가지고 있다. 우선, 앞에서도 언급했지만 TTYC나 CP나 모두 전후 세계 정책을 다루고 있다는 점에서 그러하다. 그렇다면 전후 세계 정책과 관련하여 CP에서는 어떤 내용이 제시 또는 전개되었는가?

CP 역시 당시 진행 중이던 전쟁 및 향후 평화와 관련된 근본적인 이슈들로 관심을 환기(喚起)하는 데서부터 출발한다(Carr 1943, vii). TTYC에 비해 CP는 책 전체가 훨씬 더 깔끔하고 균형감 있게 구성되어 있는데, 평화 관련 근본적인 문제를 다루는 제1부 "Some Fundamental Issues"와 평화 설립을 위한 정책 제언으로 구성된 제2부 "Some Outlines of Policy"로 구분되어 있다. 먼저

제1부의 경우 TTYC와 문제의식을 공유하면서도 TTYC에서 카가 지적했던 평화 관련 근본적인 문제들에 대해 더욱 상세하게 분석하고 있다. 동시에 CP는 전쟁으로 인해 촉발된 평화 관련 근본적인 문제들과 관련하여 카가 시도한 가장 종합적인 분석이라고 할 수 있다. CP의 제1부에서 카가 진행한 논의들은 대부분이 CP 이후의 각 저서들에서도 일정하게 반복되고 있기 때문이다. 이러한 사실은 또한 세계대전기 혹은 20세기 전반(前半)을 바라보는 카의 시각이 큰 틀에서 일관성을 보유하고 있다는 의미이기도 하다.

CP는 20세기 혁명의 흐름이 국제정치에 어떻게 투영되어 있는지를 밝히고 혁명 연구를 국제정치 분야에서 개진한 저서라고 할 수 있다. 그는 세계대전이 사실은 당시 진행 중이던 혁명 과정의 일부라고 생각했다(Carr 1943, 3). 따라서 전후 신질서 구축을 위해서는 "안정"을 지향하는 태도보다는 "혁명"을 지향하는 태도로 임해야 한다고도 주장했다(Carr 1943, xxiv). 당대 혁명적 움직임이 어떻게 국제정치에 반영되고 있었는지는 CP 제1장 "War and Revolution"을 통해 이해할 수 있다. 이 장에서 카는 추축국에 대해 주목할 만한 태도를 보여준 바 있다. 해당 장에서 카는 양차 대전이 지닌 혁명적 성격을 강조함과 동시에 연합국은 구시대적인 질서를 신봉함으로써 추축국에 비해 정치, 경제, 군사의 측면에서 뒤처지게 되었다고 분석했다(Carr 1943, xi~xxiv). 카가 보기에 2차 대전의 추축국들은 구질서의 주도국인 연합국들에 비해 20세기적 변화를 훨씬 적극적으로 수용하며 선구적인 위치를 점하고 있었다(Carr 1943, xiii; xxi; xix~xx).

전후 세계 정책에 관한 조언에서도 CP는 TTYC를 계승하면서 동시에 보다 더욱 본격적이고 세밀한 서술을 보여준다. 평화적 변경 절차를 위한 국제사회의 필요성이 CP에도 전제로 깔려 있기 때문이다. CP에서도 카는 여전히 국제 분쟁과 관련된 법적 절차의 마련은 시기상조라고 보았으며, 그 이유는 법적 절차가 분명한 현실 판단에 의거하기보다는 "선험적"(a priori)이고 관념적인 전제에 의거한 것이라고 보았기 때문이다(Carr 1939, 264~284; 1943, 241~247). 그는 CP에서 특별히 새로운 국제질서가 분명하게 모습을 드러내기 전까지는 "임시적 조율"(provisional arrangements)을 포함한 "임시적인 협력의 구조"(a provisional framework of collaboration)가 필요하다고 역설하였다(Carr 1943, 241~247). 이러한 임시적인 조율이 생산, 교역, 금융, 교통 등의 다양한 분야에서 맡은 바 제 역할을 다해야 한다고도 그는 생각했다(Carr 1943, 262~275).

카가 생각하기에 평화로 가는 길은 총 세 단계로 구성된다. 첫 번째, 우선 전쟁 자체와 전쟁에 수반되는 모든 적대적인 행위 및 적대 관계를 청산하는 단계이다. 이 단계는 전쟁이 끝나고 가장 먼저 실현되어야 하는 단계이다. 그러나 이 단계는 이후의 단계에 비해 기간이 상대적으로 짧고 즉각적으로 이루어져야 한다는 특징을 가진다(Carr 1943, 241).

다음으로, 카가 말한 임시적 조율을 통한 임시적인 협력의 구조를 일상화해가는 단계가 있다. 이 단계는 마지막 단계인 평화 지속 단계와 직전 단계인 적대 행위 종식 단계의 중간에 위치한 과도기적 단계이며, 선험적인 전제와 형식적인 법적 절차에 의거하기보다는 현실적인 필요성에 따라 선례를 만들어가야 할 시기로서 중요성을 가진다. 이 단계에서 적대 행위를 종식하듯 성급한 태도를 보이면 1차 대전 이후 베르사유 조약이 그러했듯 평화를 종속시키기보다는 또 다른 위기 국면을 불러올 수 있다고 카는 경고한다(Carr 1943, 241). 그뿐만 아니라 첫 번째 단계인 적대 행위의 종식 단계와 두 번째 단계를 착각해서도 안 된다고 카는 조언한다(Carr 1943, 242).

마지막으로는 임시적인 구조와 다양한 선례들이 하나의 굳건한 제도(institution)로 자리 잡아감에 따라 평화가 안정적으로 지속되는 단계에 이르게 된다. 이 시기에는 앞선 시기까지는 지양되었던 합의(agreements), 입헌적 규율(constitutional rules) 등이 안정적으로 자리 잡고 본격적으로 작동하기 시작한다.

이상의 내용을 참고하건대, 카는 세계정부의 가능성과 필요성에 대해 전적으로 부정하였다기보다 시의적절성의 측면에서 전후 시기에는 아직 그 실현이 부적절하며 불가능하다고 판단했던 것뿐이다. 카는 국민국가 단위를 넘어선 정치 공동체를 전면적으로 부정하거나 거부한 인물도 아니었다. 그 증거는 카가 *Nationalism and After*라는 저서를 저술했다는 사실과 거기에 포함된 내용으로부터 얻을 수 있다. 이러한 측면은 1990년대 들어서 카가 비판 이론(critical theory)에서 다시 읽히게 되는 계기를 마련해 주기도 하였다(Cox 1981; Linklater 1992; 1997; Molly 2003).

2. 국민국가의 형해화

카의 혁명 연구는 자유주의로 대변되는 한 시대의 전환을 포착하고자 한 노력의 발로이다. 직간접적으로 혁명을 논하고 있는 대다수 카의 저서들은 자유주의 비판을 공통적인 주제로 삼는다. 그런 점에서 자유주의 비판은 카의 혁명 연구에서 핵심을 이루며 혁명 연구를 이끈 동인이라고도 할 수 있다. 국민국가 관련 논의를 담은 카의 저서 *Nationalism and After*(이하 NA로 약칭)는 자유주의에 대한 비판이라는 측면에서 앞서 소개한 TTYC 그리고 CP의 연장선에 있다. 자유주의가 보여준 도덕적·사상적 정당성의 한계는 카의 TTYC부터 본격화되어 CP를 거쳐 NA에서도 이어지고 있다. TTYC와 CP에서 카는 개인주의를 기반으로 하는 구시대적 사회 이상으로서 이익 조화설이 20세기에 들어서서 마침내 그 도덕적 정당성과 실현 가능성의 측면에서 완벽하게 파탄에 이르게 되었다고 서술한다(Carr 1939, 102~107; 1943, 105~110).

NA는 기본적으로 개인주의와 개인주의를 기반으로 하는 이익 조화설의 위상 변화가 국제정치적으로 어떤 영향력을 가져왔는가를 민족주의와 국제협조주의(internationalism)의 변천 및 전망을 통해 살펴보고 있는 책이다. 그 과정에서 카가 기존의 국민국가(nation state)가 향후 해체되고 초극(超克)될 것이라 예견했던 사실이 1990년대 들어 비판이론가들에 의해 새롭게 주목받은 사례가 있었다. 이 책에서 카는 민족주의와 국제협조주의 사이의 긴밀한 협조, 그리고 민족주의와 국제협조주의가 개인 간 평등, 결핍으로부터의 자유, 완전 고용이라고 하는 세 가지 사회적 요구를 적극적으로 수용할 것을 강조했다(Carr 1945, 60~70).

같은 책에서 카는 국민국가의 미래 전망을 상세하게 분석하고 있다. 그는 국민국가의 미래 전망과 국민국가가 나아갈 길을 민족주의 발전의 네 단계 및 민족주의와 국제협조주의 간 관계를 통해 제시한다. 유럽 역사에서 민족주의 발전의 네 단계는 대략 16~17세기 이후 유럽 내 국가 간 관계의 변화 양상과 궤를 같이하였다. 국왕 개인의 권력인 왕권이 국가의 독점적이고 전제적인 주권 (sovereignty)으로 자연스레 해석되고 국가 간 관계는 왕들 간의 개인적인 관계로 치환되던 제1시기(중세의 붕괴~나폴레옹 전쟁), 뒤이어 인민 주권 개념의 등장과 개인주의 및 민주주의의 확립, 그리고 개인주의와 민주주의의 당연한 귀결로서 민족주의가 탄생했던 제2시기(나폴레옹 전쟁~1차 대전 직전), 마침내는 민족주의의 급격한 성장과 그에 따른 국제협조주의의 보조 실패로 1차 세계대전이 발생하게 되는 제3시기(1차 대전기~전간기)를 거쳐 민족주의의 정점에 해당하는 1차 세계대전 이후부터 2차 대전 이후 시기를 포함하는 제4시기까지 NA에서는 민족주의에 대한 카의 전망이 소개되고 동시에 민족주의가 나아가야 할 길이 제시되고 있다(Carr 1945, 1~37).

카는 다가오는 제4시기에 민족주의는 점차 쇠퇴할 것이라고 예상했다. 그는 2차 대전 과정에서 이미 민족주의 쇠퇴의 증거가 뚜렷하게 드러났으며, 2차 대전의 종결 이후에는 1차 대전 이후의 사례처럼 민족자결주의의 형태든 아니면 다른 어떤 형태든 간에 민족주의가 감당 불가능한 수준으로 확산·분출되는 현상은 더이상 재발하지 않을 것으로 보았다. 근대 국민국가 단위를 뛰어넘는 행위자나 비(非)국가적 행위자의 등장 외에도, 2차 대전 이후 민족주의의 쇠퇴를 예견하는 데 결정적으로 기여한 바 있는 현저한 현실 변화로는 냉전 체제의 양강(兩强)인 소련과 미국이 민족주의를 기반으로 하는 국민국가를 표방하지 않았다는 점을 들 수 있다 (Carr 1947, 36). 다인종, 다민족 간의 연방 국가 내지 연합 국가로 서 미국과 소련이 주도하는 세계 질서 및 국제정치가 과거와 같이 여전히 국민국가 단위에서 펼쳐지고 "1민족 1국가"라는 구시대적 인 민족주의 원칙의 지배를 받을지에 대해 카는 이미 1947년의 시 기부터 의구심을 표하고 있었다.

그러나 카는 1차 대전의 원인이 된 민족주의가 억제된다고 하 여 즉각적인 국제 평화 수립으로 이어질 것이라고 보지는 않았다. 제3시기 이후로 깨어진 민족주의와 국제협조주의 상호 간의 보조 를 다가오는 미래 시기에 다시금 회복시켜야 민족주의의 독주와 거기에 수반하는 파괴적 영향력을 억제하고 국제 평화를 유지할 수 있다고 그는 보았다.

그러기 위해서 카는 국가 간 관계가 도달해야 하는 이상적 모 델로서 국내적 차원의 사회를 제시하고 거기에 바탕을 두고 있 는 "국제 공동체"(international community) 개념으로 국제연합 (United Nations)이 근거하는 원론적인 차원의 보편주의를 대체하 고 싶어했다(Carr 1939, 219~286; 1943, 241~280). 카는 국제연합 이 모든 국가를 평등하게 상정함으로써 현실에 실제로 존재하는 국가 간 힘의 우열을 무화(無化)시켜 버리고 그로 인해 실제 국제 정치적 현실과 큰 괴리만 발생시킬 뿐 전혀 도움이 되지 못하고 있 다고 주장했다(Carr 1945, 40~41; 45). 대신 국제사회라는 개념 안 에는 현실의 권력 분포 양상과 질서가 그대로 반영될 수 있다는 장 점이 있다. 그뿐만 아니라 카가 생각하기에 국제적 차원에서 국가 간 공동체의 확립은 평화로운 국제질서를 위해서도 필수불가결했는데 그 이유는 다음과 같다.

　폭발적인 흥기를 경험했던 제3기의 민족주의는 다음과 같은 특징을 가지고 있었다. 첫째, 사회주의는 "국가화"(the nationalization of socialism)되고 국가는 "사회화"(the socialization of the nation)되는 현상이 발생하였다(Carr 1945, 19). 여기서 국가의 사회화 내지는 사회주의의 국가화란 표현은 동일한 현상을 의미하는 서로 다른 표현으로서 다음과 같은 20세기적 현실 변화를 일컫는다. 대표적으로 자유주의 시대 "야경국가"(Nachtwächterstaat)가 "직능국가"(service state) 혹은 "복지국가"(welfare state)로 변화하면서 대중의 복지가 국가적인 정책 차원의 문제가 되고 국가 정책이 대중의 지지를 기반으로 제안·시행되는 현상을 의미한다. 둘째, 제3시기 국가 형태가 기존의 야경국가에서 직능국가 혹은 복지국가로 변화함에 따라 국민국가 단위의 "경제적 민족주의"(economic nationalism)가 확산되면서 덩달아 민족주의가 과열되는 사태가 발생했다. 셋째, 20세기 들어 폭발적으로 증가한 국가의 수는 각 국가별 민족주의의 탄생으로 이어졌고 그로 인해 민족주의적 성향을 가진 각 국가 간에는 충돌이 빈번해졌다(Carr 1945, 17~26).

　제3시기의 이러한 특징들은 결국 1차 세계대전의 발생으로 이어졌다. 당연히 세계대전을 경험한 각국의 위정자와 식자들은 민족주의의 비정상적인 과열로 인해 국가 간 충돌이 이전에는 없던 파괴적인 영향력을 보유하게 되자 민족주의를 억제하고 국제협조주의의 본래 기능을 회복시킬 방도를 모색하게 된다. 그런데, 카가 지적하는 것 중 눈여겨볼 것은 제3시기 민족주의의 첫 번째 특징으로서 국가의 사회화, 혹은 사회주의의 국가화가 이후의 시기에도 사라지거나 역행할 수 없는 역사적 흐름에 해당한다는 점이다. 따라서 국제협조주의 역시 "사회화"의 흐름에 동승할 필요가 있었다(Carr 1945, 45; 63). 그런데 국제협조주의에 기존의 사회화 흐름을 반영하기 위해선 카의 시각에 따르면 국제적 공동체라는 목표를 채택하고 동시에 기능주의적인 관점에서 국제협조주의에 접근하는 것이 가장 이상적이었다(Carr 1945, 50~51).

물론 국제연맹을 설립하듯 국제정치에 국제 공동체라는 단위와 원리를 갑작스럽게 도입하고 거기에 현실 국제정치를 끼워 맞출 수는 없는 노릇이었다. 그런 이유로 카는 기존에 존재하고 있는 초국가적 기관들의 역할 보존과 그다음으로 지역주의(regionalism)의 매개를 거쳐 국가 간 관계에서 사회 내지는 공동체라는 의식이 서서히 성장해 가기를 바랐다(Carr 1945, 45; 50~52).

국제적 공동체와 국제사회 개념이 향후 국제 평화 유지의 관건이라면 이러한 처방 안에서는 기존의 국민국가가 가진 물리적 힘은 점차 약화되고 도덕적 정당성 역시 크게 후퇴할 수밖에 없었다. 카는 국제협조주의의 보조를 상실한 민족주의와 국민국가는 국제 평화에 크게 도움이 되지 않는다고 여겼다. 동시에, 국가와 국제협조주의의 사회화라는 역사의 큰 흐름 속에서 국민국가는 더 이상 그와 같은 역사적 과업을 수행하기에 적합한 단위가 아니었다(Carr 1945, 38~51). 이상과 같이 카의 논리가 가진 완결로서 국민국가의 미래에는 형해화(形骸化)라는 길만이 남아 있었다.

III 카의 혁명 연구

1. 두 개의 혁명

카의 혁명 연구 및 자유주의 비판은 오랫동안 국제정치학계 내 카 논의의 중심에서 벗어나 있었지만, 카의 "라이트모티프"(leitmotif) 라고 한다면 오히려 혁명 연구와 자유주의 비판이 여기에 해당한 다고 할 수 있다(Halliday 2000, 258). 혁명이라는 연구 주제는 카 의 저서 목록에서 두 가지 형태 중 하나로 결실을 맺는다. 첫째, 러 시아 혁명 연구와 이후 전개된 소비에트사 관련 연구, 둘째, 혁명 가 내지는 자유주의에 비판적이었던 혁명적 사상가 연구이다. 첫 번째 분류에 해당하는 저서로 14권에 달하는 카의 소비에트 러시 아사와 그 내용을 축약한 *The Russian Revolution from Lenin to Stalin 1917-1929*(1979), 그리고 러시아 혁명을 다루고 있는 그 의 다른 많은 에세이들이 있다면 두 번째 경우에 속하는 저서로 는 그가 외교관 시절 저술한 4권의 전기물(傳記物)과 *Studies in Revolution*(1964) 등이 대표적이다. 이 두 가지 유형 모두를 통해 결국은 기존 자유주의 시대의 쇠퇴라는 문제의식과 자유주의에 대 한 비판 의식이 카의 저서 기저에 깔려 있다는 사실을 알 수 있다.

혁명(가)에 대한 관심과 자유주의에 대한 비판이라는 주제 의 식은 카의 수많은 저서들을 이해하는 데 단연 핵심이 되며 또한 상 호 긴밀하게 연관되어 있는 주제들이기도 하다. 러시아 사상가 및 문학가를 통해 자유주의 시대의 서유럽과는 이질적인 지적 분위 기와 조우했던 카는 이후 본격적으로 서유럽의 자유주의적 분위기와 대립되는 사상 및 움직임을 자신의 연구 대상으로 삼는다(Carr 2000, xvi~xvii). 20세기 당시 역사적 흐름이 기존의 자유주의 시대를 종결하고 새로운 곳을 향해 나아가고 있음을 절감했던 카는 러시아 혁명이라는 역사적 사건과 이후 설립된 소비에트 러시아가 역사적 흐름을 새로운 방향으로 인도·견인하는 중요한 '풍향계'라고 생각했다. 물론 소련이 언제나 카에게 자유주의 시대 서유럽 체제를 대신할 이상적인 대안이었던 것은 아니다. 소련에 대한 카의 입장은 시기에 따라 복잡다단하게 변화해 갔다(박원용 2015). 그럼에도 그는 러시아 혁명 및 초기 소비에트사 연구를 포기하지 않았고 자신의 전체 학문 여정을 통해 방대한 소비에트사의 완성, 그리고 혁명과 혁명적 사상가에 대한 다양한 서술이라는 결실을 볼 수 있었다.

러시아 혁명에 대한 카의 해석과 원인 분석은 그가 러시아 혁명에 부여하고 있는 역사적 위치를 살펴봄으로써 이해할 수 있다. 그런 이유에서 러시아 혁명 발생 이전까지의 유럽 역사를 통해 러시아 혁명의 역사적 위치를 설정하고자 한다. 이전 역사의 상한선은 프랑스 혁명이 발생한 1789년 전후로, 이 시기부터 러시아 혁명이 발생하는 1917년까지를 하나의 서술 단위로 삼는다. 일찍이 카는 자유주의 비판 의도를 담아 작성한 다양한 글들에서 해당 시기를 "자유주의 시대"(카 본인의 표현에 따르자면 "빅토리아 시대")로 이해하였다(카 2010, 14). 자유주의 시대의 시작과 끝을 장식한 프랑스 혁명과 러시아 혁명 각각의 혁명은 카의 세계관 및 역사 인식에서 중요한 위치를 점한다. 그리고 프랑스 혁명에 대한 카의 입장을 온전히 이해했을 때만 러시아 혁명에 대한 그의 해석도 온전히 이해할 수 있다. 근대 유럽사에 대한 카의 인식에서 프랑스 혁명과 러시아 혁명은 비등한 중요성을 획득한 사건들이기 때문이다. 동시에 러시아 혁명은 카에게 프랑스 혁명의 속편이자 정점으로서 의미를 지녔다(Carr 1969, 167). 이상과 같은 카의 인식을 온전히 이해하는 것이 이전 역사와의 관련성 속에서 러시아 혁명이 지닌 역사적 의미를 파악하기 위한 시작과 끝, 곧 전부가 될 것이다.

카의 분석에 따르면, 프랑스 혁명은 다음과 같은 세 가지 영향을 인류사에 남겼다. 첫째, 정치적인 측면에서 프랑스 혁명은 자유와 평등 개념을 인간의 정치적 행위가 가진 목적으로 인정한 계기였다. 둘째, 프랑스 혁명은 인간의 역사에서 미래 지향적인 진보 사관을 탄생시킨 계기가 되었다(Carr 1966, 1~18). 셋째, 경제적인 측면에서 프랑스 혁명은 생산성이란 개념을 인간사(人間事)에서 중요한 위치로 제고(提高)한 계기였다(Carr 1969, 2~4). 곧, 카에게 프랑스 혁명이란 자유주의 시대의 서막을 연 역사적 사건으로서 의미를 지녔다. 프랑스 혁명이 남긴 유산이 고스란히 자유주의 시대가 지닌 특징으로 치환되고 있기 때문이다. 개인의 자유, 역사의 진보, 경제적 생산성에 방점이 찍혀 있던 시기는 곧 자유주의 시대로 카에게 인식되어 개인 단위를 기반으로 한 사회 구성, 인간의 이성에 대한 절대적인 믿음, 이성적인 인간들 사이에서 이익의 조화가 발생할 것이며 충분히 그럴 수 있다는 선험적인 전제, 정치에 대한 경제의 우위 등을 시대적 특징으로 남기게 되었다.

문제는 자유주의의 시대라는 이름 아래 묶인 일정한 시기 동안, 급격한 사회, 경제, 정치적 변화가 현실에서 발생함에 따라 점차 프랑스 혁명이 유산으로 남긴 기존의 정치, 경제, 사회 구성 원리들이 오작동을 일으키게 된 데 있었다. 그 결과 변화한 현실에서 더 이상 제 역할을 하지 못하게 된 자유주의에 대항하여 사회주의(socialism)와 같은 새로운 사상이 탄생하였다.

사회주의는 자유주의와 전면에서 대립하고 있는 사상이었다(Carr 1980, 203). 우선, 자유주의가 사회 구성 원리로 삼고 있는 개인주의와 비교했을 때 사회주의는 사회를 구성하는 단위부터가 달랐다. 사회 구성 단위에서부터 개인주의를 반대하고 있는 사회주의는 초기에는 명칭의 의미조차 대단히 모호한 사상이었지만, 생시몽(Saint-Simon), 피에르-조제프 프루동(Pierre-Joseph Proudhon) 등의 초기 사회주의자들을 거쳐 마르크스와 엥겔스에 이르면 명확한 틀과 체계를 갖추고 자유주의에 대항하는 20세기 중요한 사상으로 자리매김하게 된다(Carr 1947, 84~102; 1980, 203).

이 과정에서 1848년도의 혁명은 사회주의의 경우처럼 반(反)자유주의적인 새로운 사상의 탄생을 촉진한 중요한 사건이었다. 정확히는 1848년도 혁명의 실패가 자유주의와는 다른 대안적인 사상과 체계에 대한 요구를 확대·강화하였다(Carr 1980, 203~209). 초기 무정부주의자인 프루동과 러시아 최초의 나로드니키(Narodniki)라고 볼 수 있는 알렉산더 헤르젠(Alexander Herzen)은 모두 결정적으로 1848년 혁명의 실패를 경험하면서 자유주의 체제에 실망하고 자유주의를 대체할 새로운 대안을 모색하기 시작했다(Carr 1964, 38~71).

1848년 혁명의 발생 전후로 하여, 프랑스 혁명이 발생한 지 채 100년이 안 된 시기의 유럽에서는 왜 또 다른 혁명에 대한 요구가 다시금 자라나고 있었던 것일까? 1848년 혁명은 프랑스 혁명과 러시아 혁명 사이에서 어떤 의미를 지닌 사건일까? 우선, 1848년의 혁명은 프루동과 헤르젠의 예에서 보았듯이 자유주의에 반발하는 혁명적 사상가들을 양산하고 반자유주의적인 사상의 성장을 촉진했다. 마르크스 역시 1848년 혁명의 실패를 경험하면서 "프롤레타리아 독재"를 통한 "영구 혁명" 노선을 새롭게 주창하기에 이른다(Carr 1964, 42; 1969, 6).

1848년 혁명의 실패를 계기로 자유주의로부터 등을 돌린 인사들은 그 이전까지 1848년의 혁명이 프랑스 혁명이 미처 해결하지 못한 폐단을 바로잡는 계기가 될 것이라 기대하고 있었다. 프랑스 혁명 이후에도 개선이 시급했던 문제는 개인 간의 정치적 평등을 실현하는 일이었다. 프랑스 혁명이 분명 개인의 자유 외에도 개인 간 평등 개념을 정치 원리이자 정치 행위의 목표로 간주하였지만 이후 실제로 평등의 원칙은 개인의 자유라는 원칙에 가려 충분히 존중되지 않았다. 그 결과 프랑스 혁명 이후 자유주의 체제하에서 부르주아(bourgeois)라는 특정 계층만이 배타적으로 정치 권력을 향유하는 현상이 발생하였고, 이처럼 당시 실제 현실에서 작동하고 있던 특징적인 민주주의 체제를 카는 "부르주아 민주주의"(bourgeois democracy)라고 명명하였다. 부르주아 민주주의 체제는 곧 자유주의 시대의 특징적인 정치 제도이자 정치 현상으로 자리매김한다.

부르주아 계층이 정치 권력을 독점함에 따라 당시 발생 초기 단계의 대중 사회(mass society) 안에서 대중은 정치 권력에서 소외되었고 그 결과 부르주아 계층과 대중 사이에는 정치적 불평등이 심화되어 갔다. 중산 계급과 노동자 간의 분열은 이후 더욱 극명해졌고 각 계층을 대변하는 정치 체제로서 부르주아 민주주의와 "사회적 민주주의"(social democracy)의 차이 역시 더욱 뚜렷해져 갔다(Carr 1964, 21; 42). 1848년의 혁명은 사람들이 이러한 간극을 분명하게 인지한 사건이었다. 카는 기존의 민주주의 체제가 일부 계층만을 포섭하는 제한성에서 벗어나 사회적 평등을 제고하고 구성원 대다수를 포섭할 수 있는 새로운 민주주의 체제를 지향해야 한다고 생각하였다.

결국 1848년 혁명의 실패로 말미암아 프랑스 혁명 정신은 미완의 상태로 남게 되었다. 따라서 개인 간 정치적 평등의 확보와 경제적 평등의 확산을 위해서는 새로운 혁명의 발생을 기다릴 수밖에 없었다(Carr 1969, 6). 실제 현실 정치에서도 대중 사회의 지속적인 확대 발달로 인해 일부 계층의 권력 독점을 정당화는 것이 점점 더 불가능해졌다. 그뿐만 아니라 경제적인 차원에서 자유주의 시대의 경제 원칙인 이익 조화설(harmony of interest)과 자유방임주의(laissez-faire)는 자본가와 노동자 간의 빈번한 갈등으로 점점 현실성을 상실해 갔다. 부르주아 계층의 정치·경제 권력 독점에서 나타나는 엘리트주의, 이익 조화설과 자유방임주의를 통해 확인할 수 있는 정치적 평등에 대한 경제적 권리의 우위성, 그 증거로 야경국가(Nachtwächterstaat)의 탄생, 그리고 마지막으로 개인의 자유 및 자연권 개념 등은 자유주의 시대를 대변하고 밑받침하던 주요한 정치 원리이자 경제 원리였지만, 변화하는 현실 앞에서 더 이상 설득력을 가질 수 없게 되었다.

이상의 맥락에서 러시아 혁명이 가지는 역사적 위치는 미완의 프랑스 혁명과 실패한 1848년의 혁명을 자유주의 사상의 불모지인 러시아에서 실현한 사건이라고 할 수 있다. 동시에 러시아 혁명은 자본주의 사회 체제, 더 근원적으로는 자유주의 사회 체제에 대한 가장 강력한 반대 작용으로도 이해될 수 있다(Carr 2004, 1).

다만, 이상의 해석은 서유럽에서 러시아로 이동한 혁명의 공간과 맥락을 적절하게 설명하지 않으면 충분한 설득력을 확보할 수 없다. 즉, 프랑스 혁명과 1848년 혁명으로 이어지는 서유럽의 혁명 경험과 그러한 역사 경험에서 발생하고 있는 역사적 맥락이 러시아라는 전혀 이질적인 공간에서도 그대로 이어질 수 있었던 이유는 무엇인가? 결국 실패한 1848년의 혁명과 달리, 프랑스 혁명의 속편이자 정점으로서 러시아 혁명에 대해 일정하게 의미를 부과하고 있는 카의 분석은 얼마나 설득력을 가질 수 있는가?

이상의 의문은 러시아 혁명에 대해 카가 부여하고 있는 이중적인 의미를 확인함으로써 극복하도록 한다. 카에 의하면 러시아 혁명은 러시아사의 맥락에서 서유럽화(근대화) 과정의 완결이자 동시에 서유럽화에 대한 반발이라는 두 가지 성격을 동시에 가진다(Carr 1947, 103~105; 1969, 7). 이와 같은 이중성(ambivalence)은 러시아의 역사에서 낯선 것은 아니었다. 이미 19세기 러시아 문학가들 사이에서는 서구지향성과 "러시아 국수주의"(Slavophile) 간의 갈등이 드러나고 있었다. 이는 러시아적인 전통과 여건이 반영된 결과였다. 서유럽과는 이질적인 역사적 전통과 정체성을 가지면서 동시에 유럽 내에서 낙후 지역이자 근대화의 후발 주자였던 러시아는 서유럽화라는 지향성을 강하게 띠면서도 이에 대항하여 러시아적인 것을 지키려는 이중성을 보인다. 러시아 혁명은 또한 서유럽의 자유주의적인 문화와 사상으로부터 완전히 격리된 채 발생한 사건이 아니었다. 카는 볼셰비즘이 그 기원의 측면에서 서유럽과의 친밀성을 보유하고 있으며, 비록 사상적으로 그리고 역사적으로 서유럽과 러시아 사이에서 발생하는 교집합은 보잘것없을지 모르지만 러시아 혁명만은 유럽 역사의 주요 흐름과 밀접한 연관성을 가지고 있으며 같은 혁명이 서유럽 세계에 미친 영향력 또한 간과할 수 없다고 적고 있다(Carr 1947, 109).

프랑스 혁명과 러시아 혁명 사이의 시기 동안에는 공간적 차이 외에도 과학 기술의 수준, 자연에 대한 인간의 태도, 경제 활동에서 인간이 차지하는 위치 등 다양한 역사적 조건이 변화하고 있었다(Carr 1969, 8). 그런 변화 속에서도 서유럽적인 현상이 러시아라는 이질적인 공간에서 발생할 수 있었던 계기는 서유럽에서 발생했던 마르크스주의가 마침내는 러시아라는 풍토에 맞춰 레닌주의로 변모하여 현지화에 성공함으로써 일정한 사상적 변화와 동시에 사상의 계승이 공간의 이동과 함께 나타난 덕이었다(Carr 1964, 134~151; 1969, 9~10).

종합하자면, 이미 19세기 러시아에서 서구 지향성과 자국에 대한 국수주의적 입장을 놓고 고민하고 있던 현지 지식인들은 서유럽의 자유민주주의 체제를 러시아가 나아갈 수 있는 하나의 선택지로서 고민하고 있었다. 결국 차리즘(tsarism)에 대항하는 1905년 제1차 혁명을 거쳐 1917년 제2차 혁명(볼셰비키 혁명)을 통해 분명하게 서구적 자유민주주의 정치 체제를 지향한 러시아는 오히려 서유럽은 달성에 실패한 사회주의 혁명까지 짧은 기간 안에 완성한다(Carr 1951, 3~101; 2004, 1~8).

러시아 혁명은 프랑스 혁명과 1848년 혁명으로 이어지는 일련의 혁명 과정에서 최종 정착지에 해당하는 사건이었다. 프랑스 혁명 정신의 완결적 실현이 1848년 혁명의 실패로 인해 미완성으로 남게 된 상황에서도 정치적, 경제적 평등을 실현하기 위한 역사적 노력은 계속되고 있었다. 결국 사회적 평등에 대한 계속되는 지향은 러시아 혁명이라는 일대 사건을 초래하고 러시아 혁명을 통해 현실에서 일정하게 성과를 볼 수 있었다. 그런 이유에서 카는 프랑스 혁명은 "정치적"인 성격을 갖는 데 그쳤지만, 러시아 혁명이야말로 "사회적"인 성격을 갖는 데까지 나아갔다고 평가하였다(Carr 1947, 98; 1964, 13).

2. 20세기 새로운 민주주의

카의 자유주의 비판은 국내적 차원에서 "자유민주주의"(liberal democracy)에 대한 비판을 핵심으로 한다. 자유민주주의는 카의 저서에서 시공간을 초월하는 보편 원리로서 제시된 정치사상 혹은 개념이 아니다. 20세기에 들어 한계를 노정하기 시작한 자유민주주의는 카에게는 프랑스 혁명이라는 역사적 사건과 그 영향력이 잔재하는 특정한 시공간(18, 19세기 서유럽)에서 발생·유지된 정치 원리, 사상이자 제도였다. 즉, 자유민주주의란 프랑스 혁명으로 막이 오른 특정한 시대에 성행했던 민주주의의 한 형태라고 할 수 있다. 그러나 20세기에 들어 자유민주주의는 현실의 변화에 직면하면서 시의적절성을 상실하기 시작한다(Carr 1966, 75).

특정한 시대를 대변하던 특수한 형태의 정치 제도가 위기에 직면한 역사적 전환기에, 그는 한 시대에서 다른 시대로의 이행을 더 명확히 이해시키기 위해 자유민주주의라는 정치사상이자 제도의 기원을 밝히는 역사적 접근법을 동원한다(Carr 1966, 1~18). 자유민주주의는 그 정치 제도를 지지하고 옹호한 특정 계층의 이름에서 유래하여 때로는 "부르주아 민주주의"(bourgeois democracy)라고 불리기도 하였다.

자유민주주의, 곧 부르주아 민주주의는 사회 운용 단위로서 개인을 강조하면서 경제와 사회 각 분야에 개인주의를 파급시켰다. 동시에, 자유민주주의는 여전히 엘리트주의적인 특징을 보유하고 있었는데, 부르주아 민주주의라는 명칭에서도 알 수 있듯이 자유민주주에서 개인으로서 정치와 경제 활동에 적극적으로 참여할 수 있었던 이들은 소수의 부르주아(bourgeois)뿐이었고 그들에 의해 민주주의의 태생적 특징으로서 엘리트주의가 이 시대에도 지속되었다(Carr 1943, 20; 1966, 61).

특기할 것은, 프랑스 혁명이 민주주의의 이러한 태생적 특성에 처음부터 반드시 순명한 것은 아니었다는 점이다. 왜냐면 프랑스 혁명은 명목상으로는 군주제에 반(反)하여 인민 주권을 정치 제도의 근간으로 새롭게 천명한 사건이기 때문이다. 그뿐만 아니라 프랑스 혁명은 루소의 "일반 의지"(general will)란 사상이 등장한 이후 발생한 역사적 사건이었다. 루소 이전의 로크적 민주주의 정치 원리가 지극히 개인주의적 특성을 가졌던 것에 비해, 루소는 카에 의하면 최초로 "대중 민주주의"(mass democracy) 개념을 적극 검토한 사상가였다(Carr 1966, 63). 따라서 프랑스 혁명과 그 결과가 처음부터 반드시 개인주의와 엘리트주의라는 숙명을 향해 나아간 것은 아니었다. 그러나 카는 인민 주권이라는 개념이 이론적으로는 군주 개인에 의한 지배와 대립하고 있다지만 그것이 실질적인 의미와 실현 가능성을 가지고 있는지에 대해서는 의구심을 가졌다(Carr 1980, 3). 즉, 프랑스 혁명은 다수에 의한 지배를 천명했음에도 불구하고 고대 그리스적 민주주의의 전통인 엘리트주의와 로크적 민주주의 정치 원리의 기반이 되는 개인주의로부터 자유로울 수 없었다.

문제는 19세기 중반부터 이미 대중 사회(mass society)가 등장·발달하면서 특정 계층을 중심으로 하는 엘리트주의적 자유민주주의가 정치 제도로서 순기능을 하지 못 하게 된 데 있었다. 자유민주주의가 보유한 개인주의적 특성 또한 마찬가지로 새롭게 등장한 대중 사회와 마찰을 일으켰다. 카는 일찍이 자유민주주의의 세 가지 전제를 다음과 같이 서술했다. 첫째, 개인의 양심은 정부정(正不正), 당부당(當不當)을 가르는 궁극적이고 최종적인 기제이다. 둘째, 서로 다른 인간들 사이에서도 일정한 화합과 조화는 가능하다. 셋째, 결정의 순간에 사회 구성원들 간의 이성적인 대화와 타협을 통해 일정한 결론에 다다르는 것이 가능하다(Carr 1966, 62). 이상의 전제는 모두 사회 단위로서 개인을 기본 단위로 삼고 있음을 상기할 필요가 있다.

이처럼 개인주의적이고 엘리트주의적인 자유민주주의는 새롭게 등장하고 있던 대중 사회와 궁합이 맞으래야 맞을 수가 없었다. 대중은 비이성적이고 비타협적이었으며, 합리적 합의에 이르기에는 당시 대중의 교육 수준이 충분치도 못했고 그들은 자신이 속한 계층적 특성과 이익을 강하게 반영하고 있었기에 특수성을 뛰어넘는 보편성을 지향할 수도 없었다. 당연히 기존의 자유민주주의와 새롭게 등장한 대중 사회는 충돌을 낳을 수밖에 없었다.

19세기 대중 사회가 등장하고 이후 빠르게 확산되면서 개인주의와 엘리트주의라는 자유민주주의의 두 가지 특성은 위기에 직면했다. 그중에서도 자유민주주의가 내포하고 있는 개인주의적 특성은 대단히 중요하다. 그런 이유로 개인주의에 대한 공격과 반동은 자유민주주의 정치 원리 내지는 제도에 대한 가장 치명적인 공격이 되었다. 자유민주주의는 사회 구성 및 운영의 단위로서 개인을 강조했고 개인주의는 이후 자유주의 시대의 도덕이자 사상적 근간이었기에 개인주의에 대한 비판은 곧 자유민주주의의 정당성에 대한 직접적인 타격으로 이어졌다. 개인주의는 자유주의 시대 경제 원리인 자유방임주의와 도덕인 이익 조화설, 그리고 민주주의와 함께 민족주의를 떠받치는 기본 사상이기도 했다(Carr 1943, 105; 1945, 9; 1966, 61). 그러나 변화된 사회 현실로 인해 개인주의는 더 이상 사회 운용 단위로서도, 혹은 한 사회를 지탱하는 사상적·도덕적 근간으로서도 받아들여질 수 없게 되었다.

카의 생각으로는 20세기가 곧 부르주아 민주주의 혹은 자유민주주의를 대신할 새로운 민주주의의 시대였다. 새로운 민주주의는 카의 저서에서 "사회적 민주주의"(social democracy), "소련식 민주주의"(Soviet democracy), "대중 민주주의"(mass democracy) 등과 같이 다양한 명칭으로 나타난다. 우선 사회적 민주주의라 함은 개인주의적이고 엘리트주의적인 기존의 자유민주주의 체제에 비해 개인 간 평등과 그에 따른 사회 단위의 강조를 반영한 20세기적인 새로운 민주주의 체제로 이해될 수 있다. 그러나 20세기적 민주주의라고 하여, 기존 민주주의 정체가 가진 문제점을 완벽히 소거하고 완전무결한 상태에 도달한 것은 아니었다. 특히 대중 민주주의와 "소련식 민주주의"라는 표현 속에는 카가 생각하기에 20세기 새로운 민주주의 체제가 보유하고 있는 고유한 문제점들이 내포되어 있었다.

카는 러시아 혁명의 역사적 위치를 분석하고 있는 에세이에서 자유민주주의로부터 대중 민주주의로의 전환은 러시아 혁명의 경험이 유럽의 다른 지역에까지 확산된 결과라고 보았다(Carr 1969, 28). 즉, 대중 민주주의는 러시아 혁명의 결과 역사에 새롭게 등장하게 된 20세기적인 민주주의의 한 유형이었다. 새로운 민주주의의 한 형태로서 대중 민주주의가 기존의 자유민주주의와 차별화되는 지점은 대중이 정치적 주체로 등장함으로써 그 영향력이 정치, 사회, 경제 전반에서 인정되기 시작하였다는 점이다.

대중 민주주의의 문제점을 분명히 하기 위해서는 마르크스에서 레닌, 스탈린으로 이어지는 사회주의 사상의 흐름과 시대적인 변화를 개괄할 필요가 있다. 마르크스는 부르주아 계급에 대항하여 대중을 노동자 즉, 무산 계급(proletariat)이라는 새로운 역사적 주체로 승격시켰다. 문제는 어떻게 많은 수의 노동자에게 혁명 의식을 체화시키고 새로운 사회에 알맞은 새로운 인간형으로 그들을 탈바꿈시키는가에 있었다.

해당 문제와 관련하여 마르크스주의를 일신한 사상가가 바로 러시아의 블라디미르 레닌이었다. 레닌은 엘리트 혁명당을 통한 혁명 의식의 주입과 새로운 사회를 창조해 나갈 새로운 인간형의 주조를 주창했다. 그러나 여전히 일부 엘리트에 의한 대중 교화 및 대중에 대한 합리적인 설득이 가능하다고 믿었다는 점에서 마르크스뿐 아니라 레닌 역시 19세기적 사고의 틀 속에서 사고했던 것으로 볼 수 있다(Carr 1939, 31~80; 1969, 27).

반면, 스탈린이 집권한 20세기 이후에는 대중에 대한 태도가 완전히 뒤바뀐다. 스탈린은 엘리트인 당에 의해 대중의 사고와 행위는 얼마든지 통제와 계획의 대상이 될 수 있다고 생각했으며, 어떻게 대중이 엘리트가 원하는 방식으로 움직이도록 만들 것인가는 서구적 합리성과 기술에 의존하여 개선하고 발전시킬 차원의 문제였다(Carr 1969, 27). 20세기에 대중이 역사적·정치적 주체로 부상한 이후 탄생하게 된 대중 민주주의는 그런 점에서 일부 계층이 사회 전반에서 권력을 독점하고 있던 자유민주주의 정치체에 비해서는 정치적·경제적 평등이 진일보한 결과물이면서도 동시에 대중에 대한 통제라는 새로운 문제를 갖게 되었다. 이러한 문제는 단순히 러시아 혁명에 의해 대중 민주주의를 확립한 소비에트만이 아니라 20세기 유럽 국가 대부분이 직면하게 된 사회·정치적 환경이기도 했다(Carr 1969, 28).

러시아 혁명 이후 소비에트에서 시작된 대중 민주주의 곧, 소련식 민주주의는 다만 대중 민주주의의 다른 이름일 뿐이지만 혹자에게는 전체주의적인 스탈린 정권하의 소비에트 체제와 개인의 자유, 인권, 평등 등의 가치를 기반으로 한 민주주의 정치 원리 사이의 괴리로 인해 모순적으로 받아들여지기 쉽다(Morgenthau 1948, 133). 그러나 카가 "소련식 민주주의"라는 용어를 사용했다고 해서 특별히 소비에트 정치 체제를 이상적인 것으로 홍보하거나 민주주의라는 용어로 전체주의적인 스탈린 정권을 위장하고 포장하려고 의도했다고 보기는 힘들다. 한때 대중 민주주의가 기존의 자유민주주의 체제가 가진 한계를 극복한 진일보한 정치체라는 점과 그리고 대중 민주주의가 새로운 민주정체로서 러시아 혁명이 남긴 유산이자 이후 소비에트에 의해 서유럽 세계에 영향력을 끼쳤다는 점 등을 이유로 카가 소련식 민주주의를 긍정적으로 평가한 적이 없는 것은 아니다(Carr 1947, 1; 10). 일정한 사고상의 변화는 시간의 경과에 따라 소비에트 정권의 억압적 성격을 카가 인지하게 되면서 생긴 것으로 보인다. 후일 카는 스탈린 체제하 소비에트의 전체주의적 성격을 목도하고 거기에 대해 실망하면서 자신의 기존 입장에 일정한 수정을 가하기도 하였다(Carr 2000, xx; 박원용 2015).

용어의 적절성 문제와 일견 문제적으로 보이는 용어 안에 담긴 사용자의 진의를 밝히는 일과는 거리를 두고 대신 20세기 민주주의 정체가 현실적 변화를 일정하게 수용하고 있는 현상 자체에 주목해야 한다. 20세기 민주주의는 더 이상 기존의 개인주의적이고 엘리트주의적인 자유민주주의의 형태로는 유지될 수 없었다. 현실적 변화에 따라 대중을 정치적, 역사적 주체로서 체제 안으로 일정하게 포섭할 수밖에 없었다. 물론 그로 인해 치러야만 했던 희생도 있었다. 무엇보다 대중에 의한 지배가 소수에 대한 다수의 폭력으로 변질될 위험성, 대중이 가진 힘에 비해 그들의 교육 수준과 합리적인 사고력이 충분히 보장되지 못하고 있는 현실, 그 결과 대중의 의견과 사고가 조작되고 조종될 수 있는 개연성 등 이러한 문제들은 결국 20세기 이후 새로운 민주주의가 안고 가야 하는 위험성으로 새롭게 부상하게 되었다.

20세기 들어 유럽은 이전까지 역사적으로 전례가 없었던 새로운 상황과 조우했다. 대중 사회의 등장과 확산에 따라 불특정 다수가 정치, 경제, 사회 등의 전 영역에서 변화에 대한 압력을 행사하자 기존의 체제 및 제도가 이와 같은 현실을 반영하도록 수정되는 것이 불가피해졌다. 이와 같은 20세기 유럽의 맥락에서 카는 우선 변화된 현실을 있는 그대로 인지하여 전달하고 그에 걸맞는 새로운 이상과 체제를 제시하는 데 심혈을 기울였다. 그의 저서들은 모두 이러한 노력의 결과물이었으며, 카의 저서가 탄생하게 된 배경에 20세기 당시 유럽이 직면하고 있던 국내외적 변동이 자리하고 있다는 점이야말로 이 연구가 전달하고자 하는 핵심이다.

카는 20세기적인 새로운 민주주의의 주안점은 기존 자유민주주의가 가지고 있는 엘리트주의적이고 개인주의적인 특성을 수정하는 데 있다고 생각했다. 그러기 위해서는 자유주의 시대가 의지하고 있던 세 가지 원리가 수정될 수밖에 없었다. 카는 1939년도 저서에서 이미 이익 조화설과 자유방임주의라는 자유주의적 사회 운용 원리는 20세기 유럽의 현실과 괴리됨으로써 한낱 비현실적인 관념에 불과할 뿐이며 일부 지배층의 허구적인 이상일 뿐이라고 비판했다. 카는 새로운 민주주의를 통해 구성원 다수의 정치적, 경제적, 사회적 평등과 복지가 보장되고 증진되는 사회를 지향했다. 허상으로 판명 난 이익 조화설과 구성원 대다수의 정치적 권리와 경제적 공평성보다 우선하는 자유방임주의 경제 원칙을 제한함으로써 정치 영역이 온당한 제자리를 회복하고 다가오는 새로운 시대에는 이전 시대 자유주의가 초래한 파괴적인 세계대전이 재현되지 않도록 미연에 방지하고자 했다. 그러기 위해서 카에게 가장 중요했던 것은 구성원들이 민주주의의 유지를 위해 자신의 사회적,

정치적 의무를 자각하고, 동시에 대중 사회 시대에 대중을 교화시키고 교육하는 문제였다(Carr 1943, 125~126; 1966, 79).

기존의 자유민주주의 체제가 가진 한계뿐 아니라 이처럼 새롭게 발생한 문제점을 보완하는 것이야말로 20세기에 등장한 새로운 유형의 민주주의가 직면하고 있던 당시의 과제였다. 프랑스 혁명을 계기로 탄생한 자유민주주의에 이어, 러시아 혁명을 계기로 기존의 자유민주주의에 대한 일정한 수정을 거쳐 새로운 유형의 민주주의가 탄생하기에 이르렀다. 카의 세계관 및 역사관에서 프랑스 혁명과 러시아 혁명이 대단히 중요한 위치를 점하듯이, 각각의 혁명 이후 시대별 민주주의 유형과 시대의 변화에 따른 민주정체의 변화는 카가 주목한 20세기적 전환의 내용에서 중요한 위치를 점하고 있다.

IV 결론: 국제정치학적 함의

오늘날 국제정치학계에 카의 혁명 연구를 소개하는 것이 어떤 의미를 지닐 것인가? 이 질문에 대한 답은 이 연구의 성패를 좌우하는 가장 중요한 논의가 될 것이다. 현시점에서 국제정치학계에 카의 혁명 연구를 소개할 때는 일정한 장애물과 직면할 수밖에 없다. 그 첫 번째로 이론 친화적으로 변해버린 카 독해 환경이 있다. 이론적 패러다임으로 인해 경색될 대로 경색되어 버린 최근의 카 독해는 카의 혁명 연구 소개에서뿐 아니라 카라는 인물에 대해 접근할 때도 가장 극복하기 어려운 장애물이다. 이론적 패러다임이 점거하고 있는 국제정치학계의 카 이해는 결과적으로 카의 이론적 소속처에 대한 문제로 연구자들을 잘못 인도한다. 국제정치학 이론가로서 자신의 정체성을 확립해 본 적도 없는 혁명 연구가를 연구하는 데 정당한 주제로서 자격을 가질지는 말할 것도 없고, 카의 이론적 소속처에 대한 결론이 결국 국제정치학계에 가져다줄 수 있는 학문적 의의가 무엇인지에 대해서도 묻지 않을 수 없다. 카의 혁명 연구로 논의의 초점을 맞추기 위해서는 이론적 패러다임을 기반으로 하는 카 독해가 얼마나 부당하고 무실(無實)한지를 깨닫는 것이 우선이다. 카에 대한 이론 중심적 이해는 현재 국제정치학계가 이론이라는 자기 정체성을 가지고 급격하게 전문화된 결과로서 의미를 가질지는 모르겠으나 카 연구를 이론적 접근 외에는 불가능하게 만드는 장애물로 작용하고 있는 실정이다.

다음 극복 대상인 장애물은 20세기 유럽이라는 카가 속한 시공간적 배경과 이질적인 현실 조건이다. 이 글은 기본적으로 20세기 역사적 전환기의 지식인으로서 카라는 한 인물의 사고를 이해하는 데 초점이 맞춰져 있지만 그를 통해서 20세기 전환기의 유럽을 이해하려는 노력도 함께 경주하고 있다. 물론, 그 시대를 카라는 인물의 시각을 통해 이해할 수밖에 없기에 그 자체로 한계가 존재한다는 사실을 부정할 의도는 없다. 20세기 유럽을 타자의 과거로밖에는 바라볼 수 없는 현실적인 조건 아래에서 역사적 전환기로서 20세기 유럽에 대한 카의 해석이 일정하게 비공감의 대상이 되거나 과도하다고 평가받더라도 전혀 놀랄 일은 아니다. 러시아 혁명이 정말 카의 해석대로 프랑스 혁명이 완성하지 못한 사회적 혁명을 완성한 유럽사의 일대 사건이었는가? 20세기에 유럽에서 발생하고 있던 변화 중 어디까지를 러시아 혁명 내지는 소비에트 체제의 등장에 의해 발생한 영향으로 볼 것인가? 이와 같은 질문들은 당대를 살았던 카의 사고 속에서도 그 답이 불분명했다. 러시아 혁명과 소비에트 러시아는 그 자체로서 유럽의 20세기적 변화의 원인이었는가 아니면 변화의 결과 내지는 변화의 일부였는가? 이에 대해 카가 "모두"라고 대답하고 있기 때문이다(Carr 2004, 1~2). 현재의 현실적인 조건 아래에서도 같은 질문은 미해결의 난제로 남아 있다. 카가 제시하고 있는 러시아 혁명에 대한 역사적 해석 및 그가 분석하고 있는 소비에트 체제가 유럽사에 남긴 영향은 아직 완전히 검증된 역사적 사실이라고 할 수는 없다.

만약 카가 탈냉전 이후까지 생존하여 현실에서 소비에트 체제의 완전한 붕괴를 목격했었다면 자신이 제기했던 역사적 해석을 수정하거나 철회했을지 알 수 없는 일이다. 그러나 소비에트사가 체제 붕괴라는 실패 사례를 남기고 역사의 뒤안길로 사라졌다고 해서 러시아 혁명이나 소비에트 건국 초기사와 그 체제의 역사적 의미를 무조건 평가절하하고 볼 이유는 없다. 또한 카의 혁명 연구나 소비에트사 연구에 반영된 그의 세계관 및 역사관은 여전히 20세기 유럽적 맥락에서 의미를 가질 것이다. 다만 현재의 제(諸) 조건 속에서 카의 20세기 유럽사 해석을 읽는 독자들이 현재를 충분히 상대화하여 20세기 유럽사를 정당하게 판단할 준비가 되었는지가 관건일 것이다.

그렇다면, 20세기 유럽이라는 시공간적 맥락에서 카의 혁명 연구를 읽는 것이 국제정치학계에 가져올 소득이라고 한다면 무엇을 떠올릴 수 있는가? 우선 혁명 연구라는 주제를 통해 카를 정당하게 읽어줄 수 있다. 국제정치학계에 대해 카가 남긴 영향력을 일정하게 인정하는 사람이라면 카를 정당하게 읽어야 하는 과제는 국제정치학계 모두의 것이나 다름없다는 데 동의하지 않을 수 없다. 그리고 정당하게 읽는다고 했을 때 그것이 의미하는 바는 저서 일부에서 나타나는 논의 일부를 제한적으로 다루는 것이 아니라 다양한 저서에서 반복적으로 등장하고 있는 카의 핵심적인 문제의식을 포착한다는 것이다.

다음으로 20세기 유럽, 즉 국제정치학이 태동한 실제 시공간의 당면 과제 그리고 문제의식과 마주할 수 있는 점이다. 애당초 근대 국제정치학의 탄생 자체가 20세기 유럽이라는 시공간과 불가분의 관계에 있었다는 점을 상기할 사람이라면 앞서 제시된 소득이 작은 것이라고 선뜻 폄하하지 못할 것이다. 당대 국제정치학의 탄생은 일차적으로 20세기적 전환에 해당되는 세계대전을 두 차례나 맞이했던 유럽인들이 전쟁 없는 평화적인 국가 간 질서와 체계를 만들고자 노력한 결과물이었다.

다음으로 20세기 유럽이 당면한 또 다른 과제로는 민주주의의 정당성을 회복해야 하는 일이 있었다. 이 문제는 비유럽권의 역사적 경험으로는 십분 공감하고 이해하기 어려운 문제일 것이다. 사회주의 체제를 내세운 신생 국가의 설립과 약진, 전체주의 정권의 등장과 그들의 일시적인 강세, 대중 사회의 등장과 발달이라는 현실 조건 아래 다시금 민주주의 체제와 민주주의적 가치가 지닌 우월성 및 정당성을 확인시켜 줘야 했던 유럽 당대의 문제의식이, 시공간적 여건이 달라서 역사적 경험마저 전혀 다른 사람들에게도 분명하게 인지될 수 있을지는 미지수이다. 그럼에도 당대 민주주의에 대한 고민은 카의 경우만을 보아도 최소한 20세기 서유럽이라는 시공간에서는 중요한 논의 대상으로서 의미를 지닌다.

사회주의 국가 및 파시스트 국가의 등장과 대중 사회의 영향력 확대 그리고 민주주의의 위기 등은 국제정치학이 태동하고 있던 20세기 당대 유럽에서 대단히 섬세한 취급을 요하는 현상들이자 논의 주제들이었다. 그리고 카를 통해 20세기 유럽이라는 시공간적 배경과 조우함으로써 당시 국제정치와 국내정치 전반에 걸쳐 있는 이와 같은 다양한 현실 문제를 한자리에서 대면할 수 있다. 국제정치학적 고민 역시 20세기 유럽의 시대적 배경 속에서 탄생한 다양한 문제의식 중 하나였으며 유럽이 경험한 20세기적 전환은 국내정치와 국제정치를 넘나들었다. 따라서 당시 발생하고 있던 각각의 현실 변화의 예 중에서 어떤 것은 특별히 국내정치적이고 어떤 것은 특별히 국제정치적이라고 말하기가 대단히 어렵다. 예를 들어 민주주의의 쇠퇴라는 문제는 당시 서유럽 각국의 국내정치적인 문제이기도 했지만 동시에 국제적으로는 파시스트 정권 및 사회주의 국가의 등장과 2차 대전의 발발이라는 현상과도 맞물려서 돌아가고 있었다. 이런 지적을 통해 국제정치학이 단순히 관련 이론에 대한 취급을 넘어 분과 학문으로서 다양한 주제와 문제의식을 포섭할 수 있는 여지를 마련할 수 있다. 동시에 지금까지 국제정치학계가 20세기 초기의 유럽과 관련하여 현실주의 국제정치관이 이상주의 국제정치관을 대체한 시기라는 식의 이론 중심적 문제의식밖에 키우지 못한 점을 이 논문이 다시금 환기할 수 있었다면 그것으로 이 논문은 맡은바 그 소임을 다하였다고 할 것이다.

참고문헌

박원용. 2015. "E. H. 카와 소비에트 러시아." 『역사교육논집』 56(0), 415-445.
사카이 데쓰야(酒井哲哉). 장인성 역. 2010. 『근대 일본의 국제질서론』. 고양: 연암서가.
E. H. 카. 김택현 역. 2010. 『역사란 무엇인가』. 서울: 까치.

Carr, E. H. 1939. *The Twenty Years' Crisis 1919-1939*. London: Macmillan.
_____. 1943. *Conditions of Peace*. New York: Macmillan.
_____. 1945. *Nationalism and After*. London: Macmillan.
_____. 1947. *The Soviet Impact on the Western World*. New York: Macmillan.
_____. 1951. *The Bolshevik Revolution 1917-1923*. Vol. I. New York: Macmillan.
_____. 1961. *What is History?*. London: Penguin.
_____. 1964. *Studies in Revolution*. London: Macmillan.
_____. 1966. *The New Society*. Boston: Beacon Press.
_____. 1969. *The October Revolution: Before and After*. New York: Alfred A. Knopf.
_____. 1980. *From Napoleon to Stalin and Other Essays*. New York: St. Martin's Press.
_____. 2000. "An Autobiography." Michael Cox, eds. *E. H. Carr: A Critical Appraisal*, xiii-xxii. New York: Palgrave Macmillan.
_____. 2004. *The Russian Revolution From Lenin To Stalin 1917-1929*. New York: Palgrave.
Cox, Michael. 2001. "A Brief Guide to the Writings of E. H. Carr." Edward H. Carr. *The Twenty Years Crisis 1919-1939/ An Introduction to the Study of International Relations*, lix-lxiii. New York: Palgrave.
Cox, Robert W. 1981. "Social Forces, States and World Orders: Beyond International Relations Theory." *Millennium: Journal of International Studies* 10, No. 2(June), 126-155.
Halliday, Fred. 2000. "Reason and Romance: the Place of Revolution in the Works of E. H. Carr." Michael Cox, eds. *E. H. Carr: A Critical Appraisal*, 258-279. New York: Palgrave Macmillan.
Linklater, Andrew. 1992. "The Question of the Next Stage in International Relations Theory: A Critical-Theoretical Point of View." *Millennium: Journal of International Studies* 21, No. 1(March), 77-98.
_____. 1997. "The Transformation of Political Community: E. H. Carr, Critical Theory and International relations." *Review of International Studies* 23, No. 3(July), 321-338.
Molly. Seán. 2003. "Dialectics and Transformation: Exploring The International

Theory of E. H. Carr." *International Journal of Politics, Culture and Society* 17, No. 2(December), 279-306.
Morgenthau, Hans J. 1948. "The Political Science of E. H. Carr." *World Politics* 1, No. 1(October), 127-134.

필자 소개

우희원 Woo, Heeweon

서울대학교 정치외교학부 석사과정
이화여자대학교 사학과 졸업

이메일 HeeWeonWoo@gmail.com

세계정치 시리즈

1권 주권과 국제관계

국가 주권의 재성찰·전재성 | 탈냉전기 세계질서와 국가주권·김명섭 | 근대한국의 주권개념의 수용과 적용·정용화 | 현대한국과 국가주권·마상윤 | 근대 주권 개념의 발전과정·박상섭 | 주권과 국제관계이론·이혜정

2권 개념도입사

변화하는 세계와 개념사·하영선 | 근대 한국의 주권 개념·신욱희 | 근대 한국의 부국강병 개념·김영호 | 근대 한국의 세력 균형 개념·장인성 | 근대 한국의 민주주의 개념·김용직 | 근대 한국의 경제 개념·손열

3권 세계정치와 제국

왜 지금 제국인가·박지향 | 네그리와 하트의 제국론·안병진 | 미국헤게모니의 쇠퇴와 제국·백승욱 | 제국의 관점에서 바라본 미국의 군사안보 전략과 21세기 국제정치·이수형 | 정보화시대의 제국·김상배 | 제국에서 근대국가로·최갑수 | 로마 제국·김경현

4권 세계정치와 동아시아 공간

한국의 동아시아론과 동아시아 정체성·장인성 | 동북아 지역혁신체제·배영자 | 동아시아 냉전체제하 냉전국가의 탄생과 변형·남기정 | 동아시아 공간 인식에 있어 해양과 대륙·이철호 | 대동아공영권 구상에서의 '지역'과 '세계'·임성모 | 청(淸)의 무(武)전통과 근대 동아시아 안보공간·강동국 | 동북아시아의 국가형성과 문화적 변수·홍성민

13권 탈사회주의 체제전환 20년

탈공산체제 이행과 민주주의 공고화·김연규 | 탈사회주의 체제전환의 정치경제와 비교정치·한병진 | 탈사회주의 권위주의 정권의 개혁저항·김태환 | 탈공산주의 체제전환기 국가와 시민사회·박수현 | 탈사회주의 체제전환기 동유럽 선거민주주의와 정당정치·진승권 | 탈사회주의 시장경제 건설·김영진

14권 데탕트와 박정희

박정희 정부 시기 한국 주도의 동아시아 지역 집단 안전보장 체제 구상과 좌절·박태균 | 데탕트와 박정희의 전략적 대응·신욱희 | 미국의 대한정책 1974-1975·박원곤 | 데탕트의 위험과 기회·마상윤 | 박정희의 중화학공업과 방위산업 정책·류상영 | 일본 모델에서 한국적 혁신으로·니시노 준야

15권 글로벌 금융위기와 동아시아

글로벌 금융위기와 동아시아의 대응·이승주 | 글로벌 금융위기 이후 동아시아 금융통화협력·이왕휘 | 글로벌 금융위기와 동아시아 금융협력·이용욱 | 글로벌 금융위기와 동아시아 무역체제·문돈 | 동북아의 내수중시경제로의 전환·최태욱 | 글로벌 금융위기와 개발협력·강선주

16권 남북한 관계와 국제정치 이론

국제정치의 복합조직원리론으로 분석하는 남북 관계·전재성 | 남북 관계와 바라봄의 정치·정영철 |남북한 관계의 국제정치학·황지환 | 세력전이와 남북 관계의 변화에 대한 고찰·우승지 | 남북한 한반도 정치와 강대국 동맹정치 간의 연계성 분석·이수형 | 국내정치와 남북한 관계·임수호 | 분쟁 후 인간안보와 남북 관계·서보혁